経済学者 日本の最貧困地域に挑む

あいりん改革 3年8カ月の全記録

学習院大学教授
鈴木亘 著

東洋経済新報社

はじめに

「西成《にしなり》を、えこひいきする!!」

2012年1月、当時、大阪府知事から大阪市長に転身し、まさに飛ぶ鳥を落とす勢いであった橋下徹氏は、突如そう宣言し周囲をアッと驚かせた。その後、賛否両論、物議を醸すことになった「西成特区構想」が誕生した瞬間である。

大阪市西成区《にしなり》――なかでも、日本最大の日雇《ひやとい》労働市場があり、ホームレスや生活保護受給者が集中する「あいりん地域」(釜ヶ崎《かまがさき》とも呼ばれる)は、大阪、いや、日本における最貧困地域であるといってよいだろう。

この地域には、貧困だけではなく、少子高齢化、人口減少、治安問題、環境問題、衛生問題、差別問題など、現代日本が抱えるさまざまな課題が凝縮されており、さながら「社会問題のデパート」、「地域衰退のトップランナー」といった状況である。

ここに、財源や人材を集中投下し、長年の懸案を一気に解決しようというのが橋下徹氏が打ち出した「西成特区構想」だ。

ミッション・インポッシブル

しかし、長年にわたって多くの問題が蓄積され複雑に絡み合っているあいりん地域の改革は、まさに「ミッション・インポッシブル」。歴代の大阪市長たちはみな、まともに向き合おうともせずサジを投げてきた。橋下市長の宣言に対する驚きの声とは、「よく言った！」という彼の勇気と自信に対する称賛の声であると同時に、「本気で言っているのか？」、「なんと世間知らずで向う見ずな！」という唖然失笑の声でもあった。

この市長肝入りの西成特区構想を推進するリーダー役として、ひょんなことから一介の経済学者にすぎない私（筆者）に白羽の矢が立った。橋下市長から大阪市特別顧問（西成特区構想担当）の重責を託された私は、2012年3月から2015年11月までの3年8カ月にわたって現場の陣頭指揮をとり、あいりん地域の改革実行に文字どおり汗を流した。本書は、その体験を綴った「回想録」――というより「戦記」である。

幸いにも、この地域の現状をなんとかしたいと思っている同志の有識者たちと、あいりん地域に生きる大勢の人々、そして各行政部局の協力を得ることができ、橋下市長・松井知事体制のもとで、実現不可能と思われていた諸改革を実行することができた。

生まれ変わったあいりん地域

現在、あいりん地域では、白昼堂々と覚せい剤を売っていた売人たちはいっさい姿を消し、まち中にあふれかえっていた不法投棄ゴミも一掃された。環境改善の仕事を市役所から民間にアウトソーシングし、それをホームレスの人々の仕事にすることによって、まちの環境改善とホームレスの貧困脱却を同時に達成する「一石二鳥」の事業もつくり出した。

地域内に大勢いる生活保護受給者（あいりん地域では3人に1人以上、西成区全体でも4人に1人が生活保護受給者）も「社会のお荷物」としてみるのではなく、地域再生を担う人材として、活躍の場をつくることで力を発揮してもらえるようにした。そのほか、少子化対策、教育対策、地域活性化策、貧困対策、医療・福祉施策、治安対策などの面で、現在約50もの事業が動いている。

しかし、なんといってもいちばんの成果は、行政と地域の人々が一緒に話し合い、協力しながらまちづくりを行う「仕組み（実施体制）」を構築したことである。また、行政の縦割りジャングルのなかにも分け入って組織に横串を刺し、市の各局が共同プロジェクトを行う仕組みや、市役所・府庁・府警が協力し合う仕組みを整えたことも大きい。

それは飛び交う罵声のなかから生まれた

特別顧問就任から約2年半後の２０１４年9月22日、いよいよ西成特区構想はクライマックスを迎える。新しいまちづくり計画の策定をめぐって、地域の人々が全員参加の大議論を開始したのである。それは、活動家たちによる怒号や罵声、ヤジが飛び交うカオスのなかで、古代ギリシャの直接民主制の会議（アゴラ）が再現されたといってもいいものだった。

そして、地域の人々が「おまかせ民主主義」ではなく、当事者意識をもって自分たちのまちの将来像を話し合い、それをみずからの手でまちづくり計画にまとめ上げて、行政に対して逆提案した。その計画を大阪市長、大阪府知事に認めさせ、着実な実行を約束させたのである。この地域の不幸な歴史に、「ボトムアップのまちづくり」、「全員参加のまちづくり」という輝かしい1ページが加わったできごとであった。

改革を実行することを学ぶ

本書で私が描き出そうとしているテーマは主に2つである。1つ目は、「改革の中身よりも、どう実行するかがはるかに重要である」ということ。

わが国では、どの地方の改革、どの分野の改革であっても、たいていの場合、改革として何をしなければならないのか、明確にわかっていることが多い。とくに、私が専門としている社会保障・社会福祉の分野では、改革として何をなすべきなのか、専門家の間ではおおむねコンセンサスが得られている場合が多い。

しかし、実際には改革は遅々として進まず、問題は悪化の一途をたどってしまう。改革として何をすべきかがわかっていることと、それを実行に移すこととは、まったく次元の異なることなのである。経済学などの政策科学の発展とともに、前者は学ぼうとすればいくらでもテキストがあるが、後者を学ぶ機会はほとんど存在しない。本書では、私の3年8カ月の体験をなるべく一般化しながら、改革実行に必要なノウハウ、テクニック、戦略・戦術、段取りなどの方法論を、実践的に描き出すことにつとめた。

社会の正しい縮み方を探る

本書のもう1つのテーマは、「人口減少社会に合わせた社会の正しい縮み方はいかにあるべきか」ということである。

高度成長期、バブル期の成功体験があまりに華々しかったためなのか、わが国のさまざまな組織や団体、地域コミュニティーが、いまだに現在の低成長、人口減少に十分適応できずにいる。ましてや今後の超人口減少社会、超少子高齢化社会に備える用意など、ほとんどできていないのが現状である。

官僚組織は相変わらず拡張型の縦割り組織のままであるし、民間の各団体も陳情型で、予算獲得の最大化をめざすばかりだ。国民、地域住民の多くも、行政からいかに分配を多くしてもらえるかが関心事であり、政治家はその意に沿って近視眼的に行動する。相も変わらず社会保障充実、社会福祉拡大の声が鳴りやまない。ますますパイが小さくなっていく時代に、「いまのようなやり方が、いつまでも続けられるわけがない」とうすうす感じつつも、誰もみずから進んでその仕組みを変えようとはしないのである。

なぜなら、既得権益が張りめぐらされたパイ拡大型の仕組みを壊し、縮みゆく時代の新しい仕組みをつくり出すことは本当につらく、たいへんなエネルギーを必要とするからである。そのため、問題はひたすらに先送りされ、財政規模を身の丈に合わせて縮めることができず、結局、借金ばかりが積み上がる。「地獄への道は善意で舗装されている（The road to hell is paved with good intentions.)」といわれるが、現在の居心地よい仕組みが導く未来は、決して明るいものではない。

衰退のトップランナーの経験を生かす

その意味で、現在の大阪は、パイ拡大型の仕組みをこのまま放置した場合に、われわれが最後にいき着く「日本の近未来像」だといえるのかもしれない。かつて商業の中心地であった「大《だい》大阪時代」の成功体験から抜け出せず、もはや間尺に合わなくなった贅沢な制度・仕組みを変えられずにきた結果、急速な経済衰退を招いた。その地盤沈下ぶりは大都市のなかでも独走状態、「大阪独り負け」の状況である。大阪府庁や大阪市役所の財政危機も、当時の橋下知事、橋下市長から「破産宣告」を受けるほどだった。

その後、橋下徹氏が行った急進的改革についてはいまだに毀誉褒貶《きよほうへん》が激しいが、私は、崖っぷちに追い込まれた大阪には、もうそれ以外の選択肢はなかったのではないかと考えている。

そして、その橋下改革の象徴の1つが西成特区構想である。「西成が変われば、大阪が変わる」といわれ、改革の台風の目となった。あいりん地域は、大阪のなかでもっとも問題が濃縮され衰退の著しい地域であったがゆえに、どこよりも早く激しく抜本改革を迫られた。

あいりん地域は、この3年8カ月の間、地域全体でもがき苦しんだ。おたがいに罵り合うような修羅場を経て、なんとか将来に向けての大転換に着手できたのである。その「正しい縮み方」の経験は、「小さな地域の小さな改革の物語」ではあるものの、日本の多くの地方や、あるいは日本全体の改革のために、たくさんの役立つヒントを示してくれていると確信している。

目次

第1章 面倒だから、やる

「オイ！　コラァ！　区長‼　ちょっと言わせろ！」

傍聴席の一角に陣取っていた活動家と思しき一団から、突如、1人の男が立ちあがり、大声で怒鳴り始めた。それは、あいりん地域のど真ん中にある、萩之茶屋小学校（当時）の体育館（講堂）で開かれた第1回「あいりん地域のまちづくり検討会議」（2014年9月22日）の冒頭、大阪市西成区の臣永《とみなが》区長が挨拶を始めて間もなくのことである。

「ここに、ハチマキ、たすき、ゼッケン、ヘルメットなどを着用しないようにと書いてあるのは、これはなんんや！　おかしいやないか！　オゥ！　それからなァ……」

一瞬にして会場全体が凍りついた。委員席、事務局席、傍聴席、マスコミ席などにいる二百数十名の目がいっせいにその男に注がれた。区長は挨拶を中断、呆然と立ち尽くしている。

怒号に包まれる検討会議

これはまずい状況である。冒頭から彼ら活動家にペースを握られては、この大事な検討会議が立ち往生しかねない。

ここにいる35人の委員たちは、地域内のすべての町内会、簡易宿泊所組合《かんいしゅくはくじょ》、地元商店会、労働組合などの労働団体、生活困窮者や子育て関連の支援団体、福祉関係者、医療関係者、各種施設など、この地域を代表するリーダーたちだ。おたがいに意見や利害がぶつかり合うなかを、まちづくりのために、この地域の将来のためにと、なんとか集まってきている。

そこには、大阪市役所の各局の幹部たちも同席している。できることならばこの地域会議に出席したくない、矢面に立ちたくないというのが役人たちの偽らざる心境だろうが、無理をいってつなぎ止めている状況だ。

ここで話し合いがストップしては、微妙なバランスの上にやっと一堂に会した35名の委員、各行政部局が空中分解し、今日を最後に二度と会議を開くことができなくなるだろう。われわれがここまでに費やした数カ月の努力、いや、西成特区構想が始まって以来、約2年半をかけてきたすべてのエネルギーが水の泡である。ここは、なんとしてでも会議を進行させなければならない！

第1回あいりん地域のまちづくり検討会議の様子（西成区役所撮影）

覚悟が試されるとき

「あの〜、ちょっとよろしいですか。あなたの意見はあとできちんとお聞きします。しかし、いま、あなたの話に時間を割いていてはこの会議を進めることができません。今日は盛りだくさんの大事なテーマを話し合わなくてはなりません。ここにいる大勢の委員の方たちはそのために集まっています。会場のみなさんの意見をお聞きする場はあとで用意しますので、申し訳ありませんが、いまはこのまま進めさせていただけますか。どうしてもハチマキをしていたいということでしたら、そのままでしていただいていても結構です。ハイ！　それでは、区長！　先に進めてください！」

私の合いの手で、ふたたび区長が挨拶を始めた。しかし、男のボルテージは上がる一方で、さらに大声でわめき続けている。男の仲間と思しき一団もいっせいに立ち上がり、各々が大声で怒鳴り始めた。

そのあまりの騒々しさに、区長の声も、傍聴席の一団の声も、もはや何を言っているのか聞きとれる状況ではない。参加していた一般の住民たちのなかには、この地域でこれまで何度も繰り返されてきたであろうこの騒然とした光景に嫌気がさし、はやくも席を立とうとする人たちも出始めた。

しかし、じつは、この開始直後の騒動は、この日起こるさまざまなトラブルのほんの序の口にすぎなかったことがすぐにわかる。このあと、まさにトラブルの波状攻撃と呼ぶべき事態に、われわれは飲み込まれたのだ。

いや、さらに時間が経過した時点から振り返れば、この初日の状況など、まだマシであった。約2カ月半にわたって続いた2回目以降の会議の苦難にくらべれば、この日はまだウォーミングアップ程度のものでしかなかったのだ。

あいりん地域のありさま

あいりん地域といえば、日本最大の日雇労働市場（寄せ場《よば》）と簡易宿泊所街（ドヤ街）があり、昨今は、ホームレスや生活保護受給者が集中する大貧困地域として有名である。

まち中に不法投棄ゴミがあふれ、覚せい剤の売人が白昼堂々と商売をしている。結核の罹患率は全国平均の28倍（２０１１年当時）。ボツワナやザンビアといったアフリカの最貧国並みの高さだ。お酒と立ち小便と生ゴミの臭いが混じった異様な臭気が、まち全体を覆っている。

あいりん総合センター：建物前の人の列は、無料シェルターに入るための利用券を求めるもので、建物をグルっと取り巻いている（筆者撮影）

あいりん（愛隣）という地名は、地域のイメージアップのために行政が１９６６年につけた名前だが、この地域の人々は昔からの地名である「釜ヶ崎《かまがさき》」という呼称を使う。読者のなかには、24回にわたって起きた日雇労働者らの「釜ヶ崎暴動」、あるいは「西成暴動」の舞台として、このあいりん地域を記憶している人も多いだろう。

老朽化するシンボル

西成区役所主催の「あいりん地域のまちづくり検討会議」は、２０１４年9月から同年12月まで、計6回にわたって開催された。その様子は、いまもインターネット（注1）でみることができる。

議論の中心テーマは、この地域のシンボルであり、日雇労働市場や労働施設、市営住宅、病院が一体となった巨大複合施設「あいりん総合センター」の建て替え問題である。まちの玄関口である新今宮駅（ＪＲと南海電鉄）の目の前に、1970年に建てられたセンターは、いまや老朽化が著しく、耐震性に大きな問題が生じており、その建て替えは待ったなしの状況に追い込まれている。

しかし、労働団体、支援団体、町内会、簡易宿泊所、地元商店会、各種施設などの利害が複雑に絡み合い、どのような建物に建て替えるのか、その合意形成や利害調整を行うことは至難の業である。町内会住民のなかには、「これを機に日雇労働市場をこの地域からなくし、『普通のまち』にしたい」という人々がいる一方、一部の労働団体や支援団体のなかには、あいりん総合センターを「不可侵の聖域」と捉え、いっさいの建て替えを拒む人々もいる。

臭いものに蓋をしてきた先送りの象徴

建物を所管する大阪府庁、大阪市役所、国（厚生労働省・大阪労働局）の各行政間の調整も一筋縄にはいかない。とくに、大阪府と大阪市は、大阪都構想の住民投票をめぐる議論で全国的に有名になったように、府と市を合わせて「ふしあわせ（府市合わせ）」と揶揄《やゆ》されるほどの犬猿の仲だ。両者間の調整は困難をきわめる。

また、あいりん総合センターを建て替えるとなると、地域内のさまざまな施設、インフラを再配置・再整備しなくてはならず、まち全体の様相が大きく変わることになる。このため、この地域の将来像を描き直し、新しいまちづくり計画を策定するところまで踏み込まざるをえない。これはこれで合意形成、利害調整がきわめて困難であることが容易に想像できるだろう。

このあまりにステークホルダー（利害関係者）の多いこの地域の利害調整に、政治家や行政はおよび腰になり、問題を長く先送りし続けてきた。この老朽化著しいあいりん総合センターは、いわば、行政の不作為、問題先送りの象徴なのである。

じつは、あいりん総合センターの問題にかぎらず、このまちが抱える貧困、治安、環境、衛生、差別などの諸問題も、大阪府・大阪市・大阪府警という行政が、対策におよび腰になって問題を放置してきた結果といえる。むしろさまざまな社会問題をこの地域に寄せ集め、封じ込め、「臭いものに蓋《ふた》をしてきた」といっても過言ではない。

それゆえ地域の人々は「行政不信」という一点においては、立場を超えて完全に意見が一致する。何世代にもわたる積もり積もった行政への不信感は、もはや「怨念」とさえ呼べるものになっており、まったく信用されていない行政が主導するまちづくりなど、このまちでは絶対に実現不可能である。

行政手法の大転換

しかし、われわれは2年半の時間をかけて、どうにかこうにか、この「まちづくり検討会議」をスタートさせるところまでこぎつけた。地域のリーダーたちがこうして一堂に会したことは、「釜ヶ崎史に残る奇跡だ」と評する人もいるくらいである。

会議のコンセプトはズバリ「全員参加のまちづくり」「ボトムアップのまちづくり」「自分たちのま

ちのことは、自分たちで決める」というものである。行政に都合のよい「まちづくり計画」が事前に行政内でつくられ、ガス抜き程度に住民意見を聞くが、基本的に行政の筋書きどおりに物ごとが進められるという、よくありがちな「住民説明会」ではない。

毎回毎回が筋書きなきドラマであり、大勢の人々が一堂に会し、長時間にわたって真剣な議論を展開する。行政は地域の人々がまとめた意見をもとに施策を立案し、地域と相談しながら実行する。旧来の行政手法からみれば、まさにコペルニクス的な大転換である。

ただ、その詳細は、本書のハイライトである第18章から第20章まで少々お待ちいただきたい。ここでは、この会議の様子を短く伝えた「面倒だから、やる」という新聞記事(注2)を紹介するにとどめておきたい。次章からは、すべての始まりであった2012年3月に時計の針を戻し、闘いの物語を始めよう。

面倒だから、やる

よくもまあ、手間のかかることをやってるなあ――大阪市西成区のあいりん地域で今秋、開かれている「まちづくり検討会議」の様子を取材して、あきれつつ、感心した。

日本最大の日雇い労働者の街は高齢化が進んだ。耐震性に問題がある「あいりん総合センター」をどうするかをはじめ、医療、福祉、教育、駅前整備といった課題が山積している。

そこで区が設けたのが検討会議。35人の委員には町会や簡易宿泊所組合、商店会のほか、支援団体、労働組合のメンバーも多数入った。橋下徹市長は「まちづくりは地元の意見を最優先する」と約束している。

小学校の講堂で開く会議はフル公開。毎回200人近くが集まる。傍聴者を含めて自由に意見を出し合いながら、論点を整理する方式も取り入れている。

議論は、すんなりとは進まない。運動団体、住民、行政の間には長年の不信や対立がある。「労働者の声を聞け」「橋下出てこい」などと怒号、ヤジも飛び交う。「発想の開きが大きくて、へとへと」と委員の1人。それでも、地域の関係者すべてが参加できるプロセスは画期的だ。

『面倒だから、しよう』。ノートルダム清心学園理事長の渡辺和子さんが昨年出した本のタイトルだ。よりよく生きるとは、苦労や面倒を避けたがる人間の傾向と闘うことだという。

きっと同じだろう。民主主義も、まちづくりも。

編集委員　原昌平

［コラム 1］

ホームレス対策と外部性（上）

コラムでは、本文に関連する各テーマについて、やさしい経済学を用いた考察を行う。

はじめに、「あいりん地域のホームレスの人々に対し、なぜ行政が対策を行わなければならないのか」という問題を考えてみよう。「そんなことは当たり前だ！」「気の毒な人を救うのが行政の仕事だろ！」とお叱りを受けそうだが、対策にはそれなりの費用がかかる。元手はわれわれの血税であるから、この問題は「ホームレスのために、われわれの税金を使うべきか」「使うとしたらいくらか」といい換えることができる。

経済学のもっとも基本となる考えは「効率的に社会を運営するには、個人の自由な選択や取引に任せておくのがいちばんで、行政はその邪魔をするべきではない」というものである。この考えに立てば、ホームレスが自分の好きで野宿生活をしているのだとすれば、行政は余分なお節介をせず放っておくべきだということになる。

しかし、現代の経済学はそこまで極端な「市場原理主義」「新自由主義」の立場はとらない。われわれの社会には、しばしば自由な選択や取引ではうまくいかない「市場の失敗」が起きることが知られている。その場合には、いまではほぼすべての経済学者が、なんらかの行政的介入が行われるべきだと考えている。

市場の失敗の一例は「外部性」である。たとえホームレスが好きで野宿生活をしていたとしても、直接的には関係のない第三者に迷惑がかかるのであれば、そのときには行政介入が行われるべきである。第三者に悪影響をおよぼす場合を「外部不経済」、よい影響を与える場合を「外部経済」という。

では実際に、ホームレスはどのような外部不経済をもたらすのだろうか。第1に、公園や道路などの公共空間を占拠することにより、第三者が使用できなくなる。第2に、結核などの感染病が蔓延し第三者に広がる。第3に、周辺環境が悪化し地価や賃貸料が下がる。第4に、路上生活の長期化にともなって健康悪化が進むと、最終的に重篤疾患となり生活保護から高額の医療費が支払われる。第5に、ホームレスをみると通行人が気の毒に思って不幸な気分になる（これも立派な外部性である）。したがって、これらの外部性を解消する範囲内で行政介入が正当化されうる。

（注1）地元放送局「Voice of Nishinari ― 西成の声 ―」のホームページ（http://vonishinari.net/shadooon/）またはＹｏｕＴｕｂｅでもみることができる。

（注2）２０１４年11月9日の『読売新聞』大阪本社朝刊「気流」面に掲載された。

第2章 区長をやってください！

私が西成特区構想担当の大阪市特別顧問に就任するきっかけをつくったのは、じつは橋下徹市長ではない。当時、大阪府議会議長をつとめていた浅田均《ひとし》参議院議員である。浅田氏は、大阪府の松井一郎知事とともに大阪維新の会を立ち上げた黒幕の一人であり、橋下徹氏を見出して知事や市長に祭り上げた「ゴッドファーザー」である。

大阪維新の会の知恵袋

２０１２年3月のはじめごろ、当時、よく出演していたテレビ番組のキャスターを通じて、浅田氏から会談の打診を受けた。聞けば、大阪維新の会の選挙公約集「維新八策（船中八策）」に、私が以前から提言していた改革案を盛り込んだという。それについて、ぜひ、アドバイスを受けたいという申し出で、私の著書もすべて読んでいるということだった。それはたいへん結構なことなので、早速、日時を決め、大阪でお目にかかった。

浅田氏は、議員というよりも同業の学者のようだった。さまざまな政策分野に詳しく、もちろん、私が専門としている社会保障・社会福祉のこともよくわかっている。専門的で細かい話になっても理解が早いし、質問も的確だ。それもそのはずで、浅田氏は、父親の後を継いで府議会議員になる前は、米国スタンフォード大学の大学院を出て、パリのＯＥＣＤ（経済協力開発機構）に長年、勤務していた逸材である。「スター性と発信力の橋下」「度胸と政局の松井」に対して、「頭脳と政策の浅田」と評され、大阪維新の会の知恵袋というべき人物なのであった。

大阪維新の会の政策ブレーンに

浅田氏と会って求められたのは維新八策へのアドバイスと、２０１２年4月から大阪維新の会が始める政治家養成学校「維新政治塾」の講師就任要請だった。さらに、今後も、大阪維新の会の政策ブレーンとしてアドバイスを求めたいという。代表の橋下市長とはすでに面識があるし、なによりも浅田氏の人物と識見に感心した私は、喜んでその申し出を受けることにした。

浅田均議員
（大阪維新の会HPより）

その後、本題が終わってすっかり打ち解け、ビールを飲みながらのよもやま話になった。その際、どういうわけか、「じつは今度、西成特区構想というものを始めるんですが……」と、浅田氏が西成区を話題にしたのである。

漠然としたアイディア

「いや、じつは私、西成には少しばかり詳しいんですよ。大阪大学の学生時代から釜ヶ崎に通っておりまして、助教授時代にはこの地域で実際にホームレスや生活保護受給者のフィールド調査をやりました。東京に移ってここ数年は、西成にいく機会がめっきり減りましたが、それでも講演に呼ばれたり、釜ヶ崎で大学のゼミ合宿をしたりするので、地域のリーダーたちや有識者たちとはいまでも交流があります」

「これは驚いた。いい人、みつけちゃったな。では早速ですが、西成特区構想でどんな政策を行うべきか、ご意見を伺わせてもらえませんか」

そこでまず、彼らの計画を尋ねてみると、とにかく日雇労働者の集まるまちに、子育て世帯を呼び込みたいという。具体的には、大阪府外から転入してくる子育て世帯を対象に、住宅の固定資産税や住民税を一定期間免除したり、学校や保育施設のための予算を他区にくらべて拡充、小中高一貫のスーパーエリート校を設置して目玉とするということだった。

一方で、大阪市役所の組織再編で生まれる環境局の現業職員などの余剰人員を西成区へ重点配置、露店や簡易宿泊所（簡宿）の規制、生活保護の適正化などを実施するという。ただ、それ以外には、まだ具体案はなく、正直、何をすべきなのかわからずにいるということだった。

浅田氏の無茶な依頼

私は、大阪維新の会の構想を実現するためにも、まず、あいりん地域が抱える貧困、環境、治安、衛生などの問題を先に解決しなければ、税の免除も予算の拡充も効果は限定的で、「絵に描いた餅」になるだろうとの感想を浅田氏に述べた。

無理に子育て世帯を呼び込めば、いま住んでいる弱者の排除につながっていくだろうし、現状のままの地域に優遇税制で呼び込めるのは、母子世帯や貧困世帯など支援が必要な「しんどい人々」になる。まず、土壌環境を改善しなくては、その上にどんな木を植えても育たないのだ。土壌をどう改善するか、その上にどんな木を植えるのがよいのかは、じつは、地域のなかにたくさんの智恵が存在する。

「釜ヶ崎のまち再生フォーラム（再生フォーラム）」の「定例まちづくりひろば」という地域で開催されているまちづくり勉強会に、有識者などが集って多くの智恵が蓄積され、具体的な提案が行われている。また、「（仮称）萩之茶屋まちづくり拡大会議」という地域のリーダーたちが集まる会合でも、具体案が練られ、一部は実行に移されている。

そのようなすでにまちのなかにある智恵を集めて施策化していけば、現実的で効果的な西成特区構想になるはずだと、いくつか例を挙げて説明した。浅田氏はそれをただ黙って聞いていた。そして、突然、こう言った。

「鈴木さん！　じつは、橋下徹が西成区長を兼務したがっていたんですが法令上無理らしいので、今度、区長を公募するんですよ。いますぐ学習院大学を辞めて、西成区長になってくれませんか！　よろしくお願いします!!」

浅田氏の顔は冗談を言っている顔ではない。明らかに本気である。

「エーッ！（なんでそうなるの?）　チョッ、ちょっと待ってください。無理、ぜったい無理。私はただの研究者で、政治家ではないし、だいたい、家族が許してくれませんよ」

しばしのやりとりがあり、最終的に浅田氏が折れた。が、それならばと次の要望を私にぶつけてきた。

「ハァー（ため息）、仕方がありません。鈴木さん、それでは、大阪市の特別顧問を引き受けてもらえませんか。橋下と西成区長のブレーン……、というより西成特区構想の事実上のリーダー役をお願いしたい。いかがでしょう?」

私は一瞬、返事をためらった。一瞬のはずだが、いま思い出すと、ずいぶん長い時間だったようにも思われる。

石もて追われる未来

そのとき、私の脳裏に走馬灯のように現れた映像は、ほぼ、その後に起きたできごとを的確に捉えたものだったように思う。

労働組合や活動家たちに怒鳴られ、糾弾されているわが身。ヤクザに脅されているシーン。役人たちの抵抗にあって途方に暮れている姿。新幹線で足しげく東京から大阪に通い、疲労困憊《こんぱい》している様子。ずっと家を空けているので、家族関係に危機が生じている状況。最後は、町内会や商店街の人々に「全部お前のせいだ！　さっさと東京に帰れ！」と石を投げつけられている場面まで浮かんだ（幸いなことに、それだけはまだ実現していない）。

そして一瞬のうちに考えをめぐらせた。たぶん、この役を引き受けると、たいへんな重労働と責任、リスクを抱え込むことになるだろう。ひょっとすると、命の危険があるかもしれない。しかし、私がいま、これを断ったらどうなるのだろうか。

いくらなんでも初対面の人間に、西成区長を頼むくらいなのだから、あいりん地域に詳しい人材は、大阪維新の会にはいないのだろう。大阪維新の会の政策ブレーンとて、マスコミでおなじみの著名人が多く、ほとんどが東京からやってくる。さすがにあいりん地域の複雑な事情を理解しているはずもない。

一方で、あいりん地域に精通する大阪在住の有識者で、私より適任者は何人も思い浮かぶが、みな「橋下嫌い」だ。とても政策ブレーンになってもらえそうにない。大阪維新の会の側も、あまりにも根本思想が違う彼らを受け入れないだろう。

火中の栗を拾う

しかし、このまま放っておくと、西成特区構想では、金ピカでマスコミ受けするかもしれないが、頓珍漢《とんちんかん》な施策が実行される可能性がある。すでに、簡宿や露店の規制強化などとやや的外れな施策を掲げているし、生活保護制度に対しても必要以上に強硬な姿勢をとっているようだ。

あいりん地域の複雑な事情をよく理解せず、パフォーマンスで下手な手を打たれると、これまでこの地域で築かれてきた独自のセーフティーネット、社会資源、秩序を破壊することになる。そうなれば、労働団体や支援団体は、身を賭して戦いを仕掛けてくるだろう。最悪の場合、暴動まであり得るかもしれない。

大阪維新の会とあいりん地域の人々の間に立って、双方に利するような「落としどころ」をみつけられるのは、じつは私くらいしかいないのではないか。いや実際、ひょっとしたら何をしでかすかわからない大阪維新の会から、あいりん地域を守れるのは私だけだ。若いころお世話になったこの地域が、万が一犠牲になるとしたら、それはみるに忍びない。

しかし、この役は猛烈にたいへんで、しかもまったく損な役回りである。みずから進んで火中の栗を拾うようなものだ……、あぁ、なんてことだ。それでも、引き受けるしか選択肢がない……。

「ハイ、了解しました。喜んで、引き受けましょう」

「それはよかった！　ありがとうございます!!　すぐに橋下に連絡します」

そう言って、浅田氏はその場で橋下市長に電話をかけた。「幸運の女神には前髪しかない（Grasp Fortune by the forelock.）」という。チャンスがとおり過ぎてから、後悔しても始まらない。私は腹をくくり、覚悟を決めた。

戦々恐々の地元

結局、特別顧問就任は事務的な理由で２０１２年3月27日まで待たされることになったが、その前に、あいりん地域の人々が西成特区構想をどう受け止め、どのような意見をもっているのか知っておきたかった。タイミングよく、釜ヶ崎のまち再生フォーラム（詳細第5章）の主だった有識者メンバーが集まって、西成特区構想に関する情報交換と、その対応策を練る「緊急作戦会議」を開くという。

早速、私は大阪に向かい緊急作戦会議の場に顔を出すと、再生フォーラム事務局長のありむら潜《せん》さん、近畿大学の寺川政司《せいじ》先生、阪南大学の松村嘉久《よしひさ》先生などが集まっていた。もちろん、みな、旧知の仲である。

当時、西成特区構想に関する情報はあまりに少なかったが、コストカッター（予算削減人）、容赦ない改革断行者として知られる橋下市長の強面《こわもて》なイメージから、あいりん地域を無茶苦茶にするのではないかと、みな、戦々恐々としていた。

橋下市長がマスコミの前で、生活保護に対するきびしい発言をしたり、簡宿や露店に対する規制強化に言及していることも、それを裏づけているようだった。また、小中高一貫スーパーエリート校、子育て世帯を税制優遇で移住させるといった市長のアイディアも、実情を何も知らずに地域をズタズタに分断しようとしているとネガティブに受け止められている。

しかも、それに尾ひれはひれがつき、橋下市長はあいりん地域のスラム・クリアランスを実行するつもりだとか、日雇労働市場を他地域に移転するつもりらしいなどと、いかにももっともらしい噂が流れ、労働団体や支援団体は敵意をむき出しにしていた。

冷静な再生フォーラム

さすがに再生フォーラムのメンバーはもう少し冷静で、そのような噂を鵜呑みにすることなく、この地域選出の市議会議員や府議会議員から情報を集め、独自の分析を行っていた。彼らの分析結果は、次のようなものであった。

①橋下市長は西成区やあいりん地域の実態を何も知らない。しかし、そのことを自覚しており、「西成のことは西成区長を中心に地元で進めてほしい」とコメントしている。地元の意見を尊重しようという姿勢は、どうやら本物のようだ。

②橋下市長は、市役所の役人が伝える情報を基本的に信じない。それゆえ、地元からの直接の情報発信や提案が受け入れられる可能性がある。だとすれば、今回の西成特区構想はチャンスかもしれない。このタイミングで地元がまちづくりのビジョンを一刻も早くまとめ上げて、地域からの要望として市長に提案すべきである。

いま振り返っても、じつに的確で、沈着冷静な判断であったと思う。

びっくり仰天の告白

最後にありむらさんが悲壮な声で「橋下市長が、噂どおりの破壊者か、そうではなくて、彼がこの地域にとってチャンスをもたらしてくれる人物なのかはまだわかりません。しかし、どちらに転んだとしても、われわれにできることは1つで、それはまちの意見をまとめて、彼にぶつけることしかないんですよ！　問題は、彼にどうやってわれわれの意見を上げるかで、それがいちばんの難問ですが……」と言った時点で、私が「じつは……」と3日後に西成特区構想担当の大阪市特別顧問に就任することを打ち明けると、みな「エーッ！」と、まさにびっくり仰天。キツネにつままれた気分だったらしい。

のけぞるありむらさん、ホッとした顔をする何人かの顔をいまもありありと思い出すことができる。これまでのまちづくり運動のなかで提案されてきたアイディアや、それに対する地域の意見を早急にまとめて西成特区構想の骨格案をつくり、私がラップアップして市長に説明するということで、この日は一件落着である。

この時点では、私の頭のなかに、今後の明確な戦略は何もなかったが、いずれ市役所のなかにこの件を進める会議体をつくる必要が出てくるだろうとは思っていた。そうなれば、役人たちと闘う場面もあるかもしれない。再生フォーラムのメンバーには、ぜひ、私の力になってほしいとお願いした。もちろんみな、快く、そして力強く協力を約束してくれた。

［コラム2］

ホームレス対策と外部性（下）

コラム1では、行政がホームレス対策を行うべき経済学的根拠として、「外部性」の存在を挙げた。それでは、そのことからただちに、公費を投じてホームレス支援を行うことが正当化されうるのだろうか。じつは、ことはそう単純ではない。

対策としては、①自立支援センターなどを設置して公費でホームレスの人々を支援する、②彼らが公共空間を占拠することに対して罰金や刑罰を科す、といった方法がある。一般に、公費を投じるよりも、ペナルティーを科すほうが、安上がりだから優れた対策（効率的対策）である。

しかし、ホームレスの人々は野宿生活するくらいだから、罰金を科しても支払能力がない。そうなると刑罰を科すことになるが、刑務所に入所した場合には、1日3度の食事と居住空間、刑務官の人件費などに公費がかかる。自立支援センターの運営費をはるかに上回り非効率だ。かくして、外部不経済の範囲内で、公費をかけてホームレス支援を行うことが正当化されるのである。

第3章 労働者のまち、釜ヶ崎

　ここで、第3章から第5章にわたって、本書の物語の舞台となるあいりん地域（釜ヶ崎）の基礎知識をまとめておこう。この地域独特の歴史、地理、社会、文化、言葉、そしてこの地域で活躍している人物や団体を先に説明しておいたほうが、この後の章をよりスムーズに読んでいただけるものと思う。(注1)あいりん地域について、ある程度知識があるという読者は、いきなり第6章に進んでいただいてかまわない。

あいりん地域は一等地

　あいりん地域（釜ヶ崎）は、それほど広い面積の場所ではない。タテ・ヨコ約1㎞の三角形に近い台形のエリアで、面積にしてわずか0・6㎢ほどにすぎない。これは西成区全体の1割にも満たない面積である。

この小さな面積のなかに、住民のほか、日雇労働者、ホームレス、生活保護受給者、バックパッカーなど2万数千人の人々が日々、ひしめいているのだから、まず、その人口密集ぶりに驚かされる。とくに中心地である萩之茶屋1丁目、2丁目界隈の人口密度は、東京・銀座の人ごみ並みだ。

また、地図をみると、このあいりん地域が、まさに交通の要衝にあることがわかる。あいりん地域の玄関口ともいえる新今宮駅は、JR大阪環状線（東京の山手線のように、大阪の中心部を巡回する大動脈）と南海電鉄の乗降駅である。そのすぐ東側には、大阪市営地下鉄・御堂筋線（大阪市の中心部を南北に貫く主要路線）と堺筋線の動物園前駅もある。

電車だけではなく、道路もきわめて便利であり、新今宮駅前を東西に国道43号線が走り、西側を南北に国道26号線がのびる。堺筋や紀州街道もまちの中心を通っている。さらに、新今宮駅の東側には、阪神高速14号線（松原線）があり、すぐに高速道路に乗ることもできる。

驚くべきことに、あいりん地域は、大阪の主要観光スポットや歓楽街にも隣接している。新今宮駅から北側に2kmほどいったところには、梅田とならぶ大阪の中心地である難波《なんば》がある。その手前は、東京・秋葉原とならぶ電気街、オタクとサブカルチャーのまち、日本橋《にっぽんばし》である。動物園前駅のすぐ北側には、大阪下町のシンボルである通天閣があり、串カツで有名な新世界、ジャンジャン横丁が広がる。ちなみに、日本一の超高層ビルとして今話題のあべのハルカスは、やはり動物園前駅から東に1kmほどいったところにある。

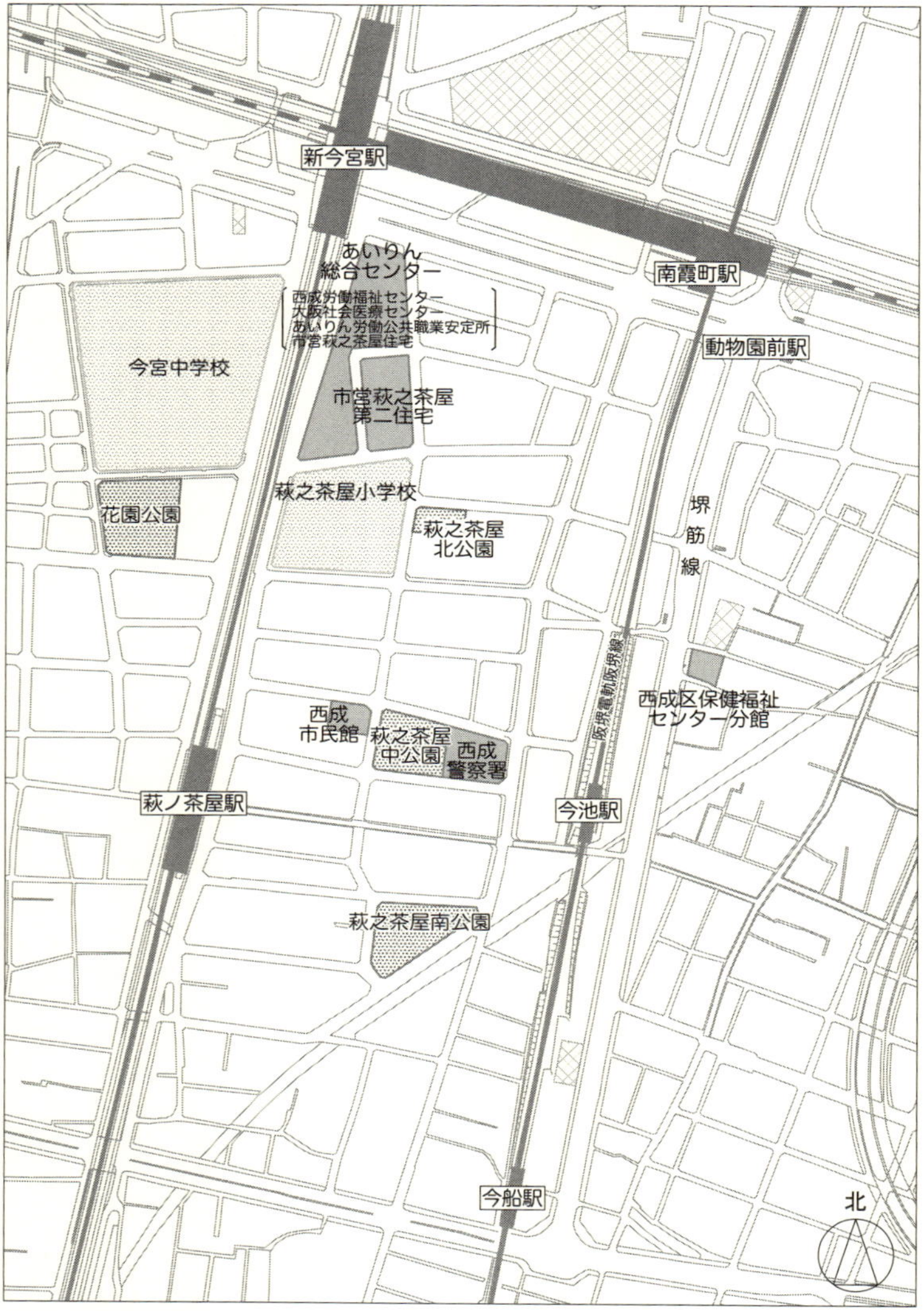

あいりん地域の地図（西成区役所作成）
※網掛け部分は「市有地」を示す

戦後復興を支えた日雇労働市場

こうした交通の要衝にあることが、この地域に古くから、日雇労働市場とドヤ街（簡宿街）が形成されてきた理由の1つであろう。第二次世界大戦末期には、大阪大空襲のためにいったん焼け野原となるが、戦後、ドヤ街やバラック住居ひしめくスラムがまたたく間に再生され、その後の戦後復興、高度成長時代を支える日雇労働者のまちとして発展してきた。

したがって、まちの中心はなんといっても、日雇労働者たちが仕事を得る場所「日雇労働市場」である。現在は、新今宮駅のすぐ南に面している「あいりん総合センター」の1階が日雇労働市場になっているが、1960年代までは、そのすぐ西隣の場所に、屋根のない「青空労働市場」があった。日雇労働市場は、労働者たちからは「寄《よ》せ場《ば》」もしくは「寄《よ》り場《ば》」と呼ばれている。

独特の相対方式

日雇労働者とは、道路工事や建設工事、港湾などの現場で働く肉体労働者のことで、非常に短期の契約で雇用されることが特徴である。基本的には1日単位の契約であり、早朝から雇われて働き、その日の夕方に賃金を受け取る。この1日単位の雇用契約は「現金《げんきん》」と呼ばれる。

一方、1週間あるいは10日といったもう少し長い期間の雇用（30日以内）は「契約《けいやく》」と呼ばれ、工事現場に近い拠点の住居（マンションやアパートなど）や、現場に隣接するプレハブなどに住み込んで一定期間働くことになる。これらの住み込み場所は「飯場《はんば》」と呼ばれる。

日雇労働者たちはどのようにその日の仕事を探し、仕事を得るのだろうか。この地域では、自然発生的な青空労働市場時代から続く「相対《あいたい》方式」と呼ばれる独特の取引手法が用いられている。

職を求める労働者と、求人側の「手配師《てはいし》」（建設工事を受注した親会社に、人集めを委託された仲介業者）や「人夫出《にんぷだ》し」（日雇労働者をいったん自分の飯場に集めておいて、そこから需要に応じて現場に労働者を送り出す一種の派遣業者）が、まさに相対して直接交渉を行い仕事の契約を結ぶ。ハローワークのように、行政が間に入って取引を仲介しないことが特徴である。

朝の早い寄せ場の情景

日雇労働者たちの朝はとても早い。朝5時前になると、あいりん総合センター1階の寄せ場に、大勢の日雇労働者と手配師たちが集まる。手配師たちは、ワゴン車やワンボックスカーを横づけして、その車のフロントガラス部分に賃金や契約期間、飯場の宿泊代・食事代などの条件が書かれたプラカードを提示。労働者たちに「兄ちゃん、仕事いかへんか」「現金どないや」などと声をかける。労働者は手配師と条件について二言三言、言葉を交わして、折り合わなければ別の手配師のところへ、折り合えば契約ということで、その手配師の車に乗り込む。

手配師たちは、予定の人数が集まり次第、次々に車で現場や飯場に向かって出発していく。人気のある現金の仕事からなくなっていき、契約の仕事はなかなか決まらないものもあるが、だいたい朝7

時くらいにはすべての取引が終了する。じつはこのような相対取引は、現在では、あいりん総合センター1階の寄せ場だけではなく、その周辺の路上でも行われており、この地域全体で、現金や契約を合わせて、1日5000件ほどの仕事が決まるといわれる。

それでもアブレる

この時間内に仕事が見つからなかった労働者は、アブレ（仕事にアブレた失業者の意味）と呼ばれ、あいりん総合センター1階や3階、その周辺の公園、図書館などの地域に開放されている施設で、やむなくぶらぶらとその日を過ごすことになる。おカネの余裕がないアブレは、支援団体が無料提供する「炊き出し」に並んで食事をすませ、寝泊まりはやはり無料のシェルター（大阪市が設置したあいりん臨時夜間緊急避難所）を使うことになる。

日雇労働者のなかでも鳶職《とび》（足場を組んだ高所での危険な作業を行う専門職）や大工などの技術職は、比較的安定した仕事が得られ賃金も高い。一方、普通の土木作業員（土工《どこう》）は単純な肉体労働が主であるために、体力のある若い労働者から声がかかり、年配の労働者ほどアブレる可能性が高い。

近年、日雇労働者の高齢化が進み、仕事のないアブレが増えてきたことが、この地域の諸問題の根源である。

あいりん地域の簡宿街（筆者撮影）

現在では60軒ほどに減った簡易宿泊所

仕事を終えた労働者たちが夕方、このまちに戻ってくると、まず、その日に泊る簡易宿泊所《かんいしゅくはくじょ》を決めることになる。簡易宿泊所は略して「簡《かん》宿《しゅく》」、労働者たちは「ドヤ」と呼ぶ。これは宿（ヤド）の語順を反対にした一種の「業界用語」である。

簡宿は、あいりん総合センターの周りに密集するように建っており、バブル期には２００軒を超える簡宿があったが、現在は60軒前後で、部屋数にして５０００室ほどが存在している。

簡宿の部屋は、ほとんどが3畳一間のせまい空間であり、荷物を置き、布団を敷いて寝るためだけの空間といえる。１９６０年代に建てられた古い簡宿では1畳一間というせまさの「元祖カプセルホテル」もある。トイレ、風呂場（浴場がない簡宿の場合には、近くの銭湯を使う）、洗面台は部屋にはなくすべて共用である。1泊の料金は日払いで1000円から1500円が相場だが、テレビや冷暖房がない部屋ならもっと安いものもある。

労働者たちは飲食や娯楽を求めて、まちに繰り出す。簡宿の周りには、めし屋、飲み屋、スナック、カラオケバーなどが軒を連ねており、非常に安く飲食やカラオケが楽しめる。もっと安く上がる弁当屋や自動販売機も多い。めし屋、弁当屋は労働者のために、早朝から暖簾《のれん》を出す。

また、基本的に労働者たちは日払いで簡宿を移動するため、現場に持ち込めない荷物は、まち中の至るところにあるコインロッカーに預けることになる。洗濯もコインランドリーを使う。

こうしてみると、簡宿だけではなく、まち中にあるさまざまなビジネスが、いわば一体となって、労働者の衣食住、生活全般を支える機能を果たしていることがわかる。

労働者の「わが家」

ちなみに、私の常宿は、中心地の萩之茶屋1丁目、2丁目から、徒歩3分ほど離れた場所にあるが、夕方から晩にかけてこのまちで過ごしていると、まち全体が労働者たちの「わが家」や「ふるさと」なのだとしみじみ思う。日雇労働者たちは、基本的に一匹狼の単身男性たちであり、3畳一間のせまい簡宿で寝起きしているが、じつは、まったくの孤独状態というわけではない。

お気に入りのめし屋や飲み屋、屋台にいけば、店員の女性たちが話し相手になってくれたり、カラオケの相手になってくれたりする。風呂上がりのホッとしたひととき、簡宿の共同スペースで、労働者同士がくつろぎ談笑している姿もみられる。労働者たちは、衣食住のすべてをこのまちに依存し、逆に、このまちは「わが家」として労働者たちの生活を支えることで、生計を成り立たせてきたのである。

このもちつもたれつの「共依存関係」が長年培われてきたことが、その後、多くの日雇労働者たちがアブレ地獄（長期失業）に喘ぎ、ホームレスになった時代においても、なんとか彼らを支えようと、まち中でさまざまな活動が展開される下地になったものと思われる。

日雇は究極の非正社員雇用

次に、日雇労働者を取り巻くこのまち独特のセーフティーネット（安全網）や、それを支える団体、各種施設に話を移そう。昨今、正社員にくらべて、パートやアルバイト、派遣労働者などの非正社員が、景気変動の荒波にさらされやすいことが問題視されているが、日雇労働という形態は、その意味でまさに究極の非正社員といえるだろう。

何しろ、毎日毎日、その日にならないと仕事があるかどうかわからないという不安定さだ。景気変動の波にもっとも早く、そしてもっとも敏感にさらされる存在である。正社員が多少の波にはまったく動じない大型客船とすれば、パート・アルバイトは小型客船、派遣労働者は屋形船くらいだろうか。それに対して、日雇労働者は、まさに1人乗りの手こぎボートであり、少しでも波がくればすぐに転覆してしまう。

実際、高度成長期の真っただなかであった1950年代後半、1960年代でさえも、なべ底不況（1957〜58年）、昭和37年不況（1961〜62年）、証券不況（1964〜65年）といった景気後退が起こるたびに、大量のアブレがまち中にあふれかえる光景が繰り返された。それどころか、雨が降ったり、大風が吹いたりというだけでも、その日の仕事はなくなってしまう。景気変動どころか、気候変動にすら左右されるのが日雇労働である。

原始資本主義の世界

また、日雇労働者は基本的に一匹狼の単独行動をとるために、労働者同士の横の連携は弱い。このため、高度成長期の終わりくらいまでは、しばしば手配師たちに賃金の法外な中抜き行為（ピンハネ）をされても、1人で泣き寝入りせざるをえない状況があった。また、募集の際に約束された賃金や宿代、食事代、労働条件がまったく守られないこともしばしばだった。賃金などの労働条件や宿舎環境がひとケタ落ちるほど劣悪であったり（ケタオチ飯場）、そこで暴力によって無理やり働かされること（タコ部屋、半タコ部屋）も、当時は日常茶飯事だったのである。

もちろん、労働者にはそのような飯場から逃げ出す（トンコする）自由があるが、途中で捕まれば半殺しの目にあうことになるし、釜ヶ崎に戻ってからも暴力手配師にリンチをされることもある。いまどきの「ブラック企業」どころの騒ぎではない。まさに、弱い立場の労働者が搾取される荒々しい原始資本主義――いい換えれば何のセーフティーネットもない弱肉強食の時代がたしかに存在していたのだ。

釜ヶ崎暴動がきっかけとなった

こうした状況が大きく転換される契機となったのは、1960年代に大阪府・大阪市が行った各種の「あいりん対策」と、1970年代に花開いた日雇労働者の「労働運動」の2つである。

あいりん対策として、日雇労働者の労働環境改善やセーフティーネット整備に、行政がようやく重い腰を上げて取り組み始めたのは、1961年8月に勃発した第1次釜ヶ崎暴動（西成暴動）がきっかけだったといわれている。この第1次暴動以降、直近の2008年6月の暴動に至るまで、この地域では24回もの暴動が起きている。

第1次暴動の直接の発端は、交通事故で死亡した1人の日雇労働者に対して、警察がムシロをかぶせたまま数十分も放置し、それをみていた日雇労働者たちが怒り、騒ぎ始めたこととされる。

この騒ぎがまち中の日雇労働者にまたたく間に広がって暴動に発展し、パトカーや派出所、西成警察署、手配師の事務所に対する投石や放火が4日間にわたって続いた。最終的には機動隊が出動し、催涙弾を使ってなんとか暴動を鎮圧したが、大阪の一般市民や、大阪府警をはじめとする各行政に与えた衝撃は相当のものであったろう。

西成警察署（筆者撮影）

暴動のターゲットであり続けた西成警察署

暴動に至った背景については諸説あるものの、先に述べたピンハネやケタオチに代表される劣悪な労働条件、日雇労働者への差別意識、そして、それに対して何も対策を実施しない行政に対する怒りが、警察の事故処理の不手際をきっかけに火を噴いたという説が有力である。また、昭和37年不況に入る直前の時期で、すでに日雇の仕事が減少していたことも影響したと思われる。

ちなみに、あいりん地域の真ん中にある西成警察署は、このあと24回にわたって続く暴動のターゲットになり続けた。その度にフェンスを高くしたり、壁を厚くするなどの改修を重ねてきたため、現在は、まるで要塞のような建物となっている。

西成労働福祉センター

この暴動をきっかけに、もはやこの地域の事態を放置できなくなった行政は、「あいりん対策」を矢継ぎ早に実施した。まず、労働行政を担っている大阪府が、暴動の翌年（１９６２年）に、(財)

あいりん地域の主要年表①
（高度成長期～1980年代まで）

1961年	第1次・釜ヶ崎暴動
1962年	（財）西成労働福祉センター設立
1963年	大阪市立あいりん小・中学校開校（1984年に閉校） 済生会今宮診療所の第4代所長に本田良寛医師就任
1966年	あいりん地区対策三者協議会（府・市・府警）設置。あいりんの呼称がつくられる
1969年	全日本港湾労働組合建設支部西成分会（全港湾《ぜんこうわん》）発足
1970年	【大阪万博開催】あいりん総合センター設立 釜ヶ崎協友会（後の釜ヶ崎キリスト教協友会）発足
	第1回釜ヶ崎越冬闘争、 第1回釜ヶ崎メーデー
1971年	福利厚生資金（モチ代・ソーメン代）の創設（2005年まで実施）
	大阪市立更生相談所（市更相《しこうそう》）開設（2014年西成区役所に統合）
1972年	第1回釜ヶ崎夏まつり開催
1975年	釜ヶ崎炊き出しの会発足
1976年	釜ヶ崎日雇労働組合（釜日労《かまにちろう》）発足
1980年	釜日労による釜ヶ崎春闘の賃上げ闘争開始（1992年まで実施） こどもの里開設

西成労働福祉センターを設立する。このセンターが行っている業務は現在、多岐にわたっているが、いまも昔も変わらないもっとも重要な業務は日雇労働市場の管理運営・監督業務であり、寄り場が公正かつ円滑に機能するための「レフェリー役」である。

具体的には、

①日雇労働者の求人を行う業者に対して、労働条件を明示させる（求人事業所の登録、プラカードの交付）、②ケタオチ飯場やピンハネ、賃金未払いに関する労働者の苦情を受けつけ、問題解決を図

る、③労働災害に関する相談と休業中の生活費の立て替え、（注2）④その他、医療相談、生活身上相談など、労働者の生活全般にかかわる「よろず相談」を行う、といった業務を実施している。（注3）

大阪社会医療センター付属病院

一方、福祉や医療、教育行政を担っている大阪市は、やはり1962年に大阪市立愛隣《あいりん》会館を設置し、労働者やその家族に対する生活相談や、さまざまな生活支援事業をスタートさせる。まず、病気などの理由で働けなくなった日雇労働者に対する医療支援や生活保護の相談窓口が設置され、のちにこれらは、結核対策や医療支援を行うための「西成保健所分室」（1963年設置）や、生活保護に関する「市立更生相談所（市更相《しこうそう》）」となる。（注4）

日雇労働者への医療支援については、公的機関だけではなく、民間が果たした役割も大きい。とくに、済生会《さいせいかい》が設立した今宮診療所は、4代目所長の本田良寛《よしひろ》医師が市役所内の縦割り行政をうまく調整し、「あるとき払いの催促なし」（つまり、日雇労働者が治療費を支払えない場合、おカネができたときに支払えばよいという制度）という現在の「無料低額診療」につながる仕組みを確立した。

本田良寛医師は、「西成の赤ひげ先生」として知られ、その生涯を日雇労働者など生活困窮者の医療活動に捧げた人物であり、地域の尊敬を一身に集めた。1970年に済生会今宮診療所が発展的に解消され、病床や診療科を大幅に増やして、大阪社会医療センター付属病院（社医セン）となると、その初代院長に就任した。

じゃりん子チエがいたころ

当時、差別やいじめを受けやすかったり、住所登録が行われていない日雇労働者の子どものなかには、小学校、中学校に通えない「不就学児」が多く、教育差別、貧困連鎖や治安悪化の予備軍として社会問題化していた。このため、大阪市教育委員会は、市立萩之茶屋小学校や今宮中学校の分校の形で、日雇労働者の子どもを対象とする特別学校（あいりん学園）を1962年に設立。1963年には大阪市立あいりん小中学校を開校させた。また、このあいりん対策の時期に、地域内の保育園も整備された。

ちなみに、1960年代にあいりん対策が行われるまでは、日雇労働者であっても単身者ばかりではなく、家族持ちの労働者が数多く地域内に住んでいた。1960年当時、単身者は全体の4割程度であり、地域内の男女比はほぼ半々だったといわれている。当然、地域内には多くの子どもたちが存在し、萩之茶屋小学校の児童数は約1400人、今宮中学校の児童数も2000人を超えていた。あいりん地域に隣接している今宮小学校、弘治《こうじ》小学校（ともに今宮中学校の校区）も、それぞれ1500人を超える児童数であったから、あいりん対策が始まるまでは、それはそれは子どもたちの声でにぎやかなまちだったことだろう。

実際、漫画やアニメで知られる「じゃりん子チエ」（はるき悦巳作、アニメの監督はジブリの高畑勲）は、あいりん地域を舞台にした人気作品であるが、小学5年生ながら日雇労働者相手にホルモン焼き屋を営む主人公のチエちゃんをはじめ、数多くの家族や子どもたちが描かれている。ちなみに、チエちゃんが通っていた「西荻小学校」のモデルは、萩之茶屋小学校もしくは弘治小学校であるといわれている。

急速に進んだ単身化

しかしながら、大阪市によるあいりん対策によって、家族持ちの日雇労働者に対する地域外への移転策が急速に進んだ。具体的には、愛隣《あいりん》寮や今池生活館といった宿泊施設に一定期間入居し、地域外で自立した生活を送るための訓練を行った後、あいりん地域外の公営住宅を斡旋《あっせん》して、暴動の起きない地域への移住を図ったのである。

このため、1960年から1970年までの10年間で、地域内の萩之茶屋小学校、今宮中学校の児童数は半減、今宮小学校、弘治小学校の児童数も3分の2程度に減少した。その後もこれらの学校の児童数減少は止まらず、2014年現在の小学校の児童数は、萩之茶屋小学校48名、今宮小学校111名、弘治小学校119名である。小学1年生の児童数はそれぞれ6名、14名、23名であり、3校合わせても1学年1クラスにしかならない。このため、後述のように、橋下市政のもとで3校を統合させ、今宮中学校と合併した小中一貫校が2015年度に開校された。

一方で、あいりん地域内には、単身労働者をより多く集めるための政策誘導があったといわれる。当時は、1970年の大阪万博に向けて、行政の威信をかけた大建設プロジェクトが進行していた。

このため、求人ラッシュとなった建設現場に対する一種の「巨大飯場」として、あいりん地域にできるだけ多くの日雇労働者をプールする必要があった。

少しでも多くの日雇労働者を収容するため、簡宿のオーナー（経営者）と行政の利害が一致し、家族向けの部屋は、単身者向けにできるだけ部屋数を多く確保できるよう狭小な部屋につくり替えられた。1畳一間の極小簡宿が生まれたのもこのころである。こうして、あいりん地域は、単身男性の日雇労働者ばかりのまちへと急速に変貌を遂げる。

まちの中心、あいりん総合センター

さて、行政によるさまざまな対策の総仕上げと呼ぶべきものが、1970年のあいりん総合センターの設立である。青空労働市場から場所を移転し、まちの玄関口である新今宮駅に面して建てられたこのセンターには、①日雇労働市場（1階。吹き抜けで2階はない）、②西成労働福祉センター（3階、4階の南側）、③あいりん労働公共職業安定所（3階、4階の北側）、④大阪社会医療センター付属病院（5～7階の北側）、⑤市営住宅である萩之茶屋第1住宅（西側の5～13階）が入り、まさに「まちの中心」と呼ぶべき巨大複合施設となっている。⑥センターの東隣りには別棟で7階建ての萩之茶屋第2住宅（108戸＋1階に28店舗）も存在している。

あいりん総合センターの設立により、これまで青空労働市場として吹きさらしであった寄せ場は、屋根つきの施設のなかに移り、それを管理する公共機関、労働者のための病院、2つの市営住宅が、

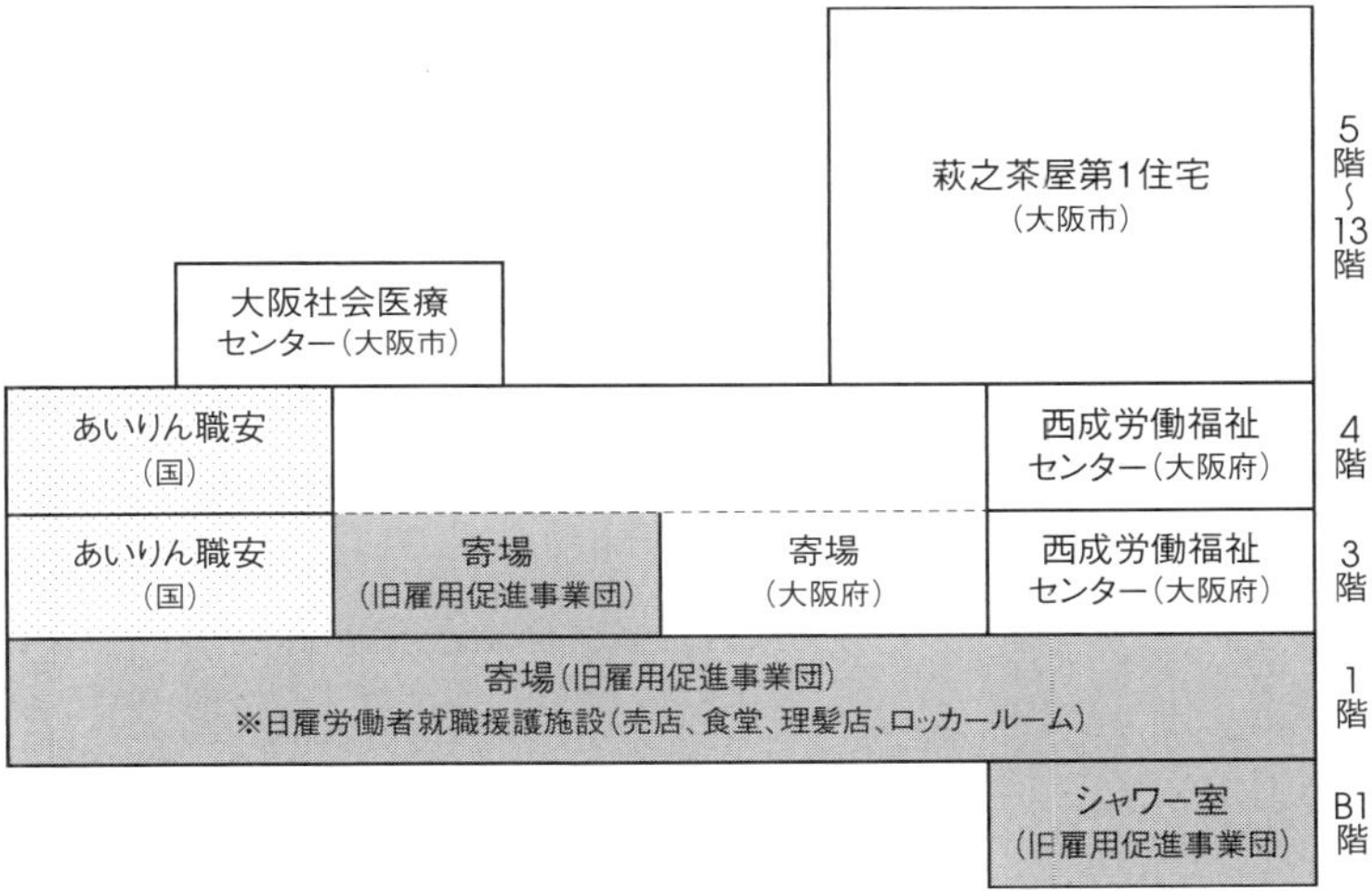

あいりん総合センターの管理概要（西成区役所作成）

まさに一体的に整備された。それぞれの管轄は、大阪市と大阪府、国（厚生労働省・大阪労働局）にまたがっており、各行政部局が協力し合って、これだけ大きなセンターを建設したことは、役所内部では結構な調整努力があったものと思われる。

ある意味で、この時代の役人たちの熱い思い、理想主義がしのばれる巨大建造物であるといえるだろう。しかし、それから45年もの月日が経ち、老朽化、耐震化の問題が深刻化している現在、その建て替えの合意形成・利害調整が、一体施設であるがゆえに非常に困難な状況となっている。

合意形成努力の欠如

このあいりん総合センターは当時、大阪府、大阪市、大阪府警の三者が協議し、周辺住民への説明や合意形成を十分に行わないまま、有無をいわさず一気に建ててしまったものだといわれている。

たしかに、寄せ場をはじめ、日雇労働者たちの施設は周辺住民にとっては一種の「迷惑施設」であるから、その合意形成は困難を極め、膨大な時間と手間のかかる作業となったであろう。現に、最初の候補地であった霞町の市電車庫跡は、周辺住民の反対でとん挫した。

そこで、むずかしい合意形成を避け、すべてを一体施設にまとめて素早く建設する手法をとったことは、役人側の立場に立てば理解できなくもない。しかし、住民へのていねいな説明、合意形成の努力を十分に行わなかったことが、この地域に根深い行政不信を生み、それが人々の記憶に長くとどまる大きな原因となった。

職業紹介をしない職安

ところで、このあいりん総合センターの建設を機に、国の機関である公共職業安定所（あいりん職安）がセンター内に入った。じつは、このあいりん職安は通常の職安（現在のハローワーク）とは異なり、職業紹介をいっさい行っていない日本でただ1つの特殊な職安であった（2016年4月からやっと職業紹介を始めた）。日雇労働者の失業保険の給付業務と、求人事業者の管理事務（募集に関する届け出、事業者の指導）のみを行っていた。

このうち、日雇労働者の失業保険は、天候や景気に左右されやすい日雇労働者にとって重要なセーフティーネットである。失業保険を得るには、まず「雇用保険日雇労働被保険者手帳」をもつ必要がある（白い手帳なので、労働者たちは「白手帳」と呼ぶ）。この手帳に、2カ月間のうち26日以上働き、印紙を貼ってもらえれば、失業しても最高で1日7500円の失業手当（アブレ手当）が一定期間（最高で17日）給付される。

あいりん職安に登録する被保険者数は1975年に約1万6000人で、ピーク時の1986年には2万4000人以上を数えたが、その後急速に減少し、現在はわずか1500人程度になっている。つまり、最近の日雇労働者は、2カ月間に26日以上働くことがもはやむずかしく、白手帳を保有することが割に合わなくなっているのである。その分だけ、失業保険のセーフティーネットが機能しなくなっているとみることもできる。

労働運動の1970年代

さて、荒々しい原始資本主義の時代から、日雇労働者の状況が改善したのは、行政によるあいりん対策だけではなく、1970年代から活発化した労働団体による労働運動が寄与した面も大きい。

一匹狼の日雇労働者たちであるが、当時の全国的な労働運動の盛り上がりや、60年安保闘争が終わってこの地域に参入した学生運動上がりの運動家たちに主導される形で、1970年代から活発な労働運動が展開される。

まず、その嚆矢《こうし》となったのは、1969年に全日本港湾労働組合建設支部西成分会（全港湾《ぜんこうわん》）が発足したことである。この全港湾はあいりん地域ではじめて結成された日雇労働者の労働組合であり、行政に対して具体的な要求事項を掲げて申し入れを行い、団体交渉でその実現を迫るというスタイル

夕暮れの三角公園：奥にみえるのが南シェルター（今宮シェルター）で、
シェルターを利用しようとしている人々の列ができている。さらにずっと遠方にみえるビルがあべのハルカス（筆者撮影）

をこの地域ではじめて確立した。

その後、この団交スタイルは、地域内の各労働団体によって、いまに至るまで用いられている。その全港湾の要求行動を通じて、日雇労働者に対する夏冬のボーナスとして、福利厚生資金（モチ代・ソーメン代）が1971年に創設された（2005年廃止）。また、白手帳交付やあいりん小中学校の校舎建設を行政に働きかけるなど、全港湾は労働者の待遇改善に関してさまざまな貢献を行った。

これに対して、学生運動から転じた労働運動家のグループは、より直接的に、ピンハネやケタオチを行う手配師や業者と交渉し、ときには「暴力には暴力で応じる」実力行使で、日雇労働者の労働条件を改善していった。

こうして、各労働団体の働きによって、

①釜ヶ崎メーデーのデモ行進、②三角公園（正式には萩之茶屋南公園）で行われる釜ヶ崎越冬闘争、③釜ヶ崎夏祭りといった現在も続く行事が生み出されていった。

公園をめぐる対立

1970年代といえば、1973年に始まる第1次石油ショックによって戦後はじめてのマイナス成長となる長く深い不況を経験し、それを機に日本経済の高度成長期が終了した時期である。景気変動の影響を受けやすい日雇労働者にとって、この第1次石油ショックによる不況のダメージは甚大であり、多くの労働者がアブレ地獄に喘ぐことになった。

これに対して、ちょうど登場していた労働団体による救援、支援活動が活発化し、四角公園（正式には萩之茶屋中公園）で炊き出しが開始されたり（炊き出しの会）、越冬闘争による花園公園や仏現寺公園（正式には萩之茶屋北公園）でのテント村設置が行われたりした。こうした労働者による公園使用は、はじめは年末年始限定という約束であったが、不況の深刻化・長期化とともに、常態化していくことになる。

これは、労働団体側からみれば、アブレた日雇労働者のための当然の措置・権利だということになろうが、地域住民や行政の側からみれば、日雇労働者たちが公園を不法占拠し続けているということになる。

行政による強硬策

とくに、南海電車の高架の西側にある花園公園の周辺は、労働者とは直接関係のない一般住民が多く住むエリアであり、その住民たちの不満は大きかった。また、三角公園の南側も、一般住民が多く住むエリアであり、公園を住民が利用できないことや、公園を利用する日雇労働者たちのマナー（立ち小便や昼間からの飲酒など）に対する不満が少なくない。

こうした不満をもつ住民の要請を受けた行政によって、しばしば実力行使によるテント村撤去や、各公園に労働者が入れぬように高いフェンスを張りめぐらせるといった強硬策がとられるようになった。それに対して、労働団体側も実力行使で応じるようになり、現在に至るまで、三角公園、四角公園などは地域住民が自由に使えない公園となっている。この地域内の公園使用をめぐる泥沼化が、一般の地域住民と、労働団体・支援団体の間に深い溝をつくってしまった。

ちなみに、釜ヶ崎日雇労働組合（釜日労《かまにちろう》）は、この時期の越冬闘争の実行委員が母体となり、1976年に発足した。この釜日労の働きによって、1980年の春闘から、日雇労働者の賃上げ闘争が開始される。1980年代の日本経済といえばバブル経済に沸いた好景気の時期であり、とくに大阪では、関西国際空港建設や関西文化学術研究都市（けいはんな学研都市）建設などの巨大プロジェクトによって求人ラッシュが起きていた。こうした追い風を受けて、日雇労働者の賃金アップが次々に達成されていった。

クリスチャンたちの地道な支援活動

この時代のあいりん地域を語る際、もう1つ忘れてはならないことがある。それは、クリスチャン（キリスト教徒）たちが、この地区で長年行ってきた民間支援活動である。

キリスト教の各団体は、カソリック、プロテスタントを問わず、戦前あるいは戦後すぐからこの貧困地域に入ってセツルメント活動を行い、医療支援、医療・福祉相談、ホームレスに対する夜回り、子どもの保育、教育・啓蒙活動など、それぞれの団体が得意とする分野で、地道で穏やかな活動を行ってきた。

転機となるのは1970年に、これらの各団体を束ねる「釜ヶ崎協友会《きょうゆうかい》」（後に、釜ヶ崎キリスト教協友会と改称、一般には協友会と呼ばれる）が設立されたことである。これにより、各団体が各々の支援活動を行うだけではなく、おたがいに協力し合って、統一された活動が展開されるようになっていった。

協友会の誕生後、まず、高齢者向けの食堂や日雇労働者向けの食堂の運営、アルコール依存症の治療、入院中の労働者へのお見舞いなどに活動範囲が広がる。さらに1975年以降、協友会はなんと労働団体と連携し、越冬闘争や、行政にさまざまな要求を突きつける運動を展開するようになっていった。

ここで特筆すべきは、協友会に所属するキリスト教の各団体は、布教活動を行っていないことである。布教活動を行うとどうしても各団体は競合関係となり、とくにカソリックとプロテスタントは反目し合う可能性が高い。そこで、現実的な対処として、おたがいに布教活動はせずに、カソリックとプロテスタントが協力し合って同一歩調をとることにしたのである。この地域が抱える重い現実と、各団体のリーダーたちの勇断が生み出したこのまち独特の誇るべき現象だといえる。

[コラム3]

簡宿街と集積の利益(上)

釜ヶ崎(あいりん地域)や、東京の山谷《さんや》、横浜の寿町《ことぶきちょう》に代表されるように、特定の場所に簡宿街(ドヤ街)が形成される理由は何であろうか。

「そこに、寄せ場(日雇労働市場)があるから」というのが、誰しも思い浮かぶ答えだろう。たしかに、寄せ場があるがゆえに、そこに集う労働者の宿泊や飲食、娯楽の需要が生じ、それを供給する簡宿街が周りにひしめく。

ではなぜ、寄せ場がそこにあるのか。本来、寄せ場は現場への移動時間や費用を考えれば、潜在的にはもっと多くの場所に分散していてよいはずだ。実際、拠点にある大きな飯場は一種、寄せ場的な機能を果たしているし、最近では、携帯やスマホを使って、どこでも建設労働者を確保できる、いわば、バーチャル寄せ場がある。

こうした競争相手が存在しているにもかかわらず、寄せ場が依然として大きな役割を果たしているのはなぜか。経済学的には「集積の利益」にその理由が求められよう。

質のよい日雇労働者が大量に集積されており、短時間に大量かつ多種類の労働者を確保できるがゆえに、手配師たちは移動費用を支払ってでも、寄せ場で求人を出す。労働者にとっても、寄せ場は多くの求人が集まり、競争原理で高賃金が得られやすい。寄せ場が大きければ大きいほど両者にとって好都合である。

それではなぜ、簡宿街は日雇労働者を大量に集積できるのだろうか。寄せ場自体の魅力に加えて、簡宿街が労働者にとって便利で暮らしやすい場所だからだ。多くの簡宿が集まっているので、常宿が満員でもどこかには必ず泊ることができる。安くてうまい飲食店が多い。生活のためのさまざまなサービス、娯楽がある。これらが集積することによって、単体では生み出せない大きな魅力となる。規模の利益で価格も安い。行政も集中的にインフラやセーフティーネットを整備できる。

つまり、寄せ場と簡宿街はもちつもたれつの関係にあり、どちらにも集積の利益が働いている。集積の利益がたがいに強化されながら発展してきたのが釜ヶ崎のまちといえる。逆にいえば、両者ともある程度の大きさが維持できなくなれば、集積の利益が失われ一気に衰退する可能性が高い。どちらか一方が維持できなくなっても、共倒れとなるおそれがある。

（注1）この地域のことをしっかり勉強したいという読者に、次の3冊の入門書と1冊の資料（最後の1つは資料でインターネットから無料で入手可能）を薦めておきたい。本章と次章の説明もこれらに多くを負っている。

・原口剛・白波瀬達也・平川隆啓・稲田七海（編著）『釜ヶ崎のススメ』洛北出版、２０１１年

・神田誠司『釜ヶ崎有情』講談社、２０１２年

・鈴木亘（編著）『脱・貧困のまちづくり――「西成特区構想」の挑戦』明石書店、２０１３年

・大阪市立大学都市研究プラザ（編）（調査代表：水内俊雄）『あいりん地域の現状と今後――あいりん施策の在り方検討報告書』URP GCOE report series No.23、２０１２年（www.ur-plaza.osaka-cu.ac.jp/archives/GCOE_Report23.pdf）

（注2）現場でケガをして日雇労働ができなくなった場合には、労働者には労災保険からの休業補償として生活費が出るが、当該業者の労災保険料が上がるため、現場は労災を認めたがらない場合が多い。そのため、センターが間に入って、事業者に労災を認めさせたり、その手続きを行う。また、休業補償が給付されるまで、約1カ月のタイムラグがあるので、その間に労働者の生活が困窮しないよう、生活費の立替《たてかえ》貸付《かしつけ》を行う。

（注3）その他、現在のセンターが行っている業務としては、①窓口紹介（すでに説明した相対方式以外に、センターが窓口で求人票を掲示し職業紹介を行っている）、②輪番紹介（次章で述べるように、高齢者の特別清掃事業の割り振り）、③労働者への技能講習、④求人開拓（労働者の就職先確保のため、新規事業者の開拓事業を実施）などがある。

（注4）大阪市の24区に設置されている福祉事務所のほかに、あいりん地域の労働者のために特別設

置された「25番目」の福祉事務所として１９７１年に開設。住居のない人々のために一時保護所も設置されていた。この地域の一種のシンボル的施設であったが、２０１４年に西成区役所に統合された。

第4章 福祉のまち、あいりん

第2次石油ショックを素早く乗り越えた日本経済は、1980年代に入るとふたたび力強く成長を始める。1985年9月のプラザ合意により、いったんは円高不況に見舞われたが、そのショックを素早く克服し、80年代後半からはいわゆる「バブル経済」の好況に沸いた。あいりん地域においても、この時期、まさに空前の求人ラッシュが起こっていた。

たとえば、この地域の現金求人数の推移をみると、60年代、70年代を通じて年間平均50万件ほどであったが、1985年ごろから急激に増加し、バブル期ピークの1989年度には187万4000件にも達している。

あいりん地域の簡易宿泊所（簡宿）の数も、このころ、200軒を超えピークを迎えていた。また、その多く（約7割）がこの時期に高層化し、ビジネスホテル風の改築・新築を行っている。

バブル崩壊を告げた暴動

こうしたなか、1990年10月に、じつに17年ぶりとなる大暴動（第22次釜ヶ崎暴動）が突如として起こった。それはかつてないほどにエスカレートし、5日間にわたって投石や放火、略奪行為が繰り返された。

その直接のきっかけは、西成警察署の不祥事に対して、日雇労働者の怒りが爆発したことであるといわれている。しかし、景気変動に敏感なこの地域では、この時期、すでに求人数減少の兆しがみられていた。中高年化が進む日雇労働者たちの不安感が、暴動に少なからず影響したのではないかと思われる。

いまから考えれば、この暴動は、あたかもこの地域のバブル時代の最後を告げる「号砲」であったのかもしれない。その後、間を置かずに日本経済の資産バブルが崩壊。「失われた20年」と呼ばれる長く、深い不況の時代に突入する。あいりん地域の日雇労働者が陥ったアブレ地獄は、まさに想像を絶するものであった。

1991年に入ると日雇求人数の減少が顕著となり、1992年からはまさに奈落の底に落ちるがごとく急減する。1993年度の現金求人数は88万9000件と、1989年度のピーク時の半分以下に落ち込んだ。

反失業運動の1990年代

当然、多くの日雇労働者が失業し、失業期間が長引くにつれて簡宿の部屋代（ドヤ代）が払えず、ホームレスとなってまち中にあふれ出した。とりわけ、高度成長期や大阪万博の時代に釜ヶ崎にきて、すでに中高年となっていた日雇労働者にはまったく仕事がなくなり、日々の食事すらこと欠くありさまとなった。

山田實さん
（西成区役所撮影）

これに対し、大阪市、大阪府の各行政はただ手をこまねくばかりであったが、70年代からこの地域で活動を行ってきた労働団体、支援団体が立ちあがり、行政に対して日雇労働者の仕事と寝場所を求める「反失業運動」を展開するようになる。

契機となったのは1993年の「釜ヶ崎就労・生活保障制度実現をめざす連絡会（略して釜ヶ崎反失業連絡会、さらに略して反失連《はんしつれん》）」の発足である。失業者とホームレスの急増という緊急事態に直面し、当時、釜ヶ崎日雇労働組合（釜日労）の委員長をつとめていた山田實《みのる》さんが、キリスト教徒たちの組織である釜ヶ崎キリスト教協友会（協友会）に、反失業を旗印に行政に対して共同戦線を張ろうと呼びかけた。

こうして生まれた反失連の共同代表には山田さんと協友会の本田哲郎神父が就任し、地域を代表する強力な運動体が結成された。労働団体とキリスト教団体の運動体というと、一見、奇妙な組み合わ

あいりん地域の主要年表②
（～バブル崩壊以降）

1990年	第22次釜ヶ崎暴動
1992年	釜ヶ崎高齢日雇労働者の仕事と生活を勝ち取る会（勝ち取る会）発足
1993年	釜ヶ崎就労・生活保障制度実現をめざす連絡会（反失連《はんしつれん》）発足 釜ヶ崎医療連絡会議（医療連《いりょうれん》）発足
1994年	高齢者特別清掃事業（特掃《とくそう》）開始 あいりん総合センターの夜間開放
1998年	大テント設置 今宮中学校南側のホームレステントに対する行政代執行
1999年	特定非営利法人釜ヶ崎支援機構発足 釜ヶ崎まちの再生フォーラム発足
2000年	あいりん臨時夜間緊急避難所（南シェルター）設置 簡易宿泊所からサポーティブハウスなどへの転業始まる
2002年	【ホームレス自立支援法施行】反失連、野営闘争開始 佐藤訴訟が大阪地裁において原告側勝訴判決
2003年	【厚生労働省社会・援護局保護課長通知（ホームレスに対する生活保護の適用について）発出】
2004年	あいりん臨時夜間緊急避難所（北シェルター）開設 NPO法人サポーティブハウス連絡協議会（サポ協）発足
2005年	大阪国際ゲストハウス地域創出委員会（OIG委員会）設立
2007年	釜ヶ崎解放会館への住民登録削除事件
2008年	（仮称）萩之茶屋地域まちづくり拡大会議発足
2009年	【厚生労働省社会・援護局保護課長通知（職や住まいを失った方々への支援の徹底について）発出】 萩之茶屋小学校東側の路上屋台撤去
2011年	仏現寺公園（萩之茶屋北公園）再開
2012年	西成特区構想が実質スタート（正式には2013年度から）

旧北シェルターのなかの様子：2016年に、北シェルターはアメニティーを改善した新シェルターに建て替えられた。それにともなって、南シェルターは廃止された（学習院大学・鈴木亘ゼミ撮影）

せのように感じられるが、この地域の危機的現実を前に、両者とも立場を超えて協力し合う現実路線を選んだのである。

公的就労の提供を勝ちとる

この共同戦線の具体的な活動としては、まず、1994年にあいりん総合センターの1階を、2カ月間占拠した実力行使が挙げられる。そして、行政に対し、野宿生活を余儀なくされている労働者の寝場所として、あいりん総合センターの夜間開放を認めさせたのである。

また、仕事のない55歳以上の日雇労働者に対して、行政が「高齢者特別就労事業（特掃《とくそう》）」として公的就労を提供すべきだと要求し、1994年から実現させている。この特掃は、公園や道路の清掃や除草、公共施設の補修や塗装などを行うことによって、1日5700円の賃金が支払われるという制度である。現在に至るまで、高齢の日雇労働者、ホームレスの貴重な収入源となっている。

さらに、ホームレスとなっている日雇労働者の寝場所として、臨時夜間緊急避難所（シェルター）の設置を行政に求め、2000年に600人のホームレスが入れるプレハブ建ての「あいりん臨時夜間緊急避難所（南シェルターまたは今宮シェルター）」が建設された。

2004年には、もう1つのあいりん臨時夜間緊急避難所（北シェルター、もしくは萩之茶屋シェルター）が建設され、さらに440人のホームレスが入所できるようになった。

労働運動家のリアリズム

反失業運動について特筆すべきことは、それを率いた労働運動家たちのリアリズム（現実主義）と高い実務遂行能力である。

たとえば、実力行使で認めさせたセンターの夜間開放であるが、その運営は行政ではなく、反失連のメンバーみずからが行った。炊き出しや毛布の管理を行い、寄せ場（日雇労働市場）が始まる朝5時前には寝泊まりしている人々を全員起こして撤収し、ゴミ一つ落ちていない状態に原状回復するなど、水際立った運営を行ったのである。特掃や2つのシェルターを運営したのも、実質的に反失連のメンバーたちだ。

つまり、反失連の活動は、デモや団交といった行政に対する「要求型運動」から、行政への「提案型運動」、そして、行政と協力して事業を担う「官民協働型運動」へと進化してきたのである。そのことが、これだけの短期間に、難易度の高い事業を次々と実現させることができた理由であろう。

成果が得られるかどうかは二の次でひたすら理想を主張する理念先行型運動、あるいは何はともあれ行政と闘争することが自己目的化した活動家が世に多いなかで、彼らの存在は明らかに異色である。あいりん地域の活動家のなかには、行政と協力する反失連のやり方を批判している者もいる。しかし、「目的のためには行政とすら連携する」という山田さんら労働運動家たちの現実主義、いい意味でのしたたかさが、実際には道を切り拓き、反失業運動に大きな成果をもたらしてきたのである。

ホームレス支援事業を担うNPO釜ヶ崎支援機構

さらに1999年、山田さんたちは、行政からさまざまなホームレス支援事業を担う受け皿機関として、特定非営利法人釜ヶ崎支援機構という事業体を立ち上げる。運動体からもう一歩踏み込んで、事業を実際に運営する組織をつくったのである。山田さんが理事長となり、多くのスタッフを集め、特掃や南北シェルターの運営をはじめ、さまざまな就労支援、相談事業を行っている。

単に行政から定型的な事業を委託されて運営するだけのことであれば、社会福祉法人などの既存の組織が担えばよい。しかし、当時、公的就労やホームレス支援事業は手探りの新事業であり、現場での対応にはさまざまな工夫が求められた。また、事業開始後はその都度課題を発見しながら、行政に改善点を提案していく必要がある。そのためには、既存のものではない新しい組織が必要とされたのである。

高い実務遂行能力

しかし、年間数億円にもなる事業を行政から委託され、滞りなく事業を運営するためには、単なる運動体とは一線を画す高い事務処理能力、実務遂行能力が必要である。そして、次なる課題の解決方法を行政に提案していくには、高い調査能力とアイディアも必要だ。

山田さんとともに中心的な役割を担ったのは、反失連のメンバーでもあり、NPO釜ヶ崎支援機構の設立と同時に事務局長となった松繁逸夫さんである。新事業を行政に提案し、実現した事業を行政から請け負うということは、行政とのつき合い方、駆け引きも熟知していなければならない。つまり、大阪府、大阪市の役人たちの考え方や行動原理をよく理解している必要がある。

このように高い能力の実務家がいたことが、反失業運動が具体的な成果に結びつくうえで、不可欠の要素であったといえるだろう。

松繁逸夫さん
(Voice of Nishinari 撮影)

拡大するホームレス支援策

こうしてさまざまな対策が実施されてきたが、それでも1990年代後半のホームレス急増には、まったく追いついていない状況であった。1998年、大阪市立大学都市環境問題研究会(代表・森田洋司教授）が、大阪市の委託によって「野宿者数概数・概況調査」をまとめ、大阪市内に８６６０人ものホームレスが存在していることを明らかにした。

これは、大阪市立大学をはじめとして、大阪府立大学や周辺の私立大学など、数多くの研究者や学生、支援団体のボランティアなどが参加し、昼夜の大阪市内を人海戦術のローラー作戦で数え上げた徹底調査である。それまで大阪市は、ホームレスのたくさんいる場所（大公園や河川敷、駅舎など）にそれぞれの担当職員が出向き、昼間に目視確認する程度の方法で概数調査を行い、大阪市内のホームレス数を３０００人程度と見込んでいた。それゆえ、精緻な調査が導き出したこの８６６０人という人数は衝撃的であり、ホームレス対策の抜本的見直しが迫られることとなった。

その後、２０００年代はじめに、ホームレスの入所施設として自立支援センターや仮設一時避難所などが次々と設置されていく。また、あいりん地域では、一時保護としてホームレスを２週間ほど滞在させ、食事や入浴サービスを提供する宿泊施設「三徳生活ケアセンター（ケアセン）」の定員が大幅に拡充された（２００２年）。さらに、やはりホームレスや労働者に対する生活相談を受けつける「あいりん相談室」も開設されている（２０００年）。

民間団体のホームレス支援

ケアセンやあいりん相談室は、あいりん総合センターのすぐ東側にある救護施設「三徳寮」(注1)に併設された施設であり、社会福祉法人大阪自彊館《じきょうかん》（自彊館）が市の委託によって運営している。

また、あいりん地域内で急増するホームレスの対策には、民間の支援団体の活動も大きな力となってきた。すでに1992年には、「釜ヶ崎高齢日雇労働者の仕事と権利を勝ち取る会（勝ち取る会）」が発足し、三角公園での炊き出しを開始している。また、同年に、ホームレスの生活相談・医療相談・人権擁護などを行う釜ヶ崎医療連絡会議（医療連《いりょうれん》）が発足し、その後も、木曜夜まわりの会、野宿者ネットワークなどが次々に活動を開始した。

さらに、ホームレスの居場所・生活支援の場として、キリスト教徒たちが運営するふるさとの家、旅路の里といった各施設も、この時期、その機能を拡充していった。

自治体の抱えるジレンマ

ところが、官民によるさまざまな支援策が展開されていったにもかかわらず、2000年代に入っても、なかなかホームレス数は減少しない。

行政による対策が後手後手に回り、十分な量の施策が打ち出せていなかった背景には、ホームレス対策に関する国の法律が存在しなかったことが大きい。つまり、対策の根拠となる法律が未整備なため、国の予算づけがなく、結局、ホームレス対策の財源は各自治体の乏しい単費（国や都道府県からの補助がない市町村単独でまかなう予算）に頼らざるをえない状況だったのだ。単費で新事業をつくることは、いまも昔もハードルが高い。

また、各自治体の一般施策としてホームレス対策が行われるために、しばしばホームレスの立場よりも、地域住民や公園行政の立場が重んじられることになる。その典型例が、公園や道路にあるホームレスのテント村に対する行政代執行《ぎょうせいだいしっこう》である。この時期、ホームレスのテントや小屋掛けを強制撤去しようとする行政と、ホームレスの人々やその支援者たちが激しくぶつかり合う光景が何度も繰り返された。

あいりん地域においても、1998年に、今宮中学校南側の道路に広がるホームレステントに対して、近隣住民の要請によって大規模な行政代執行が行われた。これは、ホームレスの支援とは明らかに異なる性質の施策であり、代替策として別の居場所や支援策を用意しなくては、ただ単にホームレスを別の場所に拡散させるだけである。

実際、このときの代執行では、道路から追い出されたホームレスは、そのまま南隣りにある花園公園に移り、公園にホームレス村ができるだけの結果に終わった。なんと大阪市の道路を管理する建設局と公園を管理するゆとりとみどり振興局（現在は組織改編で建設局）が、おたがいに連携をとっていなかったのである。

このことはホームレスにとっては、あるいは幸運なことだったのかもしれないが、この縦割り行政の失策に対して、花園公園周辺の住民は、ますます行政不信を深めることになった。もちろん、ホームレス支援をする各団体と地域住民との溝もますます広がった。

国を動かして成立したホームレス自立支援法

このように、自治体が単独でやるホームレス対策には問題と限界があるため、反失連は次なる目標として、国に対して「野宿者支援法」の制定を働きかけていく。その法律文を最初に起草したのが松繁さんである。その後、山田さんらの熱心な働きかけで、民主党を中心に社会党、共産党、公明党などの超党派の議員団がそれを受け継ぎ、２００２年に議員立法として「ホームレスの自立の支援等に関する特別措置法（ホームレス自立支援法）」が成立した。

この法律ができるまでには、もちろん、全国の多数のホームレス支援団体、議員らの努力が不可欠であったことはいうまでもない。しかし、あいりん地域の反失業運動が出発点となり、結果的に国の法律までもつくってしまったということは、まったく驚くべきことである。

その後、ホームレス自立支援法の成立にともなって、国からの予算がつき始めたため、大阪における対策も、徐々にではあるが進展がみられてきた。(注2)

生活保護行政の問題点

しかしながら、あいりん地域のホームレスを、抜本的に苦境から救い出したのは、じつはこうした種々のホームレス対策ではなかった。関係者が予想もしていなかったある施策の転換が、ホームレス問題に根本的な変化をもたらしたのである。それは、生活保護行政の大転換であった。

もともと、ホームレスに対する生活保護の適用はきわめてかぎられた状況であった。その理由は第1に、ホームレスに対する「現在地保護」（現在、野宿生活をしている市町村に、生活保護の申請を行い、適用される）が運用上、なかなか認められてこなかったからである。

一般にホームレスは、東京や大阪などの都市部で野宿生活を送っているものの、戸籍上の住所は地方の故郷にあるケースが多い。とくに、あいりん地域のホームレスは、高度成長時代や大阪万博のころに全国各地から集まってきた元日雇労働者たちであるから、戸籍上の住所はそれぞれの出身地にある。

その場合、生活保護を受けたいのであれば、大阪市にではなく、戸籍上の住所がある市町村に申請を出すよう指導されてしまう。これは、事実上の申請拒否といってよい。なぜならば、彼らには遠く離れた故郷に帰る旅費はないし、長年故郷から離れた生活を送ってきたので地縁も切れており、いまさら帰るに帰れない事情があるからである。

第2に、病気や障害、高齢であるなどの理由で、現在地保護が認められた場合においても、大阪市は原則、救護施設などの施設に入所させる方針をとっていた。施設では、ベッドがぎっしり並んだ6人部屋に押し込められ、プライバシーを確保することはできない。長年、一匹狼で個室のドヤ暮らしをしてきた元日雇労働者たちにとって、これは耐えがたいほどの苦痛であろう。

生活保護法上は、この施設保護ではなく、居宅《きょたく》保護として、アパートなどの個室で生活保護を受けることも可能であったが、大阪市は敷金・礼金の支給を認めず、運用上、ホームレスに対する居宅保護の道を閉ざしていた。

生活保護行政の大転換がブレイクスルーとなる

こうしたなか、最初の転機となったのは、のちに「佐藤訴訟」と呼ばれる裁判である。これは、あいりん地域にいた日雇労働者ＯＢの生活保護受給者が、施設保護に耐えられずにふたたび野宿生活に戻り、医療連や大阪弁護士会の協力を得て、居宅保護を認めるように１９９８年に大阪市を訴えた事件である。裁判自体は２００２年に大阪地裁で原告側勝訴が決まるが、すでにその過程において、大阪市は病院退院者や施設退所者への敷金・礼金支給を認めるようになった。

もう１つの転機は、ホームレス自立支援法が成立したことを受けて、厚生労働省が２００３年に「ホームレスに対する生活保護の適用について」という保護課長通知を発出したことである。これにより、ホームレスに対する現在地保護と生活保護費からの敷金・礼金の支給を認めるよう、厚生労働省からの指示が徹底された。こうして、あいりん地域のホームレスの多くが、生活保護を申請できるようになったのである。

魚心あれば水心

こうした生活保護行政の大転換に呼応するかのように、あいりん地域の簡宿も生活保護受給者を受け入れるべく大変化を遂げる。

あいりん地域における日雇労働者のホームレス化は、簡宿の側からみれば、客数の急減、空き室の急増ということである。簡宿のオーナーたちもバブル崩壊以降、深刻な経営危機に直面していた。また、日雇ＯＢのホームレスが、生活保護を受けて、あいりん地域以外で新しい暮らしを始めることは、その生活習慣から予想以上に困難なことである。もっとも手っ取り早い方法は、彼らが長年慣れ親しんだ簡宿で、そのまま生活保護を受給できるようにすることであった。

これをドヤ保護というが、東京の山谷《さんや》や横浜の寿町《ことぶきちょう》などで認められているドヤ保護を、大阪市はいまに至るまで頑《かたく》なに認めていない。このため、簡宿が生活保護受給者を受け入れるためには、旅館業を廃業する届け出を出し、簡宿をアパートやマンションなどの住宅に転換する必要があった。

サポーティブハウスの挑戦

あいりん地域で、こうした動きが始まったのは２０００年ごろからであり、最初にこの簡宿転用型アパートへの変更を進めたグループは、みずからを「サポーティブハウス（サポハウス）」と名乗った。

サポーティブハウスは、他地域のドヤ保護のように、単に簡宿がそのまま看板を掛け替えたものではない。元ホームレスの高齢の入所者たちへの生活支援が行われている点が、大きな特徴である。

居住面積こそ簡宿と同じ3畳一間であるが、サポーティブハウスでは、共用スペースとして入所者がお茶を飲んだり、談話ができる空間がある。日雇労働者とは異なり、高齢の生活保護受給者が長く

サポーティブハウス「おはな」の談話室（学習院大学・鈴木亘ゼミ撮影）

滞在する（ほとんどは終《つい》の棲家《すみか》となる）わけであるから、こうした共用スペースの存在は不可欠である。

また、通路の段差をなくしたり、風呂場や階段に手すりをつけるなどのバリアフリー化が施されている。さらに、24時間、受付にスタッフを配置してさまざまな相談や見守りを行ったり、服薬管理や金銭管理などのケアを実施する。健診や通院時のつき添いを実施し、入院時には定期的に病院を訪問する。

現在、サポハウスは17軒まで広がっており、9軒がサポーティブハウス連絡協議会（サポ協）に加盟している。こうしたサポハウスの成功に触発されて、次々と簡宿がアパートに転換され、福祉アパート、福祉マンションなどと名乗って、生活保護受給者を大量に受け入れるようになっていった。

急減したホームレス数

現在、あいりん地域内では1万室ほどの簡宿転用型アパートが存在しており、もはや日雇労働者向けの簡宿の部屋数をしのぐ数となっている。

2000年において、あいりん地域内の生活保護受給者数はおよそ2000人であったが、現在は約9000人であり、4・5倍に増加した。もはや、あいりん地域の3人に1人が生活保護受給者である。その大部分がこうした簡宿転用型アパートに住んでいる。

最近は、あいりん地域の簡宿転用型アパートだけでは受け皿が足りず、あいりん地域やその周辺のアパートやマンションがリフォームを行い、生活保護受給者を受け入れている。

2008年秋にはリーマン・ショックによる景気急落があったものの、さらに生活保護申請の基準がゆるやかになったこともあり、(注3)ホームレスから生活保護受給者への転換が加速された。このため、現在のホームレス数は、あいりん地域全体で150人程度、シェルターを利用している400人前後と合わせても、500〜600人程度という数に落ち着いている。

福祉がまちの経済を支える時代

あいりん地域の経済という意味でも、もはや、生活保護受給者が消費する生活保護費が、このまちの経済を支えているといっても過言ではない。

現在、単身高齢の生活保護受給者1人が受け取る生活保護費は、1カ月あたり約12万円（食費などの生活扶助が8万円弱、アパートの家賃などの住宅扶助が4万円程度）であるから、年間150万円近くの消費額となる。生活保護受給者はあいりん地域とその周辺を合わせて1万人ほどいるので、年間150億円程度の支出額となる。彼らは一般に貯蓄をしないので、ほぼ全額が消費に回ると考えてよい。しかもその行動半径はせまく、ほとんどがこのまちのなかで消費され、地域内での経済効果は大きい。

加えて、病気や障害をもつ生活保護受給者には、別途、医療費（医療扶助）や介護費（介護扶助）が全額公費から支払われる。長年無理な生活をしてきたので、ほとんどの生活保護受給者はなんらかの慢性疾患をもっており、要介護状態となっている人も多い。

彼らに対して別途支払われる医療費・介護費は、生活扶助・住宅扶助に匹敵するほどの金額であり、やはりこのまちの経済を潤す結果となっている。実際、あいりん地域の生活保護受給者急増と軌を一にして、あいりん地域内やその周辺で、クリニックや薬局、訪問介護事業者、訪問看護ステーション、デイケアセンターなどが急増している。

もちろん、日雇労働者であふれていたバブル時代にくらべればまちの景気はみるべくもないが、この生活保護の急拡大によって、長引く不況の影響が緩和され、現在、なんとかまちの経済が維持されている状況である。リーマン・ショック時にも、生活保護費増加が一種のバッファー（緩衝材）となり、このまちの景気急落を下支えした。

変わらない共依存関係

さて、改めてバブル崩壊後の状況を振り返ると、高度成長期を支えた中高年の日雇労働者がホームレスを経て生活保護受給者となり、簡宿の過半が生活保護受給者を受け入れる簡宿転用型アパートになるという驚きの展開となった。まるで歌舞伎の義経千本桜のような見ごとな変わり身である。

しかし、様相は大きく変わったが、同じ人々がおたがいに支え合っているという意味で、じつは登場人物はまったく変わっていないのである。このまちが昔から育んできた労働者とまちの共依存関係は、福祉のまちとなったいまでも基本構造を変えておらず、コミュニティーが維持されている。

もちろん、昔とは異なり、生活保護費という公費がそれを支えているという面では問題もあるし、生活保護費に寄生する貧困ビジネスや生活保護受給者のモラル面での問題も生じている。しかしながら、まちのコミュニティーが崩壊せず、既存の社会資源を活用できている点は注目に値する。

既存の社会資源を有効活用し、コミュニティーの崩壊を防いだことで、崩壊した場合にかかる膨大なコスト増を抑えることができたのである。今後の改革を考えるうえでも、この社会資源の活用、転用という視点は依然として重要である。

[コラム4]

簡宿街と集積の利益(下)

現実に、釜ヶ崎の寄せ場が、今後、急速に衰退していく可能性はあるのだろうか。寄せ場の規模は、全国的な公共投資や民間建設の減少にともなって縮小するものの、一定程度の規模は将来的にも維持されるというのが、現在、行政当局やこの分野の研究者の一般的な見方である。

しかし、コラム3で説明した「集積の利益」の存在を考えると、一定規模が維持できなくなった寄せ場では衰退が加速していく可能性が高い。また、なんらかの構造的変化により、釜ヶ崎の寄せ場が急速に競争力を失うことも考えうる。その場合、全国的にいくら建設需要があっても、釜ヶ崎に求人が出なくなる日がくる。

構造的変化として第1に考えられるのが、日雇労働者の高齢化である。若く良質な労働者が確保できなくなれば、釜ヶ崎の寄せ場の価値はなくなる。第2に、東日本大震災や東京オリンピック開催にともない、建設労働者に対する需要が東日本に集中してきている。釜ヶ崎は地理的に不利だ。

第3に、こうした大規模公共投資にともない、人夫出し飯場が巨大化・拠点化し、寄せ場機能を代替してきている。また、こうした飯場は従来のイメージを一新する快適な環境が用意され、若者のライフスタイルに合う工夫がなされている。第4に情報化の進展である。日雇派遣自体は2012年に原則禁止されたが、いまでも携帯やスマホ、インターネットによる日払い労働のマッチングは進行している。今後もこの分野の技術革新は進むだろう。第5に身元証明・マイナンバーなどの管理厳格化である。名前・身分不問を望む労働者が去ってしまう。第6に、住宅需要の都心回帰にともなう、簡宿街のマンション化、住宅化の波である。

ある意味で、東京山谷の状況は釜ヶ崎の近未来像かもしれない。右に挙げたような構造的変化により、すでに寄せ場としての機能を失いつつあり、分散化、非拠点化が急速に進んでいる。

現在の釜ヶ崎でとくに懸念されることは、若者をほとんど惹きつけていないことである。建設現場に、未熟練の若者を育てる余裕がなくなっているし、簡宿街も若者を惹きつける魅力に乏しい。各業者や行政が連携し、新規参入の若者に対して基礎的訓練を共同で実施したり、必要な道具を貸与するなどの工夫をしてはどうだろうか。

（注1）ちなみに大阪自彊館は、この地域の生活困窮者を支援するために明治45年に創設され、100年以上も続いている由緒ある社会福祉法人である。福祉人材の専門性、組織力、ノウハウなどの面で高い実力を有している。現在は、西成特区構想関係の結核対策事業や、夜間巡回事業などを担っており、また、日雇労働者やホームレスが無料で利用できる居場所として、図書館（新今宮文庫）や三徳寮の談話室を提供している。NPO釜ヶ崎支援機構とともに、あいりん地域のさまざまな福祉事業・生活困窮者支援事業を中心的に担っている法人である。

（注2）もっとも、実際に施策が動きだすまでには、さまざまな紆余曲折もあった。ホームレス自立支援法が施行されたにもかかわらず、大阪府、大阪市のホームレス支援策にはかばかしい進展がみられないとして、反失連はこの時期、かつてない実力行使に打って出た。2002年9月から翌年の12月にかけて、公的就労の拡大や法律に基づいたホームレス解消策の徹底実施を要求して、大阪府庁前（大阪城公園）や大阪市役所前（中之島）で野営闘争を行ったのである。あいりん地域で起きている野宿の現実を一般市民や役人たちに「可視化」する必要があるとして、府庁と市役所の前に大規模なテント村を設営し、ホームレスが447日間もの長期間にわたって集団野営を行った。この時期、市役所のある中之島はズラッとホームレステントが並び、さながらホームレスの自治区のようになった。頻繁にデモや座り込みが繰り返され、ときには、千数百人もの労働者やホームレスが集まって大規模なデモとなることもあった。

（注3）働く能力がある場合は生活保護が認められないという条件（稼働能力要件）が、以前ほどきびしく求められることがなくなった。このため、高齢者や傷病者ではなく、これまで働けるとみなされ、生活保護申請がむずかしかった60歳未満の就業困難者にも、生活保護が認められるようになった（厚生労働省保護課長通知「職や住まいを失った方々への支援の徹底について」の発出）。

第5章 アイディアと人材の宝庫

バブル崩壊後の危機的状況が続くなかで、1990年代後半からあいりん地域に生じた新たな変化として、まちづくり運動が挙げられる。

長引く不況と日雇労働者の高齢化によるホームレスの増加、それにともなう簡易宿泊所（簡宿）街や商店街の経営危機は、これまでのように「しばらく耐え凌げばなんとかなる」という一時的問題ではない。内外の知恵を集め、まち全体が一丸となってことに当たらなければならない構造的問題であることが、誰の目にも明らかとなっていた。

釜ヶ崎のまち再生フォーラム

すでに述べたように、釜ヶ崎反失業連絡会（反失連）、釜ヶ崎キリスト教協友会（協友会）、簡易宿泊所（簡宿）組合などは、それぞれの組織のなかで所属団体がおたがいに連携を深めてきた。今度はこれらの大組織同士の連携、さらに町内会や商店街、そのほかのさまざまな支援団体や各種施設が結びついて、もう一段の幅広い協力関係が必要となってきたのである。

ただ、たとえば町内会と労働団体・支援団体は、公園問題やホームレス支援のあり方で相互に不信感がある。労働団体同士、支援団体同士も、主義主張が異なっていたり手法の相違などによって必ずしも協力関係にはなく、むしろバラバラだといってよい。おたがいに危機感が共有されているにもかかわらず、この地域で活躍するさまざまな団体や組織が協力・連携し合うことは、予想以上に困難なことであった。

転機となったのは、1999年に「釜ヶ崎のまち再生フォーラム」(再生フォーラム)が発足し、月に1回の「定例まちづくりひろば」という勉強会を始めたことである。これにより、主催者側である大学の研究者や西成労働福祉センター職員だけでなく、地域のあらゆる人々が集える場ができた。

ゆるやかなつながりの重要性

画期的な点は、誰でも自由に参加でき、個人の意思で自主参加する勉強会としたところである。メンバーは固定されておらず、関心のあるテーマのときだけくる人も多い。また、あいりん地域の関係者以外にも、テーマに関心をもった他地域の人々や大学の研究者、学生などが参加することもある。「くるものは拒まず、去る者は追わず」という仕組みであるからこそ、多くの人々が参加できる大きな「ひろば」となったのである。

また、各組織、各団体の代表がそれぞれの立場を背負って参加するのではなく、肩書のない「私人」として参加できるようにしていることも、自由闊達《かったつ》な議論を行ううえでの重要な仕掛けである。

たとえば、西成区の臣永《とみなが》区長（当時）も頻繁にこの定例まちづくりひろばに参加していたが、区長としてではなく、「通りがかりの臣永さん」としてきていた。会議参加者の多くは、行政に不満を抱えているが、誰もその場で臣永さんの責任追及をしたり糾弾したりはしない。この場ではみな、おたがいに私人であるという暗黙の了解があるため、区長ですら自由に参加し、本音の議論、本質的な討論ができるのである。これは双方にとってメリットの大きい仕組みである。

200回を超えた定例まちづくりひろば

定例まちづくりひろばは、毎回、まず参加者の自己紹介と情報交換会から始まる。そして「あいりん地域のまちづくり」を共通テーマとして、そのときどきの地域の重要課題について勉強会が行われる。

これまで開催してきた勉強会のテーマは、ホームレス対策、生活保護、住宅問題、就労支援、子育てや教育問題、商店街振興、医療問題、環境問題、犯罪、防災、芸術・文化振興、観光振興など、ありとあらゆるトピックスにおよんでいる。1999年の開始以来、驚くべきことに、定例まちづくりひろばの開催回数は200回を超える。それだけたくさんのテーマを取り扱い、議論を蓄積してきたのである。

定例まちづくりひろば
200回記念の様子：
いつもはあいりん地域内にある
西成市民館か大阪市立大学の
西成プラザでの開催だが、
この200回記念は、なんと
あべのハルカスで開催された
（ありむら潜さん撮影）

勉強会の講師は、それぞれのトピックスを専門とする大学の研究者や、他地域で先進的取り組みを実践している人々、あるいは、あいりん地域内で重要な活動を行っている人々などがつとめ、丁々発止の議論が始まる。

現在、定例まちづくりひろばに積極的に参加している人々も、じつはひろばが始まる前まではつきあいもそれほどなかったという。せまいまちのなかでおたがいに顔くらいは知っていても、実際に何をしている人なのか、何を考えているのか、よく知らずにいたらしい。仕事上のつきあい以上にはなかなか人間関係が広がらず、行政ではないが、意外に「縦割り社会」だったのである。

おたがいの再発見

それを定例まちづくりひろばが仲介することによって、ここに集う人々はおたがいを「再発見」した。こんなにも豊富な人材がこのまちのなかにいて、それぞれさまざまなアイディアをもって活躍していることを知り、改めて驚いたという。

そして、ここでできたネットワークや協力関係から、実際にいくつものまちづくりのアイディアが具体化していった。前章で説明したサポーティブハウス（サポハウス：簡宿転用型アパート）も、再生フォーラムに集うメンバーからアイディアが生まれ、そのネットワークを生かして具体化したものの1つである。

そのほか、地元商店街で使える地域通貨「カマ」、一般市民向けに元ホームレスの「おっちゃん」たちがあいりん地域のガイド（座学とまち歩き）をするという「釜ヶ崎のまちスタディー・ツアー」(注1)、元日雇労働者が介護ヘルパーの資格をとり、高齢の元日雇労働者の介護を行うという「釜釜介護」、外国人バックパッカー向けの安価なビジネスホテルに簡宿を転換する「大阪国際ゲストハウス」なども、再生フォーラムのまちづくり運動から結実した成果である。

さらに、再生フォーラムは、定例まちづくりひろばなどで培われたさまざまなアイディアをもとに、中長期的なまちづくりの将来計画・ビジョンを策定し、めざすべきゴールや必要な諸施策の明確化、情報共有化を図ってきた。すでに述べたように、西成特区構想で立案された多くの事業は、じつはこうして蓄積されてきたアイディアがベースとなっている。

釜ヶ崎の生き字引・漫画家のありむら潜さん

ところで、この再生フォーラムの中心人物は、長年にわたって事務局長をつとめているありむら潜《せん》さんである。西成労働福祉センターに長年つとめた元職員であり、この地域の日雇労働者の日常をコミカルに描いた漫画「カマやん」の作者（漫画家）としても知られる。

ありむら潜さん
（学習院大学・鈴木亘ゼミ撮影）

その豊富な知識量と経験は、まさに釜ヶ崎の「生き字引」であり、現在も、まちのありとあらゆる情報に通じ、ありとあらゆる人々とつながっている。一方で、２００回以上の定例まちづくりひろばを開催するだけの尋常ならざる事務処理能力、そのときどきのまちの課題に対する鋭敏な感覚、そしてそれを克服するためのアイディアをもち合わせた人物でもある。後述のように、西成特区構想を支えた有識者、中心人物の１人である。

（仮称）萩之茶屋まちづくり拡大会議

あいりん地域のまちづくりという意味で、再生フォーラムと並んで重要な役割を担っているのが、２００８年から始まった「（仮称）萩之茶屋まちづくり拡大会議」（拡大会議）である。

これは、あいりん地域のある萩之茶屋地区の町内会と社会福祉協議会、簡宿組合、労働団体、支援団体、各種施設、子育て支援団体の代表らが、月に１回集まる会議である。再生フォーラムの定例まちづくりひろばが、自由参加型のゆるやかなネットワークで、毎回誰が参加するのかわからないものであるのに対し、拡大会議は、各団体、各組織のリーダーにメンバーが固定されたクローズドな会議である。

それぞれ責任ある立場の者が、あいりん地域のまちづくりに関してそのときどきの課題を議論し、実際に課題を克服すべく具体的行動をとることに大きな特徴がある。

もう1つ、再生フォーラムと異なる特徴は、拡大会議には連合町内会長を含め、意識の高い町内会長らが4、5人集まっていることである。それまで、町内会と労働団体・支援団体との間には対立関係があり、おたがいに不信感を募らせている状況であった。

しかしながら、一方で、この地域のさまざまな課題を解決するためには、双方が歩み寄り協力し合う必要があることも明らかであった。そうした機運のなかで、一部の先駆者たちが2003年に「萩之茶屋小学校・今宮中学校周辺まちづくり研究会」を始め、それに賛同するリーダーたちが加わる形で、この拡大会議が発足したのである。

ぶつかり合いから大人の関係へ

実際、これだけたくさんのリーダーたちが一堂に会し、ときには利害のぶつかり合う議論を行うことは、本当にたいへんだったらしい。労働団体や支援団体のように、「議論慣れ」している人たちばかりではない。普通の住民や商店主である町内会長たちは、労働団体や支援団体に利用されるだけなのではないかと、同席すること自体に不安感をもっていたと聞く。しかし、はじめはぶつかり合っていた両者も、会を重ねるごとにおたがいに信頼感や協力関係が培われていき、いまは自然に譲り合って、共通の利益のために協力し合う「大人の関係」が築かれている。

具体的な成果としては、2011年に、それまで長い間フェンスで囲まれて利用ができなくなっていた仏現寺公園を、子どもたちが利用できる公園として開放したことが挙げられる。仏現寺公園を、ホームレスが使用する公園ではなく、子どもが使う公園にするということが全関係者に共有され、町内会や子育て団体などが協力し合って草刈り作業を行い、行政に利用を認めさせたのである。

また、拡大会議に集う各団体が団結して、「覚せい剤撲滅キャンペーン」のパレードを実施したり、まちの中心部に「情報掲示板」を設置するなど、異なる立場の人々が協力し合う「小さな成功体験」が築かれてきた。さらに、行政に対し、まちづくりのための諸施策について、数多くの具体的な提言を行っている。

まちづくりのプロ・近畿大学の寺川政司さん

この拡大会議の司会・事務運営を担い、複雑な人間関係を見事にまとめ上げてきた人物こそ、近畿大学建築学部の寺川政司《せいじ》准教授である。建築・住宅政策の専門家であるとともに、「CASEまちづくり研究所」という会社を運営するまちづくりのプロでもある。あいりん地域以外にも、さまざまな地域のまちづくりを手がけてきた。

寺川政司先生
(Voice of Nishinari 撮影)

じつは、寺川先生は、学生時代からあいりん地域の調査・研究に携わった、再生フォーラム創設メンバーの1人でもある。この寺川先生も、ありむらさんと並んで、西成特区構想を支えた中心人物であり、実際、拡大会議のなかで寺川先生がとりまとめ調整してきた数多くのまちづくり提言が、西成特区構想の諸事業に反映されている。

また、後述するように、大議論となった「あいりん地域のまちづくり検討会議」においても、まとめ役としてその異能ぶりを大いに発揮された。

あいりん地域を案内してくれた日銀の上司

ここで、まったくの蛇足ながら、私とあいりん地域のかかわりについて、少しだけ述べさせてもらいたい。私があいりん地域をはじめて訪れたのは、大学卒業後間もなくの1995年のことである。

そのころ、私は日本銀行の京都支店につとめ、京都府と滋賀県の景気調査を担当していたが、上司がたまたまこのあたりの出身の人で、あいりん地域内を案内してくれるという。そのころはまだ、1992年に起きた第23次釜ヶ崎暴動の記憶が新しく、そうした先入観があって街歩きしたせいだろうか、なんとも荒《すさ》んだその雰囲気に圧倒されたことをよく覚えている。

上司はそのとき「大阪支店の連中はキタの大企業ばかり調査して、こういうところに調査にこないから、ホンマの景気がわからんのや」と言った。私は「ホンマや。ええこというわ、このオッサン」と思ったことをよく覚えている。

その後、東京の本店に戻って、しばらくは調査統計局のエコノミストとして忙しい生活を送っていたのだが、このときのことはずっと私の頭の片隅に残っていた。だからというわけではないのだが、結局、1998年に日本銀行を辞め、社会保障・社会福祉の経済学を学ぼうと、大阪大学の大学院に入学し、ふたたび大阪に舞い戻ってきた。

ホームレスの多さに圧倒される

すでに述べたように、このころが大阪のホームレス数のピークであり、とにかくどこへ行ってもホームレスがたくさんいて、私はふたたび衝撃を覚えることになる。とくに、私の専門は、年金や医療保険、介護保険、生活保護、児童福祉といった社会のセーフティーネットの研究であったから「なぜ、既存の制度が機能せず、これほどたくさんのホームレスが生じてしまうのか」「ホームレス問題を経済学でなんとか解決できないものか」と熱心に考え始めたことは、いわば自然の成り行きであった。

もっとも、当時、大阪大学はおろか、日本中どこを探してもホームレスを研究している経済学者は1人もいない状態であった。博士論文の指導教官もホームレスがテーマではアドバイスできないし、フィールドワークでは経済学の業績はつくりにくいので、研究者として生き残るためには別のテーマを選んだほうがよいという。それはそのとおりのありがたいアドバイスなので、2000年に大阪大学・社会経済研究所の助手に採用され、ある程度、研究分野の自由が利くようになってから、ホームレスの研究を再開することにした。

水内俊雄先生
(Voice of Nishinari 撮影)

ホームレス研究の第一人者・水内俊雄さん

最初に連絡をとったのは、大阪市立大学文学部・都市研究プラザの水内俊雄教授である。水内先生の専門は地理学で、1998年に8660人のホームレスを数え上げた「大阪市における野宿者数概数・概況調査」を陣頭指揮した人物の1人である。あいりん地域のフィールドワークも長年行っている日本のホームレス研究の第一人者だ。

いま思えばこんな大先生が、何の面識もない若造の突然の飛び込みによくぞ応えてくれたものだと思う。私はその概数・概況調査のデータ分析を手伝わせてもらい、大阪のホームレスの地理的分布状況がどんな地理的要素と関係があるのか、当時はまだ珍しかった「空間計量経済学」という手法を使って分析した。その統計分析をもとに、どのような場所に自立支援センターを立地するのがよいかというシミュレーション分析を行い、大阪市に対して政策提言を行ったりした。

再生フォーラムとの出会い

しかし、そのような「安全地帯」にいながらの2次データ分析では、ホームレス問題の解決にすぐに役立つほどの現実に肉薄した研究にはならない。そこで、水内先生と大阪府立大学の中山徹教授が主宰する研究会に参加させてもらい、ホームレスの聞き取り調査や、元ホームレスが入所している更生施設・自立支援センターの退所者追跡調査などに携わりながら、フィールドワークの方法を勉強させてもらった。

その後、水内先生には、日本中を全国行脚して行った全国ホームレスの聞き取り調査（虹の連合・大阪就労福祉居住問題調査研究会「もう一つの全国ホームレス調査」）や、西成区の生活保護受給者の実態調査の研究班に加えていただき、この分野でたくさんの研究を行う貴重な機会を提供していただいた。後述のように、この水内先生にも、西成特区構想を支える有識者の1人として大活躍してもらうことになる。

話は少し前後するが、こうした研究に携わる一方、私はあいりん地域の実情をもっとよく知りたいと考え、2002年に大阪大学の助教授になったころから、再生フォーラムの定例まちづくりひろばに月1回通うようになった。当時、私は本当に何も知らない駆け出しの若造だったが、ありむらさんをはじめとする再生フォーラムのメンバーは温かく、本当にいろいろなことを教えてくれた。

ひろばだけではなく、そのあとの飲み会でも、常に質問に耳を傾けてくれたし、その広いネットワークのなかから、研究を進めるうえで役立つ人物を紹介してくれたりした。よそ者・新参者に対するこの懐の深さ、温かさこそが再生フォーラムの真骨頂であり、実際に、私と同じような若手研究者や学生がこの再生フォーラムで学び、そして全国に巣立っていった。

織田隆之さん
（学習院大学・鈴木亘ゼミ撮影）

やり手のソーシャルワーカー・織田隆之さん

再生フォーラムでは、ありむらさんのほか、現在、再生フォーラム代表理事をつとめる織田隆之さん（大阪自彊館・あいりん相談室長）からも、たいへん多くのことを学んだ。当時、織田さんは、あいりん地域にある救護施設・今池平和寮の主任をしており、どんなに困難なケースでも何とか対応するやり手のソーシャルワーカーとして、全国に名前がとどろく存在であった。

一般に救護施設に入所する生活保護受給者は、事実上、施設が終の棲家になり、退所するのは長期入院・死亡時のみという場合が多い。救護施設の経営にとっても、長期入所を維持しているのがいちばん楽である。

しかしながら、織田さんが陣頭指揮を執っていた今池平和寮は非常にユニークな存在で、①生活保護受給者がきちんとアパートに転宅してどんどん自立する（したがって、施設の回転率が高い）、②通所事業など、自立したあとのフォローがしっかりしているために、アパート転宅後の脱落率が非常に低いという稀有《けう》な施設だった。それゆえ、全国から見学者が相次ぎ、マスコミにも取り上げられたりしていた。

織田さんがどんな困難なケースでも受け入れ、最終的に自立までもっていく離れ業が可能なのは、なんといっても医療や福祉、教育、住宅などのさまざまな分野に精通し、幅広い知識と経験をもっているからである。市役所・区役所のケースワーカーとはまったく比較にならないほどの知識量、それも実践的な知識である。私は織田さんから、現場をみせてもらったり、話を聞かせてもらいながら、生活保護や貧困対策の実際について多くのことを学んだ。

人的ネットワーク構築の重要性

また、離れ業ができるもう1つの秘密は、織田さんが非常に豊富な人的ネットワークをもっていて、生活困窮者が必要な医療、福祉、教育訓練、住宅、法律問題の処理などをオーダーメイドで即時に手配できることにある。

このため、織田さんの離れ業を頼って、大阪市やさまざまな医療機関、福祉施設、地域の支援関係者などがどんどん困難なケースを依頼してくる。２００３年ごろ、私はホームレスの健康問題を研究していたが、驚くべきことに、織田さんが、自立支援センター所長、仮設一時避難所所長、大阪市や西成区の幹部たちをどんどん紹介してくれる。みな、織田さんに日ごろお世話になっているので、織田さんの紹介だというと下にも置かない対応である。

こうして、私は大阪城公園や西成の仮設一時避難所、各自立支援センターなどの現場に入り込み、入所者の健康調査・生活歴調査など、貴重な研究に従事することができた。私は、織田さんがさまざまな人々に対してもっている「貸し」という無形資産を、大いに活用させてもらったのである。

いまから考えると、私はこのころ、織田さんが人々のネットワークの結節点（ハブ）となり、さまざまな人間関係を縦横無尽に駆使して、物ごとを非常にうまく処理している姿を目の当たりにしていた。のちの章で詳しく説明するように、私が大阪市特別顧問としてネットワークのハブとなり、人々との貸し借り関係を裁定取引（arbitrage）するようなことを自然に始めたことの原点は、この織田さんの姿にあったように思う。

もちろん、西成特区構想が始まると、織田さんにも手助けをお願いし、後述のように、西成特区構想・有識者座談会の委員という大役をつとめてもらうことになる。

地域の交友関係が財産

以上のように、私は2000年代はじめから中ごろにかけ、あいりん地域やその周辺のホームレス問題、その医療問題、生活保護などのフィールド調査を行い、その結果を次々に学術論文として発表した。

もちろん、再生フォーラムの定例まちづくりひろばでも数回にわたって講演した。このため、NPO釜ヶ崎支援機構の山田さんや松繁さんをはじめとするリーダーたち、木曜夜まわりの会などの医療関係者、サポハウス（簡宿転用型アパート）の経営者たち、地域の福祉関係者、そして、この地域をフィールドにしている各大学の研究者などと親しく交友する機会に恵まれた。

そののち、私は東京の大学（東京学芸大学、学習院大学）に移り、だんだんとあいりん地域から離れて、今度は東京の山谷や墨田区のホームレス調査、生活保護受給者調査などに重点を移していくことなるが、あいりん地域の人々との交友関係はつかず離れず続いた。再生フォーラムや水内先生の研究班をとおして、この地域のリーダーたちと交友関係を保っていたことが、このあと、西成特区構想を実施するうえでどれほど役に立ったかわからない。

「橋下市長は信頼できないが、あのときの鈴木君がやるのであれば、まぁ、おかしなことにはならないのではないか」「鈴木という奴は顔くらいしか覚えていないが、ありむらさんや織田さんが信頼しているんだから、まず大丈夫だろう」「大阪市の特別顧問といえば、東京からくる有名人ばかりで釜ヶ崎の実情をまったくわかっていないケシカラン奴らだ。しかし、鈴木顧問は水内先生と調査していたわけだから、多少はものがわかっているのかもしれない」というわけで、もともと知っていた人も、はじめて会った人も、とりあえず警戒心を下げ、少なくとも話くらいは聞いてくれたのである。

［コラム5］

簡宿街の外部不経済とその内部化

日雇労働者や、労働者相手のビジネスにとって心地よい簡宿街も、周辺住民にとっては「迷惑な存在」だといえるかもしれない。

第1に、不景気になるたびにホームレスがあふれ、公園や道路にテント・小屋掛けをつくる。第2に、簡宿街にあふれる不法投棄ゴミの異臭は周辺にもおよぶ。第3に、暴動や覚せい剤密売などの犯罪拡散に脅かされる。第4に簡宿街に隣接することによる風評被害や差別に遭う。第5に、風評被害だけではなく、地価や賃料が下がるという実害もある。

したがって、一部の周辺住民の簡宿街に対する目はきびしく、「寄せ場を他の地域に移転してほしい」という要望が、行政に出ることもある。それに対し、労働団体や支援団体の一部は「ケシカラン！」と猛反発するが、実害が生じているのだから、周辺住民の声にも無理からぬ面がある。

じつは、こうした周辺住民の諸被害は、コラム1で説明した「外部不経済」の典型例だ。行政介入等によって、外部不経済に対処することが望まれる。

外部不経済への対処法はさまざまあるが、典型的な方法は「課税」である（ピグー税という）。簡宿街にいる日雇労働者数が多ければ多いほど外部不経済が深刻化するのであれば、その人数を減らすために簡宿や商店に課税を行うことが考えられる（部屋代が上がり、一部は労働者も負担する）。このように外部不経済に対処することを「内部化」するという。

ただ、コラム3で触れたように、日雇労働者数を減少させると、「集積の利益」が失われていくので得策ではない。むしろ、外部不経済の発生源自体に課税するほうが効率的である。

たとえば、不法投棄ゴミの量を計測し、その処理にかかる行政費用を、周辺の簡宿や商店から課税する。すると彼らは、ゴミの集積所をつくったり、労働者にポイ捨てを止めるように指導したり、見回りするなどして、課税額を少なくする努力を行うだろう。労働者が減ることはない。

もっとも、本文で後述するように、実際には行政が費用負担して不法投棄ゴミ対策を行った。寄せ場が釜ヶ崎にあることで真に受益を得ているのは、労働者が建てたインフラなどを利用する市民である。その意味で、彼らの税金で釜ヶ崎のゴミ対策を行うことは理に適っている。

（注1）釜ヶ崎のまち再生フォーラムのホームページから、気軽に参加申し込みができる（http://www.kamagasaki-forum.com/ja/project/guide/2014tour-guide.pdf）。私の大学のゼミナールでもよく参加させてもらっているが、学生たちにとって本当に貴重な体験となる。もちろん、自治体職員や社会人の研修、市民団体の見学、研究者の視察などにもよく使われている。

第6章 いきなりの逆境スタート

西成特区構想に話を戻そう。2012年3月末に大阪市特別顧問に就任したあと、どのように西成特区構想を進めていくべきか、早速、担当の役人たちと打ち合わせることにした。

西成特区構想は5年計画でつくられ、その開始は翌年の2013年度からと決まっている。2012年度はそのための調査年として位置づけられ、調査費が予算計上されていた。その調査費を使って、どのように西成特区構想の具体案をつくっていくのか早急に決めなければならない。

お呼びでない特別顧問

ところが、4月はじめに、役人たちから説明を受けてすぐにわかったことは、「すでに、西成特区構想は実質的に始まっており、さまざまな計画が各局によって立案され、局ごとにもう実行されつつある」という事実であった。

すでに、西成区長をリーダーとし大阪市役所の各局長たちから構成される「西成特区構想プロジェクトチーム会議」が結成されており、第1回目の会合は私の就任前に開催されていた。この会議において、西成特区構想として実施すべき「主なアイディア例」が各局の局内調整を経て作成ずみだったのである。

そのアイディア集にある各事業を具体化するために、各局の部課長級の実務者からなる「幹事会」も会を重ねている。しかも、2012年度の調査費と補正予算を使って、すぐに実施に移せる諸事業は、今月中にもスタートさせるという。

つまり、いまごろ、特別顧問なんかがノコノコやってきても、「オマエなんて、まるでお呼びでないよ」という雰囲気なのであった。

アイディア例

ところで、市の各局が提出したこの「アイディア例」をみると（表参照）、いくつか興味深いことがわかる。

第1に、橋下市長がマスコミにぶち上げてきた目玉施策がきちんと入っている。①子育て世帯が市外から転入した場合の市税優遇、②大学・職業訓練校の誘致、③小中高一貫のスーパーエリート校の設置、④3世代以上の同居家族に対する市税減免、⑤誘致された企業に対する市税・府税の免除、⑥アートによる地域活性化などはすべて、市長や大阪維新の会がマスコミ向けに発表してきた内容であ

西成特区構想プロジェクトチーム会議のアイディア例

カテゴリ	アイデア
子育て・教育	子育て世帯の市外転入者の市税等優遇 大学、職業訓練校の誘致 小・中・高一貫のスーパー校の設置 多様な保育ニーズに応えるスーパー保育園の設置 市民活動推進施設の設置（特に子育て層を対象とするNPOを対象） 区内の施設に、気軽におむつ替え・授乳・トイレなどに利用できる「赤ちゃんの駅」設置 地域による子育て支援の強化（例：あそぼパーク、プレーパーク）
住まい	「空家条例」の策定 アートによる地域活性化 簡易宿泊所から住宅への建替え促進に対する補助制度 三世代以上の同居家族に対する市税減免 新築ファミリーマンション等への低利融資制度
産業・経済	海外からの旅行者（バックパッカー）向けの観光振興 市税・府税の免除 商店街の空き店舗を活用し、NPO等と連携した子育て世代向け事業の集中実施
街づくり	密集住宅市街地整備 大フィル・セレッソを活用した小・中学生の音楽・スポーツ活動の振興
福祉・医療	医療の適正化 結核等の感染症対策の強化 ウォーキングタウン西成構想
環境対策	あいりん地域を中心とした西成区内の不法投棄対策 地域ボランティアを活用した放置自転車対策、見守り活動、ゴミ清掃 歩道の駐輪等撤去の徹底 防犯灯（LEDなど）の増設等による明るい街づくり
安全	「青パト」等を活用した頻繁な巡視
行政・その他	市有地を定期借地契約で民間開発業者に貸付け、マンションを建設 未利用地を活用して、例えば子育て層の親と子たちが集い憩えるスペースの提供

大阪市役所ホームページより

る。

いずれも世間の注目を集める「目玉」だが、行政的にはきわめて難易度が高い。大阪市の役人たちとしてはできれば避けたい事業ばかりのはずだが、強面の橋下市長のアイディアである以上、とりあえずは受け入れざるをえなかったということだろう。

これまでの延長線上にすぎない縦割り施策

第2に、市長肝入りの目玉施策以外は、①すでになんらかの形で実施されているもの（多様な保育ニーズに応える保育施設、空き店舗利用、結核対策強化、不法投棄対策、放置自転車、見守り活動、ゴミ清掃、駐輪撤去、青パト巡回、密集住宅地整備、防犯灯増設、新築ファミリー向けマンションへの低利融資）か、②計画が進んでいて実現間近のもの（赤ちゃんの駅、あそぼパーク、大阪フィルハーモニー交響楽団やセレッソ大阪の活用、空き家条例、ウォーキングタウン、市有地活用の住宅建設、医療扶助の適正化）ばかりである。その多くは誠に小粒であり、まるで「竹やり戦術」のようだ。

第3に、見ごとなまでの「縦割り」である。たとえば、「子育て・教育」と書かれているカテゴリーは、こども青少年局が行う施策（一部は教育委員会）、「住まい」は都市整備局、「福祉・医療」は健康福祉局（当時）といった具合である。

局をまたがって調整をしなければならない抜本対策は皆無であり、全体の統一性、整合性、計画性はまったく感じられない。要するに、このアイディア例は、各局がこれまでやってきた「縦割りの既定路線の延長」でしかない。

まずは市長の反応をうかがう様子見作戦

私自身も日銀で「宮仕え」をした経験があるから、大阪市の役人たちの気持ちはある程度理解できる。

各局にまたがる事案は、局間調整や予算案作成時の役割分担を決めるのがたいへんであり、できるだけ避けたい。また、近年、新事業をつくることは、財政局にきびしく詰められて予算折衝が本当にたいへんである。下手をすると、新事業が既存の局予算に割り込んできて、他の必要事業を削らなければならなくなるかもしれない。そこで、既存施策や計画中の施策を、西成特区構想用の施策として列挙しておけば（市長は就任直後で、細かいことはまだ知らないはずだ）、必ず実行に移せるから失敗のリスクはない。

むしろ、橋下市長は西成特区構想の新事業に重点的に予算を個所づけするはずだから、計画中の施策を西成特区構想にうまく混ぜ込めれば、その分だけ局予算の獲得が楽になる。まずは既定路線とその延長で、橋下市長の反応を様子見してみよう。お手並み拝見！といったあたりが各局の本音だろう。

既定路線では駄目であるからこそ西成特区構想が出てきたはずだが、役所というフィルターを通すと、旧態依然とした既存施策とその焼き直しになりがちなことは、古今東西変わらぬ法則であるといってよい。

加えて、あいりん地域で新事業を始めるということは、役人からいうと、手ごわい団体、手ごわい住民を相手に理不尽な苦労を強いられるということである。どこまで本気でやるのかわからない新市長の思いつきに、真剣につき合おうとする役人がいないことは、この時点では当然のことであった。

孤軍奮闘、矢継ぎ早に手を打つ市長

橋下市長はこうした各局の思惑を、ある程度わかっていたようである。

それゆえ、なんとかして自分の本気度を役人たちに理解させようと、矢継ぎ早に手を打ち続けていた。たとえば、西成区における塾代バウチャーの先行導入（経済的な理由で塾に通えない中学生に、月1万円のクーポン券を支給し、塾代の一部を援助する制度）や、西成区の生活保護受給者の医療費適正化策（かかりつけ医、かかりつけ薬局を決めてアクセスコントロールを図り、医療扶助の適正化を図る制度の導入）などの独自のアイディアを次々に打ち出し、担当部局に補正予算を使って実現するように指示を出していた。

しかしながら、これらは所詮、単発のアイディアであり、西成特区構想としての包括的・抜本的施策には程遠い。困ったことは、いくら市長が孤軍奮闘しているとはいえ、このままでは、このやる気のない役人たちのアイディア例が、西成特区構想の本体として認められてしまいそうなことであった。

うかうかしていると、各局がこの方針のもとで2013年度の予算案をつくってしまう。すると、西成特区の本格構想である5年計画までもが、既定路線の延長線上のままスタートしてしまう。それでは、あいりん地域は何も変わらないし、5年計画が決まってからの軌道修正はきわめて困難だ。なんとか早急に局面打開を図る必要があった。

やっかいな大阪市版「事業仕分け」

ところで、このプロジェクトチーム会議のアイディア例のほかに、じつはもう1つ、西成特区構想にとって、厄介な施策が進みつつあった。「市政改革プラン」である。これはかんたんにいえば、民主党政権下で行われた「事業仕分け」の大阪市版である。

長年、身の丈に合わぬ大盤振る舞いを続けてきた大阪市の財政は、もはや、第2の夕張かと噂されるほどの危機的状況にあった。この財政危機を立て直すことこそが橋下市長の最大の公約であり、バラマキに対して大ナタを振るい、3年間で約500億円ものコストカットを目指していた。

そのために、橋下市長の意を受けた「仕分け人」たち（改革プロジェクトチーム）が、大阪市役所のさまざまな事業をゼロベースで洗い直し、無駄と思われる事業を次々にやり玉に挙げ、その廃止・見直しを迫っていた。

私自身、民主党政権下で仕分け人をつとめたこともあるので、こうした事業棚卸しの意義はよくわかっているつもりである。大阪市の危機的財政を救うには、どんなに反対の声が上がってもこのやり方を貫くしかないだろう。既得権のしがらみがまったくない橋下市長、大阪維新の会だからこそできる行革であり、誰が何を言おうと原則を曲げずに断行するのが、橋下市長の真骨頂である。

あいりん地域の実情を知らない仕分け人

しかし、西成特区構想にとって心配な点は、肝心の「仕分け人」たちのなかに、あいりん地域の実情に明るい者が皆無であることだった。すでに説明したように、あいりん地域には、この地域独特のセーフティーネットとして築きあげてきた施策がたくさんある。それらの多くはいまも必要不可欠であり、対費用効果の面からみても決して悪い施策ではない。しかし、事情のよくわからない人々の目からみれば、こうした地域限定の特殊施策は、存在意義不明の無駄な事業、利権の温床にみえてしまうようであった。

4月はじめに、市政改革プランがやり玉に挙げたあいりん地域の諸事業が明らかになると、果たして、その心配は的中していたことがわかった。

改革プロジェクトチームが見直し対象として選んだ事業のなかには、①大阪社会医療センター付属病院（社医セン）の無料低額診療、②高齢者特別就労事業（特掃）、③子どもの家事業という、廃止されれば地域の根幹を揺るがしかねない3つの重要施策が含まれていたのである。社医センと特掃についてはすでに詳しく説明したとおり、地域のセーフティーネットの要といってもよい2大事業である。

それぞれ、あいりん対策、反失業運動の成果として、苦労の末に勝ち取ってきたシンボル的事業であり、もし下手に手をつければ、あいりん地域を挙げての大反対運動に発展しかねない。そうなれ

こどもの里（こどもの里撮影）

ば、もちろん、西成特区構想どころの騒ぎではなくなってしまう。

地域の実情にぴったりとあった「子どもの家事業」

また、子どもの家事業というのは、1989年に始まった大阪市独自の子育て施策で、1人親世帯や貧困世帯などの困難を抱える家庭の子どもが、いつでも気軽に立ち寄れる「居場所」を設け運営する事業のことである。

とくにあいりん地域では、1人親世帯や貧困世帯の問題に加えて、アルコール依存や薬物依存、うつなどの精神的問題を抱え、子育てが困難であったり、DV（ドメスティック・バイオレンス）を起こす親が少なくない。

そうした家庭の子どもたちに親がわりとして寄り添い、あるときは遊び場、あるときは学びの場、あるときは駆け込む場となり、親にかわって食事を出したり、家に帰れぬ子どもの居場所を提供する子どもの家事業は、まさにこの地域にとって必要不可欠の施策である。(注1)

あいりん地域では、「こどもの里」と「山王こどもセンター」という2つの著名な施設が、いずれも先駆的で献身的な事業を長年展開しており、地域の尊敬と感謝を集めてきた。対費用効果の面でもとくに問題があるとは思えず、子どもの家事業が事業仕分けの俎上《そじょう》に乗るということ自体、ちょっと不可解であった。

西成特区構想のネガティブ・キャンペーンにつながる

もちろん、2012年4月はじめの市政改革プラン「試案」の段階では、まだ議論が進んでいる途上であり、最終的にどのような結論になるかは不明であった。しかし、そもそもが無駄を洗い出すための事業仕分けなのであるから、最悪の場合、廃止という選択肢も考えられた。

あいりん地域では、すでに活動家たちがこうした動きを敏感に察知して、反対運動のノロシを上げ始めていた。また、選挙で負けた反橋下派の政治勢力にとっても格好の攻撃材料であり、反対運動の火に油を注いで回っている。困ったことに、彼らの目には、市政改革プランは西成特区構想の一部と映っているようである。

「特掃や社医センをつぶそうとする西成特区構想反対！」「西成特区構想による子どもの家事業廃止反対！」という具合に、西成特区構想に対するネガティブ・キャンペーンとして、反対運動が展開されつつあるのだった。

くすぶる3小学校統合問題

また、大阪にいる人権派弁護士たちは、西成区で先行実施される医療扶助の適正化を含む全市的な生活保護改革も、西成特区構想のせいだと誤解し、非難を始めていた。

さらに、学生数が激減しているために、もともと橋下市長の就任前から方針がほぼ決まっていたこの地域の３つの小学校統合（萩之茶屋小学校、今宮小学校、弘治小学校）に関して、各校のＯＢやＰＴＡの不満もくすぶっていた。

橋下市長が、「３校統合が避けられないのであれば、いっそのこと小中高一貫校としてもっとポジティブなスーパーエリート校にしてはどうですか」と言い出したことをきっかけに、いつの間にか、こうした不満の声も「西成特区構想による3校統合反対！」というスローガンにすり替わりつつある。

こうして、西成特区構想がまだ始まってもいない間に、地域では反対の声に取り囲まれ、私はいきなり窮地に立たされることになった。橋下市長の抜群の発信力がむしろ裏目に出て、もともと「橋下嫌い」の多いあいりん地域では、「郵便ポストが赤いのも、電信柱が高いのも、みんな西成特区構想が悪いのよ」ということになりつつあった。私の担当分野ではないが、とにかく市政改革プランに対して早急に手を打たなければならないし、生活保護改革、３校統合問題についてもなんらかの対応を行う必要がある。

審議会設置で主導権を奪い返す作戦

プロジェクトチーム会議のアイディア例や、市政改革プランとしてすでに始まっている既定路線に対し、私が局面打開の対抗手段として思いついたのは「西成特区構想審議会」の設置である。

とりあえず、2012年度中に補正予算で動き出してしまう事業は、もはや手を出すには手遅れである。そこで、5年計画の西成特区構想が本格実施される2013年度に向けて、そのための包括的な計画づくりを行う審議会を設置し、役人たちや仕分け人たちから主導権を奪いとろうという作戦である。橋下市長にそのアイディアを話すと、市長もプロジェクトチーム会議のアイディア例のままではだめだと思っていたようで、すぐに私の意図を理解し、審議会の設置を了解してくれた。

さて、役所の利害とぶつかりかねない審議会を設置する際、いくつか気をつけなければならないことがある。第1に、トップの後ろ盾をしっかり確保しトップと緊密に連絡し合って、その支持を確保し続けることである。この点、私は橋下市長から信頼され、直接任命を受けた特別顧問という立場である。また、おたがい「メール魔」で、多いときには1日10回ほど長文メールを交換し合う関係であるから、コミュニケーションにはまったく支障がない。

事務局機能を渡してはいけない

第2に重要なことは「事務局機能」を絶対に役所任せにしないことである。霞が関の各官庁の審議会が典型であるが、役所は審議会の事務局を担うことによって、会議の議論を自由にコントロールする。

まず、アジェンダ（毎回の議題）を事務局が設定することで、議論の大枠や流れをつくり上げる。役所の思惑どおりの発言をしてくれる「御用学者《ごようがくしゃ》」には、事前に「御進講《ごしんこう》」といわれるレクチャーをていねいに行っておき、会議での議論をリードさせる。会議で外部有識者や現場の事業者のヒアリングを行う際にも、そのスピーカーを事務局が人選し役所に都合のよい議論の流れをつくる。

逆に、事務局の空気を読むことをしない「面倒な委員」には、いっさい、事前情報は与えられない。そうした委員は、当日はじめて接する資料を読み込むことで精一杯であるから、とても会議の議論についていけず発言ができない。

それでもなお、不都合な発言を行おうとする「困った委員」がいる場合には、事務局は大事な決定をする回に、わざとその委員が出席できない日程を設定する。スケジュール管理もまた、事務局の大事な武器である。

役所のコントロールに翻弄される学識経験者たち

さらに、委員同士を仲よくさせず分断統治を図ることも、事務局の基本的なテクニックの1つだ。困った委員と面倒な委員に手を組まれると、役所的に誠に厄介なことになるから、その場合には「A委員はB委員をこんな風に（人格）批判していましたよ」とか「どうやらB委員はA委員の意見に反対のようです」などと、情報を微妙に操作して伝え、仲たがいをさせるのである。

いくら学識経験者とはいっても、所詮、象牙の塔の住人で、社会経験の乏しい「とっちゃん坊や」が多い。プライドだけが異様に高く、コミュニケーション能力が低いこの手合いは、だいたい、この手でイチコロである。

最後に、審議会の報告書原案を事務局の役人が書き上げることで、完全に役所に都合のよい答申ができあがる。じつは審議会にいる学識経験者などの委員は、自分で報告書の文章を書くことはまずない。事務局がつくった原案に、少しだけ修正意見を加えたり、せいぜい座長が冒頭のあいさつ文を書いたりする程度である。

面倒な委員、困った委員が入ってしまった審議会ではそうすんなりいかないこともあるが、その場合には、報告書の「中間報告」、「素案」など、最終案作成の前に何度もチェックポイントをつくる。ゴールの答申案に向かって徐々に誘導し、既決事項を増やして論点をせばめていくのである。

霞が関での豊富な経験を生かす

役人のこうした作業中に、いくら困った委員が文言修正を迫っても無駄である。その委員が文章に手を入れるたびに、事務局が再修正をあれこれ理由をつけて提案し、元に戻してしまう。委員も本業があって忙しいから、修正作業が度重なるうちに根負けしてあきらめてしまう。

それでも粘る委員案に対しては、座長権限として最終報告書の発表当日に最終修正が行われていたりする。そして、事務局を困らせたその委員はブラックリストに入り、二度とその官庁の審議会に呼ばれることはない。

何を隠そう、私は霞が関、とくに社会保障・社会福祉分野で「困った委員」「面倒な委員」「招かれざる参考人」として名を馳せた存在であり、先に挙げた事務局の操作テクニックをすべて、何度も実体験している。いまこそ、その豊富な経験（？）を生かすときである。

官僚を味方につける

第3に重要なことは、矛盾しているようであるが、現場の役人たちをなるべく多く味方につけることである。一部の「はみ出し者」でもよい。表立っては協力できない「隠れファン」でもよい。自発的に協力してくれる役人たちがいればいるほど、改革の闘いは楽になる。この点についても、私はやはり霞が関の官僚たちから学んできた。

私が政府の委員をもっとも長くつとめたのは、当時、「経済財政諮問会議」と並んで改革の両輪といわれていた「規制改革会議」である。自民党の第1次安倍政権末期から、福田政権、麻生政権下で、保育・介護・福祉分野の専門委員をつとめてきた。

この規制改革会議の目的は、各分野でがんじがらめとなっている規制を緩和し、民間にビジネスの機会を広げ低成長に陥っている日本経済を再生することである。しかし、これは同時に、規制によって産業界を支配している各官庁の既得権益、官庁と一心同体となっている既存の業界団体の利権を奪うことを意味する。このため、規制改革会議は毎回、担当官庁とガチンコ勝負の連続であり、おたがいに怒鳴り合い、ののしり合うことも珍しくない。

こう書くと、国益の側に立つわれわれ民間委員と、省益と業界利権を死守しようとする霞が関官僚の善悪対決というイメージで捉えがちだが、現実はもう少し複雑である。担当官庁の官僚とはいえ、もともとは「日本のために、国民のために」と志をもってこの世界に入ってきた人も多く、とくに若い官僚たちはまだその志を完全には失っていない。

こうした官僚たちのなかには、「もはやこの規制は時代遅れで不要なのではないか」「この規制は省益にはなっても、国民にとってはむしろ害悪であり、廃止すべきではないか」と本音では思っている人がいる。

内部事情に通じた官僚のアドバイス

ただ、天下り先でもある業界団体からの政治的圧力や他の官庁や他部局にまたがる調整が困難で、「組織の論理」に縛られて、立場上、物が言えないのである。そうした官僚たちはオフレコで、「隣の部局が担当しているこの大元の規制をちょっと変えれば、うちの部局の規制は有名無実化しますよ。下からは言えないので、局長折衝で提案してください」とか「調整のむずかしい省令を変えなくても、通知文のなかに例示を追加すれば、実質的に問題が解決しますよ」などと、こっそりと知恵を授けてくれることもある。

また、「この業界の暗部を、先生方がマスコミを使って攻めたててくれれば、自民党の部会が軟化するので、われわれも動きやすくなる」とか「担当官庁がまたがっている事案なので、規制改革会議から、全関係官庁に一斉招集をかけてほしい。そうすれば、われわれも責任をかぶらず、調整がややすくなる」などと、議論の進め方の機微を指南してくれる官僚たちまでいた。

われわれ民間委員は、いくらそれぞれの分野の専門家であるとはいえ、担当官庁の官僚たちほど複雑な法体系、規制体系を熟知しているわけではない。こうした内部事情に通じた官僚たちの「眼から鱗」のアドバイスに、実際にはずいぶん助けられたものである。

大阪市役所においても、味方となる役人がいるのといないのとでは、改革の進捗が雲泥の差となるはずである。いくら橋下市長が強い後ろ盾になってくれているとはいえ、私１人の「ゲリラ戦」では、所詮、役人たち「正規軍」に太刀打ちできるわけがない。

外部から送り込まれた特別顧問への警戒心

とくに当時、橋下市長は就任直後で、職員の給与カットや、組合活動の制限、入れ墨職員や政治活動の調査などを次々と打ち出し、職員労組との対決姿勢を鮮明にしていた。また、橋下改革を体現するために、特別顧問・特別参与という形で70人近い「よそ者」が市役所内に送り込まれ、組織内のあちこちで、いい意味でも悪い意味でも「摩擦」を起こしていた。

なかには、橋下市長の権力を笠に着て、まるで進駐軍のように高飛車に役人たちに命令し、罵倒していうことを聞かせるタイプの特別顧問もいたから、私に対する役人たちの警戒心も、当初は相当なものであったろう。

しかし、当時の西嶋善親《よしちか》区長をはじめ、西成特区構想の事務局をつとめる西成区役所の幹部たちと実際に話してみて「この人たちは最終的には私の味方になってくれるのではないか」と直感した。それは、彼らの言葉の端々から西成区、とりわけ、あいりん地域の問題をなんとかしたいという思いが伝わってきたからである。

それもそのはずで、西成区役所の職員こそ、日々区民と接して、最前線の現場に立っている人々なのである。現場の問題、制度の矛盾、動かない本庁への歯がゆさなど、思うところがたくさんあるはずだ。また、西嶋区長は新人のときの最初の振り出しが市立更生相談所（市更相）で、以後、ずっと福祉畑を歩んできた叩き上げの方だった。あいりん地域の問題解決に強い思いをもっていたのもうなずける。

私がやろうとしていることは、もともと地域のなかから出てきたアイディアなので、まさに地域が求めている「正しい改革」である。はじめは警戒され、抵抗され、他の特別顧問・特別参与と同様に面従腹背的な態度をされるだろうが、これまで微動だにしなかったあいりん地域の問題を本気で解決しようと体を張って頑張り続ければ、いずれ彼らの「地元愛」が応えてくれるのではないかと思えたのである。

フラットな区役所の表情豊かな職員たち

また、大阪市役所、とくに区役所の官僚組織が、霞が関の各官庁や大阪府庁ほど強固な垂直型組織ではないことにも、やや期待がもてた。組織内の上下関係がきびしい垂直型組織では、個人の裁量余地が乏しく、たとえ、個人的に意気に感じてくれる役人がいても、なかなか「よそ者」に味方することはむずかしい。

垂直型組織の役人は常に「組織の論理」に縛られており、いつも上の顔色をうかがって集団の一員として行動しなければならない。そうした組織にいる役人たちの顔は、一般に没個性的で無表情である。

しかし、西成区役所の職員たちの顔をみると、どういうわけかみなwhile なかなか表情豊かで人間的である。地元出身の人間が多いということもあるが、国や府の役人とは違って、現場をもっていることが大きいのであろう。町内会のお祭りや学校行事など、さまざまな地域活動に参加しなければ区役所の仕事はつとまらない。

地域の人々との人間関係を築くには、官僚的態度や無個性な鉄仮面ではいられまい。また、現場があるということは臨機応変に現場対応を迫られるということでもある。その分、個人で判断可能な裁量余地があるのだろう。いずれ西成特区構想を意気に感じ、個人プレーをする職員が出てくる可能性があるに違いない。

所轄の悲哀

さらに、市役所本庁と西成区役所の力関係からいっても、西成区役所はいずれ私の味方になってくれそうだと思った。大阪市の各区は東京都の特別区とは異なり単なる行政区にすぎない。区長は役人、各区役所は本庁組織の下に組み込まれる支店にすぎない。いや、支店以下というべきであり、警察組織でいえば「○○署」のような「所轄《しょかつ》」の悲哀がある。

当然、各区で行う事業のほとんどは本庁の各局が予算を握っており、区で自由裁量できる予算はスズメの涙ほどにすぎない。この点、大阪市は他の政令指定都市に比べても極端であり、市の年度予算約4兆円（一般会計1・7兆円、特別会計2・3兆円）のうち、24区全体に配分されている予算はわずか50億円ほどである（2012年度。1区平均は約2億円にすぎない）。まるで巨象とアリである。予算格差は、役所的には権限の格差とも言い換えられる。

西成特区構想というのは「西成区だけに人とモノを集中して特別施策を打つ」ということであるから、西成区の予算と権限が増える可能性が高い。西成区役所にとっては、西成特区構想に協力するほうが、自分たちの得となるはずである。まずは西成区の事務局をなんとか味方につけて、それから徐々に本庁の各局を切り崩していく戦略が展望できた。

［コラム 6］

共有地の悲劇と社会問題の集中

あいりん地域は、貧困、環境、治安、衛生などの諸課題が集中する「社会問題のデパート」だ。簡易宿泊所（簡宿）街から派生した問題も多いが、行政が意図的にこの地に問題を集中させてきた側面がある。まるで、封じ込め作戦だ。

実際、貧困層が多く住む公営住宅、無料低額診療を行う病院、大規模シェルター、無料低額宿泊施設、救護施設、生活保護受給者が集中するアパート、特殊な福祉事務所など、他地域であれば周辺住民が反対運動を行うかもしれない施設が、所狭しと軒を連ねる。こうした施設が集中するかぎり、さまざまな問題を抱える弱者がますますこの地に引き寄せられてくる。

経済学の観点からは、こうした施設（語弊があるが、便宜上、迷惑施設と呼ぶ）は「社会的限界費用」のいちばん低い場所に立地させることが効率的である。社会的限界費用とは迷惑施設を1つつくるためにかかる直接費用とその外部不経済の費用（外部費用）の合計だ。行政からみると、周辺被害が小さく、住民の反対が少ない地域が適地となる。

しかし、地域がひとたび迷惑施設を引き受けてしまえば、地価は下がり、住民は状況に慣れる。さらに社会的限界費用が低くなるから、ますます多くの迷惑施設を引き受けることになる。かくして福井県や福島県には原発銀座ができ、沖縄には米軍基地が集中するのである。

ただ、あいりん地域の場合には、それ以外に、行政による「共有地の悲劇」という現象も存在すると考えられる。共有地の悲劇の例は、所有権（領有権）の設定されていない漁場である。さまざまな国の漁船が次々ときて、漁獲資源が枯渇する。各国が全体の社会的限界費用を認識していないことが問題の本質だ。

あいりん地域には、この地に住民票がない日雇労働者やホームレスが多く、簡宿のオーナーも地域外に住んでいることが多い。「実際の居住者」への社会的限界費用が各行政部局によく認識されておらず、行政による「乱獲」を招いている可能性がある。

したがって、解決策はあいりん地域の実際の居住者に所有権を設定することだ。本文で後述するように、地域のすべての関係者が参加する会議をつくり、その合意なしに行政が勝手な施策を進められなくしたのは、じつは共有地の悲劇対策という側面がある。

（注1）子どもの家事業の画期的な点は、従来、未就学児童、小学校低学年、高学年、中高生と年齢で輪切りになっている子育て施策を、ゼロ歳から18歳までシームレスに（切れ目なく）扱えるようにしている点である。また、従来の子育て施策は、「親が子どもの面倒をみる」ことが当然の前提とされており、そのための支援をするという観点でつくられている。これに対して、子どもの家事業は、むしろ問題のある親から子どもを保護し、社会が育てることも場

合によっては必要であるとの観点に立っている。同時に、困難を抱える親たちに対する支援活動も行っており、あいりん地域をはじめとする貧困地域の実情にピタリと合う。全国に先駆けた動きであり、むしろ大阪市としては誇るべき施策である。

第7章 「七人の侍」の闘い

いったんは了承された西成特区構想審議会であったが、じつは、なかなか一筋縄でいかなかった。西成区役所の事務局が市役所本庁にお伺いを立てたところ、「審議会はまかりならぬ」とお偉方のクレームがついたらしい。

もし、審議会を設置したいのであれば、大阪市が定める「審議会の設置指針」に従っていろいろ面倒な手続きがあるため、審議会が立ちあがるまでに1年くらいの準備期間が必要だという。もし、すぐに会議を始めたいのであれば、審議会ではなく、特別顧問の私的諮問機関である「有識者座談会」ではどうかと事務局からの提案があった。

審議会設置をめぐる役人との攻防

いくらなんでも、審議会の設置に1年もかかるようなバカな話はなかろうとは思ったが、要するに、これは役人たちからの最初の抵抗がきたということだろう。

彼らの考えていることは明白であった。審議会が設置されれば、そこで提案された内容は正式に市長や市議会に答申され、その答申内容に市役所各局の施策が縛られる可能性が高い。それに対して、特別顧問の私的「有識者座談会」にしてしまえば、法的根拠は何もなく拘束力は発生しない。何が提言されようとも「正式の答申ではないですから」と、いざとなれば無視できる。「ほほぅ。なるほど、そうきたか」と思った。

しかし、私は「有識者座談会」の設置で了解することにした。その理由は、端的にいえば時間が惜しかったからである。西成特区構想の本格実施（5年計画）は翌年度の2013年度から始まるが、そのための各局予算の「概算要求」は、9月中旬くらいまでに決定しなければならない(注1)。

つまり、それまでに西成特区構想で実施する各事業が具体化されていなくてはならないのだ。特区構想の計画づくりに費やせる時間は、実質あと半年もない。なんとしても2013年度予算に具体策を盛り込まなければならない。それができなければ、5年計画がスタートしてしまい、途中で挽回することはきわめてむずかしくなる。

いと御しやすし特別顧問

橋下市長に直訴して審議会設置を押し通すという手もあった。しかし、ここで役人たちとの敵対姿勢を鮮明にして、面従腹背のサボタージュを始められてしまっては、時間だけが空費されて、結局、彼らの思うツボである。

しかも、有識者座談会の設置ですら、あれこれ手続きに時間がかかるので、6月からしか始められないという。ここは、とにかく事務局に早く準備させるのが得策というものである。

私は「ほほぅ、有識者座談会ですか。市井的《しせい》でなかなかよい名前ですなぁ」とかなんとか言って、何も気づかず喜んでいるふりをした。事務局や本庁のお偉方には「いと御《ぎょ》しやすし鈴木顧問」と油断させておこう。

市長はこちらで押さえているし、マスコミを入れてにぎやかに大議論を行えば、私的勉強会といえども十分な既成事実化ができるだろう。むしろ、私的勉強会だということで、本庁各局の事前調整からは逃れやすくなる。ここで抵抗しなくても、あとでいくらも挽回の余地があるはずだと割り切ることにした。

西成特区構想「七人の侍」

特別顧問の私的諮問機関なのであるから、当然、有識者委員の人選はすべて私が行う。役人たちに文句は言わせない。

私は早速、ありむら潜さん（釜ヶ崎のまち再生フォーラム事務局長、漫画家）、寺川政司先生（近畿大学建築学部准教授）、水内俊雄先生（大阪市立大学文学部・都市研究プラザ教授）、織田隆之さん（釜ヶ崎のまち再生フォーラム代表理事）、松村嘉久先生（阪南大学国際観光学部教授）、原昌平さん

松村嘉久先生
（西成区役所撮影）

（『読売新聞』大阪本社編集委員、医療ジャーナリスト）、福原宏幸先生（大阪市立大学大学院経済学研究科教授）に、有識者委員をお願いすることにした。

いずれも旧知の仲であり、地域の実情に明るく、あいりん地域の問題をなんとかしたいと日々考えている「同志」たちである。役人の分断戦略に乗るような間柄ではない。

松村先生は、この地域の観光振興に関する第一人者である。再生フォーラムの中心メンバーであり、外国人バックパッカー向けに、あいりん地域の簡易宿泊所（簡宿）を国際ゲストハウスに転換するという活路を、最初に見出した人物である。

第3の潮流、国際ゲストハウス

現在、地下鉄御堂筋線・動物園前駅に接する太子1丁目エリアには、十数軒の国際ゲストハウスが立ち並んでおり、外国人観光客で常に満室状態の盛況が続いている。太子1丁目エリアでは、英語、スペイン語、中国語、タイ語をはじめとして、世界各国のありとあらゆる言語が飛び交っており、あいりん地域のなかにありながら、労働者のまち、福祉のまちとは異なる「第3の潮流」がみてとれる。

考えてみれば、大阪のほとんどの観光名所に近く交通の利便性がきわめて高いこのエリアで、1泊1500円～3500円程度のリーズナブルな価格で宿泊できるのである。外国人観光客が飛びつかないはずがない。

ただ、釜ヶ崎暴動のイメージが強かったこの地域では、東京の山谷や横浜の寿町にくらべて、国内、国外の観光客に対するアピールが遅れていた。しかし、2005年に大阪国際ゲストハウス地域創出委員会（OIG）が設けられ、松村嘉久先生が外国人観光客の誘致策を次々と指導したことから、一気にその遅れが解消されてきた。

松村先生自身も、新今宮観光インフォメーションセンターを学生ボランティアとともに運営し陣頭指揮をとっている。あいりん地域の活動家のなかには、松村先生といえば観光が専門で、あいりん地域の貧困問題とは関係ないと思っている人が多いが、じつは1998年の大阪市野宿者概数・概況調査にも携わるなど、ホームレス、貧困問題にも造詣が深い。

病院の貧困ビジネス

原昌平さんは、『読売新聞』大阪本社の編集委員である。医療・福祉問題を中心に、あいりん地域が抱える諸課題を長年にわたって深く鋭く取材してきた。私がとくに印象に残っているのは、行路《こうろ》病院《びょういん》の不正問題を鋭く糾弾して、その中心的な病院グループ（安田系3病院）を廃院に追い込んだことである。

行路病院というのは行き倒れのホームレスが運ばれる専門病院であり、そのなかにはホームレスを食い物にして貧困ビジネスを行う病院が少なくない。路上でホームレスが行き倒れて、救急車で搬送

原昌平さん
(Voice of Nishinari 撮影)

されて入院すると、急迫保護といって生活保護が職権で即時に認められる。生活保護を受けると医療費が全額支給されるようになる。もちろん自己負担ゼロである。これを利用してホームレスを検査漬け手術漬けにし、ろくに医療や看護をせずに入院だけ続けさせることで、大もうけするのが貧困ビジネスのやり方である。

私自身も長年、この「病院の貧困ビジネス」を論文や著書、テレビなどで批判してきたが、それはそもそもは再生フォーラムで原さんから勉強したことがきっかけであった。原さんは、ホームレス問題の報道にも、1998年という早い時期から取り組んでいた。結核対策、地域医療、生活保護、労働問題をはじめ、この地域のさまざまな課題に通じており、記者という職業柄、幅広い人的ネットワークをもっている。

結束力で改革案に取り組む

福原宏幸先生は労働経済が専門で、あいりん地域の日雇労働に関して、長年、フィールドワークを続けてきたこの地域の労働問題の第一人者である。もちろん、貧困問題にも造詣が深く、貧困研究会という学会の学会誌・編集委員長をつとめている。

有識者座談会では、あいりん総合センターの今後をどうするのか、日雇労働市場をどうするかという問題が、最終的にもっとも大きな争点になることが予想された。そのため、西成労働福祉センター出身のありむらさんとともに、もう1人、完全に中立的な立場から日雇労働市場のあり方を論じられる専門家がいるべきだと考え、委員をお願いした。

こうして、ここに固い結束を誇る西成特区構想有識者「七人の侍」が結成されたのである。

じつは、この委員構成については、町内会長や各団体などの地域代表を入れてバランスをとるべきだという横やりが入ったり、各方面からずいぶんとご批判を受けた。しかし、私はこの場で、意見の違う人々を大勢集めて合意形成や利害調整を図る気はまったくなかった。ゼロベースの「白紙の議論」を、たっぷり時間をかけて行う余裕はなかったからである。

とにかく、ここからは素早く行動し、役所を出し抜いて、地域で長年議論されてきた「ボトムアップのまちづくり改革案」を強引にねじ込んでいかなければならない。おたがいに信じ合える仲間で、あうんの呼吸でやっていかなければ、とてもではないが間に合わない。

バランスが悪いとの批判はあっても、有識者は基本的に中立的であり、みなこの地域に長年深く携わってきたエキスパートたちである。「地域の実情に疎い」という批判だけは絶対に起こりようがなかった。バランスは、地域から大勢のゲストスピーカー、オブザーバーを会議に呼んでとることにした。

有識者座談会のミッション

さて、ようやくに動き出した西成特区構想・有識者座談会であるが、達成すべきミッションはとても多く、また、それぞれにハードルも高かった。

まず第1に、予算編成に間に合わせるために、9月中旬までには具体策を打ち出さなければならない。実質4カ月に満たない「超短期決戦」である。

第2に、これまで釜ヶ崎のまち再生フォーラムや（仮称）萩之茶屋まちづくり拡大会議で長年議論され、あいりん地域のなかで蓄積されてきたまちづくり提案を、この有識者座談会の場で、市の施策として検討の俎上に上げ、各局に事業化を迫っていく。

第3に、市政改革プランやそのほかの橋下改革において、あいりん地域への施策が間違った方向にいきそうであれば、それもこの会議でとりあげて、けん制球を投げる。とくに、高齢者特別就労事業（特掃）や大阪社会医療センター付属病院（社医セン）、子どもの家事業の見直しはここでも正していきたい。

第4に、再生フォーラムや拡大会議に参加している地域の主だったリーダーたちには、それぞれの関連するテーマを議論する際、少なくとも1回はゲストスピーカーやオブザーバーの形で参加してもらう。問題提議や今後行うべき施策の提言を行ってもらい、西成特区構想に「参加」してもらうのである。

賛成でなくても反対されない関係

西成特区構想としてどのような事業をつくり出すにせよ、行政だけで実行できることは少ない。実際には、あいりん地域の労働団体や支援団体、町内会、各種施設などの協力が不可欠であるから、その立案過程自体に直接かかわってもらって、のちのち協力関係を築けるように地ならしをしておきたい。

また、協力関係を築くことがむずかしい団体、組織からもゲストスピーカーやオブザーバーを呼び、とにかく意見は聞きおいておく。西成特区構想に賛成してもらえなくても「言いたいことは言って筋は通した。あとはもうエエ」と、少なくとも反対されない関係になることが大切である。

第5に、西成特区構想に対する正しい情報を発信し、議論の過程になるべく多くの人々を巻き込んで、地域内の意識を高めたい。これは、すでに広まりつつあった西成特区構想への誤解を解消し、不必要にネガティブ・キャンペーンが激しくなることを防ぐという意図もある。

また、西成特区構想で議論する施策が、マスコミや一般市民の間で話題になればなるほど、市役所本庁のプロジェクトチーム会議が出したやる気のない「アイディア例」に対するけん制となる。

担当領域以外にも視野を広げてもらう

第6に、西成区役所や本庁各局の担当職員に対して、あいりん地域の実情やこの地域に真に必要とされる施策は何かということを学ぶ機会を提供し、その啓蒙を通じて、味方となる役人の数をなるべく増やしたい。

大阪市役所という役所は、古くて巨大でもう本当にタイヘンな組織である。歴史的に極度の縦割り化が進んでおり、自分の担当以外の施策がどうなっているのか、１人ひとりの役人には、なかなか全体像がみえてこない。

しかし、あいりん地域を変えるための抜本的施策は、市役所の縦割り組織に横串を刺して、各局や区役所が共同して行わなければならないことばかりである。その意味で、各担当者が自分の担当を超えた領域でどんな問題が起きており、それが自分の担当問題とどうリンクしているのか、よく学んでいてほしいのである。

また、市役所、区役所の担当職員は、自分の担当分野とかかわりのある地域関係者とは多少のつき合いがあるものの、それ以外の人々のことはほとんど何も知らないのが現状である。とくに本庁各局の担当者は、職場があいりん地域から遠いためなのか、なかなか現場にきたがらず、あいりん地域の実情に疎い者が多い。

そこで、この地域にどんな労働団体、支援団体、施設、住民がいて、それぞれどのように活躍しているのかすべてを一通りみせ、役人たちの視野やつき合いの範囲を広げたいと考えた。再生フォーラムや拡大会議がこれまで行ってきた、まちの人々同士の再発見、人間関係づくりを、民間だけではなく行政の範囲にまで広げようという意図である。

４カ月間の怒涛の舞台回し

これらのミッションを達成するために、私と「七人の侍」が手分けして各回のテーマを決め、ゲ

西成特区構想・有識者座談会の様子。
右側にズラッと行政関係者や傍聴者がいる（Voice of Nishinari 撮影）

ストスピーカーやオブザーバーを手配し、何をどう議論するかを決めた。発表スライドや配布資料もほとんどを自分たちでつくった。

こうした作業をおたがいにEメールで調整し合い、すべてを決め終えたところで西成区役所の事務局に伝える。事務局は、正式の参加依頼状をゲストスピーカーやオブザーバーに出したり、会場の手配をしたり、配布資料の印刷を行う。

こうして、6月11日の第1回から、9月15日の第12回までの会議を、準備期間も入れて4カ月ほどの間に駆け抜けるように実施した。

表に示されているものが、全12回の会議のテーマと、ゲストスピーカーやオブザーバー（この場合のオブザーバーは一般傍聴者ではなく、意見を言ってもらうために特別にお呼びした地域の人々）の一覧である。いかに幅広いテーマをとりあげ、いかに大勢の人々で議論したかがよくわかるであろう。

西成特区構想・有識者座談会のテーマ一覧（筆者作成）

第1回	西成特区構想の解説、今後の議論の進め方、議論の方向性について	有識者委員のみ
第2回	拡大会議、再生フォーラムからの「まちづくり改革案」の提案	有識者委員のみ
第3回	国際観光、観光振興策、ターミナル化、屋台村構想	山田純範（簡宿組合理事長）
第4回	日雇い労働問題の現状認識と提案について、福祉と就労のワンストップ化、トータルケアについて	山田實（NPO釜ヶ崎支援機構理事長）、山中秀敏（釜日労委員長）、三浦俊一（釜日労）
第5回	子育て支援の在り方、教育問題、教育振興策について	荘保共子（協友会、こどもの里施設長）、西川祐功（大阪市立三国中学校教頭、元梅南中学校、元鶴見橋中学校）、前田正子（甲南大学教授、前横浜市副市長）、小柳伸顕（協友会、元あいりん小中学校ケースワーカー）
第6回	生活保護受給者・野宿者への就労支援、特掃について、日雇い労働者や生活保護受給者を活用した社会的起業について	炭谷茂（済生会理事長）、田岡秀朋（A'ワーク創造館・大阪地域職業訓練センター）、沖野充彦（NPO釜ヶ崎支援機構）、西塙美子（「あーる」）、松本裕文（NPO釜ヶ崎支援機構）
第7回	地域医療の諸課題、医療扶助問題、結核対策について	馬場谷勝廣（西成区医師会会長）、坂本環（大阪社会医療センター専務理事兼事務局長）、高鳥毛敏雄（関西大学社会安全学部教授）、炭谷茂（済生会理事長）、逢坂隆子（四天王寺大学大学院教授）、梅田道子（ヘルスサポート大阪）、吉田医務監（大阪市健康局）
第8回	大学の誘致・大規模留学生会館の設置について、保育施策・子育て世帯の流入促進策について、小中学校の統合問題について	有識者委員のみ
第9回	生活保護と第二のセーフティーネット活用について、福祉施設等の社会資源のあり方について	山田幸人（三徳寮施設長）、山田尚実（サポ協代表）、西口宗宏（サポ協副代表、萩之茶屋第六町会長、簡宿組合）
第10回	アートによる地域振興策と住宅まちづくり、商店街の活性化策、防災対策等について	竹中伸五（NPO法人福祉のまちづくり実践機構幹事）、大西啓太郎（不動産市場・住宅問題専門家）、上田假奈代（NPO法人こえとことばとこころの部屋（ココルーム）代表）、雨森信（アーティスト、大阪市立大学都市研究プラザ特任講師）
第11回	環境問題、衛生問題、治安問題への対策について	生田武志（野宿者ネットワーク代表）、荘保共子（協友会、こどもの里施設長）、角田昇（萩之茶屋連合振興町会長、第5町会長）、田中康夫（萩之茶屋社会福祉協議会会長）、西口宗宏（サポ協副代表、萩之茶屋第六町会長、簡宿組合）
第12回	あいりん総合センターの今後、新今宮駅周辺の再開発、未利用地の活用について	角田昇（萩之茶屋連合振興町会長、第5町会長）、田中康夫（萩之茶屋社会福祉協議会会長）、西口宗宏（サポ協副代表、萩之茶屋第六町会長、簡宿組合）

ハーハー、ゼーゼーの夏

期限が定められていたこと以外に、全速力で会議を進めなければならなかったもう1つの理由は、本庁各局から内容についての横やりを入れさせないためである。モタモタやっていては、各局からさまざまな注文がつき、調整に次ぐ調整を経て、結局、無益な提案しか残らなくなってしまう。役所を出し抜いてバーンと本質的な提案を行い、担当部局がそれに気づいてあわてて手を打とうとしているときには、こっちはもう次の手を打っていたり、さらに先の提案を行っているようにしたい。ゲリラ部隊の機動力を生かして、正規軍が絶対に追いつけない神速のスピードで走り続けるしか、こちらに勝機はない。

ただ、有識者委員たちの負担は本当に大きかった。同志でなければとても頼めないほどの事務量とスピードである。私自身は元「日銀官僚」であるから、事務処理能力には自信があったが、それでも本当に手いっぱいであった。ありむらさんの言葉を借りれば、あまりにもしんどい「ハーハー、ゼーゼーの夏」であった。

もっとも、会議が終わるたびに、有識者メンバーとゲストスピーカー、オブザーバー、そして一般傍聴をしていた人々と飲みにいくビールは最高であった。この居酒屋での「第2会議」を通じても、多くのアイディア、多くの提言が行われ、西成特区構想への期待感が膨らんでいった。居酒屋で打ち上げをするたびに、まちのさまざまなキーパーソンたちとの関係も広がり、そして深まっていった。

徹底的な情報公開こそ生命線

このように重要な事務局機能は私と「七人の侍」がもっぱら担ったが、西成区役所の事務局もじつは決して楽ではなかった。なぜなら、大阪市としては過去にまったく先例がないほどの「徹底的な情報公開」を行ったからである。

まず、会議は毎回、傍聴者の参加を自由とした。そうなると「橋下嫌い」の活動家たちが妨害にくる可能性も出てくるので、警備にも細心の注意が必要である。

また、会議はすべてのマスコミに対して完全にオープンとし、ぶら下がり取材にもすべて応じた。さらに、地元放送局の「Voice of Nishinari ― 西成の声 ―」の協力で、会議のはじめから終わりまでの模様を動画配信した（現在でもＹｏｕＴｕｂｅなどインターネット上で見ることができる）。それは行政的にとってはたいへんなリスクである。もちろん、すべての発表スライド、配布資料、議事録も、すぐに西成区役所のホームページで公開した。霞が関の審議会でも、ここまではやっていないほどの徹底した情報公開である。

ここまで徹底的に情報公開を行ったのは、有識者座談会にとってこれがまさに生命線だったからである。

第１に、徹底的な情報公開によって有識者座談会の議論がマスコミや区民・市民の間に広まれば広まるほど、本庁各局の既定路線を覆すことができる。

第2に、行政不信に凝り固まった地域の人々に受け入れてもらうためには、これまで同様の「閉鎖的な密室会議」のイメージをもたれることは、絶対に避けなければならない。

有識者座談会は超短期決戦であり、ゲストスピーカーやオブザーバーといっても、地域のすべての関係者を呼んでいるわけではない。バランスが悪いとか、地域の代表でもない者が勝手なことを話し合っているという批判は、常に起きている。しかし、これだけ徹底的に情報公開をしていれば、少なくともコソコソとはやっていないという意味で「ゆるやかな信頼感」が確保できる。また、議論に関心がある人は動画をみるなり、ホームページで議事録や資料を読むなりできるし、傍聴者として会議に参加することもできる。

意見があれば、後述の区民シンポジウムの場で発言することや会議のあとに意見書や質問書を提出することも可能である。また、実際、「七人の侍」や事務局を通じて「なんで私のところがスピーカーとして呼ばれないのか」「あそこの団体も呼ぶべきだ」などと言ってきた人々の意見は柔軟に受け入れた。このため、事業調整担当課長をはじめとする西成区役所の職員たちには、常にぎりぎりまで変更が相次ぎ、毎回、夜遅くまでフル回転してもらった。

事務局が担ったもう1つの大役

もう1つ、西成区役所の事務局に担ってもらったのは、大阪市の各局に対する対内調整である。これもさぞたいへんであったろう。なにしろ私が事前に流す情報はテーマだけで、直前までゲストスピーカー、オブザーバーの名前を教えない。討議予定の内容も知らせず、発表スライド、配布資料も直前までみせないから、本庁の担当部局は事前に何も注文をつけることができない。おそらく、怒り心頭だったに違いない。

しかし「特別顧問と西成区役所だけで勝手にやってくれ！」と突き放せるかというと、そうは問屋が卸さない。毎回の有識者座談会には、プロジェクトチーム会議のリーダーである西成区長名で、本庁の関係部局に部課長級の出席を要請している。これは、有識者座談会で出てくるさまざまな提案や提言を聞きながら、同時にその事業化を各局に打診し、準備してもらうための措置である。

実際、西成特区構想の報告書ができあがるのは、9月末のぎりぎりのタイミングになるから、本庁の各局にそれを待たれていては予算編成に間に合わない。そこで、有識者座談会の「表舞台」で地域からの提案や提言を聞くとともに、いわば「舞台裏」として、私が行政内部の各局ヒアリングを開き、提言内容の具体的事業化、予算化を迫っていったのである。

西嶋区長と総合企画担当課長には、私と本庁各局との間に入ってもらって、このたいへんな内部調整に汗をかいてもらった。西成区役所の事務局にとっても、「ハーハー、ゼーゼーの夏」であった。

細心の注意が必要なマスコミ対策

有識者座談会を運営するうえで、もう1つわれわれが細心の注意を払ったのが「マスコミ対策」である。

もともと、あいりん地域に関するマスコミ報道は、かなり偏向的となる傾向があった。釜ヶ崎暴動、覚せい剤密売、ホームレス、生活保護、貧困ビジネスといったニュースが繰り返し報じられ、一般市民のこの地域に対する悪いイメージはすっかり定着している。

その一般市民の偏見や興味本位、恐怖刺激（怖いものみたさ）を満たすように、記者たちが面白おかしく記事を書こうとするのである。そして、その姿勢がしばしばいきすぎて、偏向記事になったり、重大な誤報になったりする。そのたびに、地域の人々は傷つき、無責任な誤報に右往左往させられていた。

私や「七人の侍」たちも、この地域で何か起きるたびにマスコミから取材を受ける。しかし、いくら問題の背景、歴史的な経緯、正しい解釈を説明しても、だいたいが無駄骨であり、最終的には面白おかしい偏向報道になるのだった。週刊誌やテレビだけではない。大新聞の記者までもが、あいりん地域のことをろくに勉強せず、ひどいときには現地に一度も赴きもせず、ステレオタイプな記事を書いた。

集団架空住民登録事件のトラウマ

とくにわれわれのトラウマとなっているのは、２００６年12月に起きた「集団架空住民登録事件」の報道である。一般に、簡宿を転々としている日雇労働者やホームレスには「住所」がない。住所がないと行政からの重要な通知（年金、保険、諸手当など）が受け取れず、もちろん家族や友人たちとの手紙のやりとりや、仕事関係の連絡も不可能となってしまう。

そこで、あいりん地域では、支援団体の建物や施設が、便宜的に住民登録先となり、多いところでは１つの建物で３５００人もの住民登録が行われていた。これはもちろん、制度的にはあまり褒《ほ》められたことではない。しかし、住所をもたぬ者が、住所を前提とした日本社会を生き抜くために、やむをえず行っている便宜的措置であった。行政もその矛盾がよくわかっているので、長年、みてみないふりをしてきた。

ところが、何も知らなかったマスコミがある日突然、この事実を「発見」しスクープとして飛びついた。やむにやまれぬ事情をまったく調べもせず、「集団架空詐欺事件だ！」などといっせいに騒ぎ始め、全国ネットでの報道合戦を繰り返したのである。

そのせいで、これまた何も知らない市議会議員たちが議会で騒ぎ出して、市役所を糾弾した。そして、耐えきれなくなった市役所の担当部局はなんの代替策も用意しないまま、日雇労働者たちの住民登録を抹消（職権消除）したのである。日雇労働者とホームレスは、この愉快犯的マスコミの餌食となり、行政サービスや社会のつながりから、ふたたび締め出されることになった（注2）。

みなこうした報道が繰り返されることに辟易としていて、「七人の侍」のなかには、もうマスコミの取材は金輪際受けぬと決めている者もいた。

すべて取材をチャンスとして生かす

しかしながら、今回の西成特区構想ばかりは、取材拒否をしているわけにはいかない。むしろ積極的にアピールして、区民、市民に味方となってもらう必要がある。法的根拠のない「有識者座談会」という立場で闘うためには、マスコミの注目を浴び続け、西成特区構想のことをどんどん記事にしてもらって、既成事実をつくり上げていく必要がある。

逆に取材を受けないとなると、結果的にとんでもない誤報記事を出される可能性もある。この時期、橋下市長関係の記事は、壮絶なスクープ合戦となっており、橋下市長のぶら下がり会見時のちょっとした発言や、つぶやき（ツイッター）を拾った途端、裏もとらずに、すぐに「橋下市長、仰天の◯◯策を決定！」と翌日の新聞に書かれる。橋下市長自身はそうしたマスコミの過剰反応も、話題づくりとして許容しているようであった。

しかし、西成特区構想で同じことをされてはたまらない。当時、橋下市長肝入りの西成特区構想もまさに注目の的、台風の目である。いつもの調子で、ちょっとした発言、失言を拾って「日雇労働市場をあいりん地域から移転することに決定！」とか「橋下市長、特掃と社医セン廃止を決定！」「日雇い労働市場、小学校跡地に移転決定！」などと書かれては、いくら誤報だと後から言っても、もはや取り返しのつかない事態となる。

そこで、私がまず行ったのは、新聞、テレビ、週刊誌、スポーツ新聞、写真週刊誌に至るまですべてのメディアに名刺を配り、私の携帯電話の番号とEメールのアドレスを公開することであった。何を書いてもらってもよい、どんなに夜遅く電話してきてもよいが、必ず私に裏をとってから記事にするようにとお願いした。

また、すべてのメディアからの取材をいっさい拒否することなく、全部受け続けた。逆に、裏をとらずにいい加減な記事を書いたマスコミには、インターネット上のメディアを使って、名指しで記者を批判し市役所から正式に新聞本社への抗議を行った。ときには、橋下市長にお願いし、彼の発信力を生かしたマスコミへの猛烈な攻撃も行った。

気づきを促す釜ヶ崎スタディー・ツアー

一方、ありむらさんの発案で、マスコミ向けに、あいりん地域のスタディー・ツアー&研修を開始することにした（マスコミ関係者向け釜ヶ崎研修講座）。この地域のことをなにも知らない記者のために、まず、基本知識を座学で学び、あいりん総合センター、あいりん臨時夜間緊急避難所（シェルター）、サポーティブハウス（サポハウス）、地域内の各公園、国際ゲストハウス、各福祉施設など、あいりん地域の主だったスポットを回りながら、丸一日かけて、まちの歴史や現状を説明する。また、マスコミの愉快犯的記事のせいで、いかにこの地域の人々が傷ついてきたか、どんな被害が生じたかについてもよく学んでもらう。

このスタディー・ツアーを経験すれば、このまちの現実に気づき、いい加減な記事を書きにくくなるから、多少なりとも安心して取材が受けられるというわけである。私は、「優先的にこのツアーに参加した記者のインタビュー、取材を受ける」と宣言して、ツアーへの参加を促した。

早すぎるローテーション

幸いにも、大阪市政記者クラブに所属する大手新聞の記者たちやNHKをはじめとするテレビスタッフのうち、延べ40名ほどが、何回かにわたって、このスタディー・ツアーに参加してくれた。彼らも本当は、この地域の現実をきちんと学びたいと思う良心をもっていたのである。こうした記者たちは、その後、この学びの成果を生かした良質な記事を書いたり番組をつくってくれたりした。

しかし、問題は新聞記者の人事異動が早すぎることである。1年も経たないうちに、また、まったく何も知らない記者への説明を、1から始めなければならなかった。テレビも、NHKを除いてはすぐにローテーションでいなくなってしまう。週刊誌、写真週刊誌、スポーツ新聞に至っては、スタディー・ツアーに参加しない記者も多く、相変わらずの愉快犯的記事を書き続けるのであった。

そして、これだけたくさんの手を打っていたにもかかわらず、このあと、大手新聞の大誤報によって、われわれは何度か手ひどい打撃を受け窮地に立たされることになった。

［コラム7］

統計的西成差別

マスコミが、釜ヶ崎暴動、ホームレス、覚せい剤密売などを繰り返し報道するせいか、一般市民のあいりん地域に対する差別や偏見には、誠に根深いものがある。あいりん地域どころか「西成差別」といわれる西成区全体に対する差別や偏見もある。西成区出身というだけで、いじめや誹謗中傷を受けたという類の話は、頻繁に耳にするところである。

差別はあってはならないものであり、「差別は駄目」と繰り返し教育現場で教えられているものの、現実にはなくならない。西成差別を解消したければ、「駄目なものは駄目」などと思考停止するのではなく、なぜ差別がなくならないかを、冷静かつ客観的に分析する必要がある。

経済学では、差別が起きる合理的説明として、「統計的差別理論」が用いられることが多い。まず、統計的差別の前提には、個人の能力や資質は、本人がいちばんよくわかっており、他人にはなかなかわからないというものがある。これを経済学では「情報の非対称性」（本人と他人で情報量が同じではない）が存在するという。

たとえば、いま、X区の学生とY区の学生がいて、能力や資質がまったく同じだとしよう。2人の学生はいまからある会社の採用面接を受けるが採用は1名だけである。いくら熟練の面接官でも、短時間で学生の能力を見極めることはむずかしい。そこで、過去、X区の学生が10人中7人が有能であり、Y区の学生が10人中3人しか有能でなかったことを思い出す。能力の見極めがつかなかった面接官は、実績からいって無難だからと、X区の学生を採用する。これが、統計的差別である。

ただ、Y区の学生はこの差別に絶望する必要はない。差別の原因は情報の非対称性にあるのだから、よい大学に進学したり、むずかしい資格をとるなどして、自分の能力をみずから証明すればよい。この行動を経済学では「シグナリング」と呼ぶ。

しかし、能力の高い人は、差別を受けぬ地域で子育てをしたいからと、地元に残らぬ傾向がある。これを経済学では「逆選択」と呼ぶが、そうなると、あいりん地域や西成区の人は、常に能力が劣るという事実が積み上がり、いつまでも西成差別が持続する。西成だけではなく、他の地区の差別問題についても、類似の構図があるように思われる。

（注1）例年、9月初旬に財政局が予算編成通知を出して予算の総枠を決め、各局はそれをみて年度当初から計画していた予算要求案を微調整する。そこまでに、西成特区構想の具体策を滑り込ませることができるかどうかが勝負である。9月中旬から各局と財政局との予算折衝が順次始まり、11月初旬に予算算定調書が確定する。

（注2）その後、代替措置として簡宿に住民票をおくことが認められたり、ホームレスの多くが生活保護受給者となって住所を得たことから、現在は、この問題のかなりの部分が解決している。

第8章 ドブ板行脚の日々

西成特区構想・有識者座談会という表舞台がようやくできあがったわけだが、ただ口を開けて待っていれば、まちの人々が集まってくるほど甘いものではない。なにしろ、あいりん地域の人々は行政不信の塊である。区役所や市役所がやることをそうかんたんには信用してくれない。

おまけに、西成特区構想については、あいりん地域をスラム・クリアランスする計画だとか、日雇労働市場を廃止したり他の地域に移転する計画だとか噂話が広まっている。実際、このまちのリーダーたちに、有識者座談会のゲストスピーカーをお願いしても、はじめのうちはにべもなく断られることがあった。

そこで、私が有識者座談会に先立ち（あるいは同時並行的に）行ったことは、歌舞伎ではないが、いわば「顔見せ興行」であった。とにかく呼ばれればどこにでもいって西成特区構想の説明を行いご意見を拝聴する。まったくお呼びでなくても、厚かましくどこにでも押しかける。実際、ありとあらゆる機会を使ってまち中を駆け回った。

まちの代表組織、反失連と協友会から回る

まず真っ先に足を運んでおかなければならないのは、釜ヶ崎反失業連絡会（反失連）と釜ヶ崎キリスト教協友会（協友会）である。反失連と協友会については、すでに第3章、第4章で詳しく説明した。両者ともこの地域の労働運動、反失業運動、そのほかのさまざまな支援活動（福祉、医療、子育て支援）をリードしてきた、このまちを代表する組織体である。

その最たる成果でもある高齢者特別就労事業（特掃）、大阪社会医療センター付属病院（社医セン）の無料低額診療制度、子どもの家事業が市政改革プランのやり玉に挙がるなか、両組織とも西成特区構想に対して急速に反発意識を強めている。すでにネガティブ・キャンペーンを始めている活動家もいるので、一刻も早く手を打たなければならない。

両組織とも、『読売新聞』編集委員の原さんが仲介役となって、先方との渡りをつけてくれた。その後、それぞれの代表者と日程調整を行い、集会を催してもらった。

じょう、冗談でしょう

まずは、反失連である。現役の日雇労働者たちもいるので、彼らの仕事が終わった夜中に、西成市民館に集まってもらった。主だったメンバーだけでということであったが、それでも20人くらいはい

ただろうか。

中学校時代、不良グループに体育館の裏に呼び出されて以来のなかなかな迫力である。元赤軍派と噂される人がいたり、ヤクザや警察と闘い「お務《つと》め」をしてきた人もいる。みな、釜ヶ崎暴動、野営闘争、反失業運動を闘い抜いてきた歴戦のつわものたちである。

こういうときには私1人でいくほうがよい。相手の警戒心を少しでもやわらげることになるし、1人のほうが議論の自由度が高く、本音同士で話し合うことができる。下手に役人をぞろぞろ連れていくと、反失連メンバーの反発心に火をつけることになるし、言質《げんち》をとられまいとする官僚答弁で乗り切れる相手ではない。いつものように、労働団体対行政という「団交形式」になってしまっては、まともな話すらできなくなってしまう。

念のため、西成区役所の幹部たちには事前に「一緒にいきますか」と尋ねてみたが、「じょっ、冗談でしょう、特別顧問！」とのことだったので、安心して1人で出かけることにした。

反失連の吊るし上げ

会合は予想どおり、私への糾弾から始まった。いわゆる「吊るし上げ」というやつである。なかなか大したもので、私の過去の発言や文章をきっちり調べ上げている。西成特区構想で打ち出そうとしている諸施策を説明すると、私の過去の発言を1つずつ挙げて、その矛盾点を突こうとする。

「おまえは生活保護について過去にこんなことを言っているが、それは西成特区構想の生活保護改革と矛盾するのではないか」とか「おまえの新自由主義的な思想の帰結は、弱者排除につながるはずだ。そうでないと言うなら、どういう理屈で排除しないと言えるのか根拠を示せ」などと鋭い質問が飛ぶ。

こういうときにはなんでも正直に本音で話すのがよい。「正直は最善の戦略（Honesty is the best policy.）」である。策を弄してもむだである。相手は私よりもずっと人生経験が豊富で、長年、役所の嘘と闘ってきた海千山千の人物たちである。

それに、実際問題として、われわれが行おうとしている改革は、彼らにとって害になるものではない。まちのなかからボトムアップでまとめられたアイディアをベースとしているので、たとえば特掃の対象年齢を引き下げるなど、反失連が以前から行政に要求している内容も含まれている。むしろ私としては、現場で抱えているさまざまな問題点、彼らが温めてきた提案をよく聞きたかった。私の思想信条や人物を見定めようとする質問も多かったが、すべて正直に答えて、あとは相手の判断に任せるだけだ。

特掃を守り抜く覚悟を示す

しばらくはさまざまな論点でやりとりがあったが、やはり、この日最大の焦点は、特掃の今後の扱いであった。私は、特掃については今後も必要と考えていること、万が一、市政改革プランや橋下市長が、特掃を事実上、廃止する方針を打ち出すのであれば、私が体を張って阻止してみせると約束した。

4月はじめに改革プロジェクトチームが打ち出した「市政改革試案」(最初のとりまとめ案。この後、5月に素案が提示された後、7月に最終案が示された)では、特掃を単にあいりん地域の清掃事業とみている節があり、公募入札をかけて費用を効率化すべきだと結論づけていた。清掃事業として公募されては、ホームレスや高齢の日雇労働者の仕事をつくり出すという本来の趣旨が大きく変わってしまう。また、一般競争入札ということになれば、金額が減額されることになるが、これも特掃の趣旨からははずれる。

私はさらに、公的就労全体の金額を減額するつもりもないとも言った。大阪市全体の財政カットが進むなかなので、あまり大きな規模拡大はできないが、特掃の対象年齢を引き下げたり、就労メニューを拡大して、あいりん地域の環境改善、治安改善を行う仕事をつくり出すつもりであると、その具体的な計画を説明した。これらの一連の説明に、それまできびしい顔をしていた反失連のメンバーたちも、ややややわらいだ表情になった。

10億円もってこいというハッタリ

ただ、公的就労拡大をずっと行政に要求してきた反失連らしく「公的就労拡大のための予算として、俺たちに10億円よこせ。西成特区なのだから10億円くらいもってこられるだろう。そうしたら、この地域のホームレスをすべてなくしてみせる」などと言い出したメンバーがいたのには正直参った。

現在、特掃関係の予算は、府と市の両方の予算を合わせて4億円強という規模である。それすらカットのやり玉に挙がっているのに、10億円とは吹っかけるにもほどがある。「ナニっ！　10億円？」と思わずムッと不快な表情を浮かべたところ、NPO釜ヶ崎支援機構理事長の山田實さんが（バカなハッタリはやめろ。コイツにそんなものは通用しない）とばかりに、発言の主を制止するように手を振っているのがみえた。

この日、山田さんはじっと議論を聞いているだけであったが、ここからは積極的に意見を述べてくれるようになり、その場の雰囲気もよくなった。現在の特掃は、活動エリアが制限されていたり、仕事のメニューも行政に限定されているのでなんとかしてほしいという要望や、特掃メニュー拡大のためのさまざまなアイディア（不法ゴミの分別回収・リサイクル）など、現実的な提案も聞くことができた。

価値に見合うリスクを背負う

いずれにせよ、この日の反失連とのファースト・コンタクトは、なかなか上々の結果に終わった。私と彼らの考えの隔たりはあまりなく、たいていのことは折り合えるし、協力関係を築けるという手ごたえを感じた。

有識者座談会にも、釜ヶ崎日雇労働組合（釜日労）委員長をはじめとする反失連幹部たちが出席し、この日議論になったさまざまな提案をもう一度述べてくれることになった。あとはこの日、私がやると約束したことをいかに有言実行できるかである。約束を破り彼らの信頼を裏切れば、これはちょっと「たいへんな目」に遭うことを覚悟しなければならない。しかし、きちんと約束を実行していくかぎり、彼らは次第に味方になってくれるだろう。反失連のメンバーが味方になることの波及効果は絶大である。

この日、私は特掃の扱いについて、やや大きなリスクを背負うことになったが、それは十分に価値に見合うリスクである。どんな改革でもそうであるが、誰かがリスクを背負わないかぎり、物ごとは決して前に進まない。

クリスチャンで武闘派もいる協友会

一方、協友会との会合は三角公園に面した「ふるさとの家」で行われた。老若男女合わせて30〜40人ほどの人々が集まり、狭い1階の部屋がほぼ満杯の状態となった。

協友会といえば、クリスチャンながらなかなかの武闘派であり、デモや情宣、抗議集会、役所との団交といった実力行使も辞さずというイメージがある。しかし、実際に会合にきた人々をみると、福祉や医療、子育ての分野で、日々地道な活動を行っているシスター(修道女)や、牧師、神父が多く、意外に落ち着いた雰囲気のなかで集会が始まった。

ここでも、たった1人で乗り込み、「正直は最善の戦略」と何もかも正直に受け答えするというスタイルは同じである。まず会合を始める前に、どんな質問に対しても、私が知っているかぎりの情報をすべて正直にお話しすると約束した。クリスチャンたちとのこの約束の意味は大きい。

なかには、これ見よがしにICレコーダーをみせ、録音しているぞとプレッシャーをかけてくる者もいたが、そんなことは別に一向に構わない。

情報過疎が誤解や不信を招いていた

一通り西成特区構想の説明を行い、これから実施しようと考えている施策、その背景にある考え方などを、有識者座談会が始まる前ながら、かなり踏み込んで話した。予想どおり、市政改革プランと西成特区構想の区別もついていない人がほとんどであり、まさに情報過疎といってもよい状態にあった。情報がまったくないなか、一部のリーダーたちがスラム・クリアランスや弱者排除といった「橋下謀略説」を唱えており、多くの人々は、本当にそうなんだろうかと不安におびえていたのである。

一通りの説明を終え、さまざまな質問の受け答えを行うと、次第に多くの人々の顔には安堵の色が広がり、場もなごやかになっていった。西成特区構想に対する提案、要望も出始めた。これには、釜ヶ崎ストロームの家（アルコール依存症の支援施設）を主宰する村松由起夫牧師など、もともと旧知の人々がいたことも大きかった。

ただ結局、橋下謀略説を信じ込んでいる一部の活動家の誤解は最後まで解くことはできなかったようである。

根深い協友会の無関心と橋下謀略説

残念ながら、協友会の情報過疎はその後も続いた。私は「今日のように呼んでくれれば、いつでもここに説明にくる」と宣言していたのだが、その後二度と協友会に呼ばれることはなかった。

有識者座談会が始まっても、こどもの里の荘保共子さんなど、一部の子育て支援者を除いては、ゲストスピーカーやオブザーバー、一般傍聴にくる人すらまれであった。やはり、リーダー格の神父や牧師の多くが、西成特区構想にまるで無関心、あるいは批判的であったことが大きかったのかもしれない。

その後、西成特区構想は驚異的なスピードで進んだのだが、よくも悪くも「閉じた社会」（キリスト教徒からの寄付など、多くが民間資金で運営されていて、行政とは資金面でも人材面でもかかわりが少ない）となっている協友会の活動エリアには、あまり影響がおよばなかったようである。そのことも、彼らが西成特区構想に無関心でいられた原因であった。

しかし、この情報過疎があまりに長く続いたおかげで、この会合から約2年後、「あいりん地域のまちづくり検討会議」が始まると、協友会の一部に突然、爆発的なアレルギー・ショックが起きることになる。詳しくは第18章、第19章で説明するが、情報過疎と橋下謀略説放置のツケを、われわれがこのような形で支払うことになろうとは、この時点では思いもよらなかった。

反対意見の持ち主にこそ会いにいく

その後も、先方から呼ばれたり、こちらから声をかけたりしながら、できるだけ多くの団体、組織、集会に足を運んで、西成特区構想の説明を行いご意見を拝聴して回った。

すでに述べた反失連、協友会のほか、両組織に所属していない労働組合や支援団体、簡宿組合、サポーティブハウス（サポハウス）、町内会、NPOまちづくり今宮、NPO釜ヶ崎支援機構、大阪自彊館・三徳寮、釜ヶ崎資料センター、こどもの里、わが町にしなり子育てネット、この地域で活躍する人権派弁護士たち、ヘルスサポート大阪（HESO）を中心とする結核専門家のグループ、大阪で活躍する社会起業家たち、若者や障害者の就労支援を行うグループ、地域の芸術家たち、地元の清掃業者、部落解放同盟関係者、西成警察署、西成労働福祉センター、あいりん労働公共職業安定所（あいりん職安）、地元選出の市会・府会議員たちなど、延べ200人以上の人々と直接会って意見交換を行った。

一見、こうした1人ひとりに直接会うような「ドブ板行脚《あんぎゃ》」は時間ばかりがかかり、とても非効率な活動のように思われるかもしれない。しかし、これから改革を行おうとする側にとって、ドブ板行脚はたいへん重要な作業である。結局、人間は感情の動物であり、わざわざ遠方から会いにきて意見を聞いてくれた人間には、たとえどんなに考え方が異なろうとも、基本的に悪意を抱かないものである。

顔も知らない、会ったこともない人間には、どこまでも冷酷な批判や過激な反対活動ができるが、一度でも会って話した人間には攻撃の手もゆるもうというものだ。改革を行うということは、必ず誰かの既得権に触れることになるから、反対者が出る。その反対意見をもつ人々にこそ積極的に会いにいく。賛成はしてくれなくても、こんこんとていねいに説明して「そうか。そら、しゃあないな」と言ってもらえれば、なんとか物ごとを前に進められる。

ハブになって独自の立場を得る

また、1人ひとりと直接会って話せば、誰が何を考えているのか、どんなことを重視しているのか、ほかの人や団体とどういう関係にあるか、といったことが肌感覚としてわかる。これは、誰に話せば物ごとが進むか、どういう手順で物ごとに着手するか、団体間の妥協点をどのあたりに見出せるかが想像できるようになるという意味で、実際、私の貴重な無形財産となった。

また、後のち、私が地域のキーパーソンたちとさらに人間関係を深めて、彼らの間をつなぐ結節点（ハブ）となったことで、役人たちも、まちの人々も、特別顧問という存在の有用性を認めざるをえなくなった。もちろん、まちのなかにはありむらさんや織田さん、寺川先生のように地域のハブとなっている人がほかにも存在するが、市役所組織全体とまちの人々との間をつなぐルートをもっているのは私だけである。

このルートの独占がのちに、私に独特の立場、政治力を与えることになり、改革を実行するうえでの貴重な「政治的資本」となった。こうしたネットワークが生み出すさまざまな効果を考えれば、経済学的にみて、このドブ板行脚はたいへん効率的な投資だといえる。

このドブ板行脚のほか、大阪市立大学が開催した西成特区構想の講演会や、Voice of Nishinari が主催したネット番組、区政会議（西成区全域の有力者らによる西成区政の諮問会議）、西成特区構想を考えるシンポジウム（後述）、新聞やテレビのインタビューなどをとおしても、西成特区構想の正しい情報の普及にできるかぎりつとめた。

こうした努力の甲斐があったのか、まちの多くのリーダーたちが、有識者座談会のゲストスピーカーやオブザーバーとして、快く参加してくれるようになった。また、有識者座談会に集まる一般傍聴者の数も、回を重ねるごとに増えていった。ＹｏｕＴｕｂｅなどの動画も、ずいぶん多くの人々にみてもらったようである。

レジェンドからの詳細なアドバイス

こうしたドブ板行脚の日々のなかで、とくに印象深かったのは、松繁逸夫さん（元ＮＰＯ釜ヶ崎支援機構事務局長）に呼ばれて、彼が設立した釜ヶ崎資料センターを訪れたときのことである。有識者座談会の議論も、もはや大詰めとなり、報告書の原案を作成する段階となった8月下旬のことである。てっきり松繁さん1人だと思って訪ねていくと、もう1人、ＮＰＯ釜ヶ崎支援機構理事長の山田さんが横に座っていて、珍しく真剣な顔をしている。開口いちばん、「おまえ、この先、西成特区をどうやって進めていくつもりなんや」と問われた。

なんと2人は、有識者座談会終了後の私の行政手腕を心配して、今後の実務の進め方についてアドバイスしようと集まってくれていたのである。

2人のアドバイスはじつに詳細であった。たとえば、「現在の西成区役所の幹部たちの出身局は、福祉局やゆとりとみどり振興局に偏っている。あとは区役所の生え抜きばかりだ。大阪市役所では区役所の立場は非常に弱く、西成特区構想を進めるには、結局は区の幹部が自分の出身局に働きかけるしかない。そのときに、この出身局の偏りは致命的だ。次の人事異動では、最低、建設局と環境局から人を引っ張ってくるべきだ」などと、西成区役所内の人事の機微に至るまでアドバイスしてくれた。

工程表をつくることの意義

松繁さんがとくに強調したのは、建設現場などで使われる「工程表《こうていひょう》」をこのプロジェクトでもつくれということである。工程表とは取り組み順序を表したスケジュール管理表のことである。西成特区構想の諸事業1つひとつについて、検討期間、予算化の時期、着手のタイミング、そして実行期間を盛り込んだ一覧が必要だというのである。地域の人々の理解を進め、合意形成をするためにも、そして担当局の役人をサボらせないためにも、工程表を公表し、それを使って徹底管理することが重要だという。

さすがは、反失業運動を率い、特掃やあいりん臨時夜間緊急避難所（シェルター）、ホームレス自立支援法を次々に実現させてきた立役者たちである。こういう次元から物ごとを発想し、緻密に詰めていくのかとたいへん感銘を受けた。そして、そのアドバイスの内容もさることながら、釜ヶ崎の「レジェンド」の2人が西成特区構想を受け入れ、私を心配して一生懸命アドバイスしてくれるということ自体が、たいへんうれしかった。

有識者座談会と拡大会議をリンクさせる

もう1つ、私の顔見せ興行にとってたいへん重要な1歩となったのが、(仮称)萩之茶屋まちづくり拡大会議に定期的に出席することが許されたことである。すでに述べたように、この拡大会議は町内会や支援団体、労働団体、各種施設など、この地域のリーダーたちが必ず月1回集まってくる重要な会議である。

それまで役人が拡大会議に出席することはなかったそうであるが、私は西成区役所の職員や本庁各局の担当者を必ず何人か同伴するようにした。有識者座談会で議論された内容を紹介し、拡大会議で議論を深めてもらって、有識者座談会にふたたびフィードバックするためである。有識者座談会と拡大会議とをリンクさせるのだ。地域からのボトムアップのアイディアが政策につながっていくプロセスを、みなに実体験してもらうこともできる。

また、役人たちにとっても、地域のリーダーたちにとっても、おたがいに定期的に顔を突き合わせて議論することにより、人間関係、信頼関係が徐々に生まれてくることが期待できる。これは、西成特区構想で実施する官民協働の諸事業につなげるための準備体操としても重要であった。

リンクした3つの会議が特区構想を支える

幸いにも、私や西成区役所の栄英之課長（事業調整担当課長）は、拡大会議のメンバーたちに受け入れられた。ここで、この地域のリーダーたちと定期的に会って、親しく本音で語り合える関係を築いたことが、西成特区構想を進めるに当たって本当に大きな財産となった。

実際、この拡大会議は、有識者座談会を補完する「舞台裏」としても、とても重要な役割を果たすようになる。マスコミが入った表舞台ではなかなか言えぬ本音を、言い合えるからである。また、2年目以降、西成特区構想の諸事業が実施される段階になっても、そのチェックを行ったり、新たな事業提案を生み出す場として、拡大会議は引き続き重要な役割を果たす。

一方、釜ヶ崎まちの再生フォーラムの定例まちづくりひろばも、有識者座談会の討議内容をテーマにたびたび開催してもらい、やはり有識者座談会を補完する「舞台裏」として機能してもらった。有識者座談会の討議内容を深めてもらい、定例まちづくりひろばで出た意見を有識者座談会にフィードバックする。また、定例まちづくりひろばのほうが拡大会議よりも出席者が多いので、有識者座談会での討議内容を、あいりん地域の人々に広く知ってもらうための「広報の場」としても、重要な役割を果たした。

もちろん、西成特区構想の諸事業が実施される段階でも、行政会議を補完する民間版会議として、定例まちづくりひろばは重要な機能を担い続けた。「行政会議＝拡大会議＝定例まちづくりひろば」が、おたがいに有機的にリンクし補完し合うことで、西成特区構想がボトムアップで進む仕組みが担保され、強化されていったのである。まさに、西成特区構想を支えるトリプル・エンジンである。

徐々に変わり始めた役人たち

有識者座談会という「表舞台」、顔見せ興行や拡大会議出席、各局のヒアリングという「舞台裏」の活動に必死に取り組むなか、やはり期待していたとおり、西成区役所の職員のなかに、徐々に私の味方をしてくれる人々が現れてきた。

まずは、最前線で私の仕事ぶりを目の当たりにしていた栄課長と、もう1人の担当課長（総合企画担当課長）である[注1]。栄課長は西成区役所に何十年というプロパー課長で、定年まであと2年という大ベテランであった。事務局として有識者座談会の激務をこなしてくれる一方、拡大会議や再生フォーラムなどにも積極的に参加して、私の舞台裏の活動もほとんどボランティアで手伝ってくれた。

栄課長（右）（Voice of Nishinari 撮影）

通常、大阪市役所の役人は、仕事上の関係がある人々と酒食をともにすることができないルールになっているそうである。しかし、それではとてもではないが、地域の人々と打ち解け信頼を得ることはできない。栄課長は、その面でもリスクを背負ってくれ、拡大会議や再生フォーラムの定例まちづくりひろばのあとは、私と一緒に居酒屋の「第2会議」に出席し、地域の人々との人間関係、信頼関係をつくり上げてくれた。

また、拡大会議でも、とても役人らしからぬ率直な物言いをしてくれ、まちの人々と行政との関係改善に貢献してくれた。私がとくに驚いたのは、こどもの里のこども夜回り（こどもの里に集う子どもたちと一緒に、地域のホームレスへ声かけを行い、おにぎりやお茶を配る活動）に何度も自主的に参加してくれたことである。拡大会議の関係者からは「役人がそこまでやるとは思わなかった」と見直す声が聞かれ、彼らの役人に対する見方が変わる大きなきっかけとなった。

手堅い若手キャリアの対内調整と区長の配慮

もう1人の課長は、若手のキャリアであり、主に本庁の各局との連絡調整で活躍をしてくれた。予算関係の実務なども手堅く、そして確実にこなしてくれる。表向きは私との距離をとり、節度ある話しぶりを保っていたが、有識者座談会への出席をいやがる各局担当者を何とかつなぎ止めたり、各局とのヒアリングや折衝の前さばきを行ってくれ、私の仕事を少しでも楽にするようにいろいろ配慮してくれていた。打ち合わせ時の会話の端々から、市役所本庁の側に立って、通り一遍の仕事をしているのではなく、西成特区構想の側に立って奮闘してくれていることがよくわかった。

西嶋区長は、本庁と西成特区構想の間に挟まれた微妙な立場で、当初はなかなか私への警戒感をゆるめようとしなかった。ずっとあとになってから聞いた話であるが、どうやら、大阪市政の現場を知らずに高飛車な命令を下してくる特別顧問たちに相当の不信感をもっていたらしい。

それでも、毎回、有識者座談会には出席してくれていた。そして、徐々にわれわれが行おうとしている「(本庁のアイディア例ではない)西成特区構想案」に好意をもち、個人的にいろいろな配慮をしてくれるようになった。もともと西嶋区長は、あいりん地域に無関心な歴代区長にくらべ、福祉の現場や西成区の実情に明るく、格段に地域の評判がよい区長であった。

すでに述べたように、彼のキャリアの振り出しは市立更生相談所(市更相)であるが、それでも、あいりん地域の詳しい現状はいまひとつわからないところがあったらしい。有識者座談会で入れ替わり立ち替わり現れるゲストスピーカーや有識者たちの話を聞きながら、毎回しきりにウンウンとうなずいていた。心を打つものがあったに違いない。「今日は本当に勉強になりました」などと座談会後に詳しい質問にきたりするのであった。

西嶋区長は福祉局とこども青少年局に長かったため、その個人的なパイプを使って両局との交渉がスムーズにいくようにさまざまな配慮をしてくれた。とくに、西成特区構想は福祉局にかかわる事業が多いため、私と福祉局長とがじかに話がつけられる関係になったほうがよいと考え、局長と私の食事会などをこっそりとセットしてくれたりした。

大盛会の区民シンポジウム

区長や両担当課長だけではなく、西成区役所の職員全体の態度が目にみえて変わったなと実感したのは、「西成特区構想を考えるシンポジウム」を終えてからである。

有識者座談会も終盤、第10回が終わったところで、有識者座談会での議論を西成区民全体に紹介するためのシンポジウムを、西成区役所の隣にある区民センターで開いた。8月終わりの暑い最中であるが、650人もの区民、市民が集まる大盛況のシンポジウムとなった。

区民シンポジウムの様子（西成区役所撮影）

このシンポジウムは、西成特区構想を西成区民や他区の市民に説明し、広くご意見を拝聴するという趣旨であるが、そんな生やさしいことではすまないことは明らかであった。区民が直接行政にものを言うチャンスは絶えて久しいから、おそらく日ごろの行政施策に対する不満、橋下行革でカットされた諸事業への恨み、そして3小学校統合や市政改革プランなど、西成特区構想とは直接関係ない施策に対する怒りをぶちまけられるであろう。

それも、気性も言葉も荒い人々の多い西成区民であるから、怒号が飛び交い、暴徒も現れるかもしれない。栄課長によるロジ（ロジスティックス、綿密な段取りを組むこと）は万全で、私の逃走ルートまで確保されていた。

それでも、こうした区民説明会を避けるわけにはいかない理由が2つあった。1つは、すでに何度も述べたように、ボトムアップで進める西成特区構想は官民協働の事業が多く、地域の協力・理解なしには進まないものばかりだったことである。いろいろ批判的意見はあっても、大半の人々が了解し、少なくとも聞きおいたという形にしておきたかった。「そんな話は聞いていない！」とあとから激しい反対運動が起こることだけは避けたかった。

西成特区構想とは「あいりん特区」である

もう1つは、あいりん地域の対策を最優先に行うことを、西成区民全体に了解してもらう必要があったことである。すでに第3章で述べたように、あいりん地域は西成区のごく一部にすぎず、西成区の多くの地域は情緒ある下町、閑静な住宅街で、とくに差し迫った問題があるわけではない。

あいりん地域以外で課題が多いのは、せいぜい北西部の交通が不便な地域であり、ここは人口減少（とくに子ども数の減少）や差別の問題があった。しかし、橋下市長がネーミングした「西成特区構想」という名前は、西成区全体に恩恵をもたらすかのような響きであるため、他の地域の西成区民の期待もいやがうえにも高まってしまっていた。

そこで、集まってきた人々に冷や水を浴びせるような話になるが、西成特区構想とはおよそ「あいりん特区」のことであり、少なくとも当面は、あいりん地域の課題解決に注力すると宣言しなければならない。

しかし、それは風評被害解消（西成差別解消）やあいりん地域からあふれる貧困、環境、治安などの問題を解決することになるから、西成区の他の地域にも結局は恩恵をもたらすことになる。あいりん地域の問題が解決すれば、西成区への人口流入や地域振興が進むことも期待できる。北西部の問題についても、当面はプレーパーク（第14章で説明）などの子育て施策充実や、未利用地の活用くらいしかいえないが、なんとかその線で納得してもらう必要があった。

パンドラの箱を開けた大騒ぎ

さて、当初は栄課長の綿密な計画どおり、スムーズな議事運営が行われていたが、区民・市民からの質疑応答に移った途端、予想どおり大荒れの模様になった。まず、3小学校統合で、あいりん地域を通って子どもを通学させることになる親御さんから、通学路の露店で児童ポルノのDVDが売られていることなど、通学路の環境問題について怒りの声が上がった。

次に、市営住宅の自治会長からは、市の担当部局による住宅管理が悪いことや、警察が地域のために働いていないことなどについて、大声で苦情が述べられた。さらに、市政改革プランで市民交流センターなどの施設が廃止になることに対する不満、これまであいりん地域の問題が何十年と放置されてきたことに対する積年の怒りなど、まさにパンドラの箱を開けたような大騒ぎとなった。

しかし、「それはすべて西成特区構想とは直接関係がないことです」と言っても始まらない。罵声を浴びても怒号にさらされても、逃げずそらさず、できるかぎりていねいにすべての質問に答えた。行政に非があることについては、行政代表として謝罪した。私のほかに壇上に上がってくれた「七人の侍」のメンバーたちもじっと耐え、水内先生などは質問にもていねいに答えてくれた。

あとでこのシンポジウムの様子がＹｏｕＴｕｂｅにアップされ、それをすべてみたという中田宏特別顧問（元横浜市長）からは、「鈴木先生、よくあれだけの怒号や罵声に耐えられますね。有識者の先生方のまったく逃げない姿勢に本当に感動しました！」とのお褒めの言葉をもらった。

しかし、ここでもし逃げ腰になれば、私は地域の人々からも区役所の職員からも信用されず、非常に大きなダメージを受ける。勇気とか気合いの問題ではなく、改革を成し遂げるために、当然行うべき合理的行動をとっただけである。

一体感を生み出した総力戦

西成区の職員たちも、怒りの声を個別に上げる区民たちのなかを駆け回って、なだめたり、私のかわりに意見を拝聴してくれたりした。結局、質疑応答の時間は1時間以上におよんだが、それでもまったく足りなかったので、参加者にはアンケートと質問票に意見を書いてもらうことにした。

全部で５０４件もの質問、意見があったが、後日、そのすべてに私がていねいに回答をつけ、西成区役所のホームページに載せた。その多くは真摯な意見、質問、提案であり、西成特区構想だけではなく、西成区政のためにもたいへん参考になるものだった。

このシンポジウムは、西成区役所の役職者や担当課職員を総動員することになったが、総力戦を1歩も引かずに一緒に闘ったことで、職員たちと私の間に一体感や仲間意識が生まれることになった。私の「本気度」もよく伝わったのであろう。この日以降、急に職員たちが、私に笑顔で挨拶をしてくれるようになった。「シンポジウム、本当にご苦労さまでした」「おっ、鈴木顧問！　このあいだはお疲れさまでした！」などと声をかけてくれる。体を張ったパフォーマンスの甲斐があったというものである。

［コラム8］

修羅場での行動とシグナリング

「西成特区構想を考えるシンポジウム」を端緒に、さまざまな場において、私は地域の批判の矢面に立ち、怒号や罵声を浴び続けた。この修羅場でのパフォーマンスの目的は、地域の人々への説得だけではない。行政内部に対してリーダーとしての本気度を示す隠れた目的がある。

役人たちにとって、中途半端な改革を行うリーダー、すぐに辞める腰掛のリーダーについていくことは大きなリスクである。途中で梯子《はしご》をはずされて責任をとらされるのは役人たちだからだ。

役人たちの積極的な協力を引き出すためには、かんたんに辞めず、最後まで改革をやり遂げるリーダーであることを信じてもらわなければならない。しかし、ここでも情報の非対称性があり、信頼を得ることは容易ではない。単なる口先だけの約束（チープトークと呼ぶ）は通用しない。そこで、本気のリーダー以外は絶対にとりえない行動をとり、自分が本物であることを示す（シグナリングする）必要があるのである。

（注1）本書で行政職員の名前を挙げる場合は、すでに退職者であるか、退職間際の大幹部に限ることにする。現役職員、とくに若い職員の名前をうっかり出すと、彼らの輝かしい将来に傷がつきかねないからである。したがって、本書で名前を出していないからといって、その担当者が活躍していなかったということではない。実際には名前を出していない数多くの現役職員たちに、西成特区構想は支えられていたのである。改めて、深く感謝を申し上げたい。

第9章 橋下市長の知られざる実像

西成特区構想・有識者座談会が続くなか、同時並行で片づけなければならない問題が、ますます雲行きが怪しくなってきた市政改革プランへの対応である。すなわち、事業仕分け対象としてやり玉に挙げられている、①高齢者特別就労事業（特掃）、②大阪社会医療センター付属病院（社医セン）の無料低額診療、③子どもの家事業を、なんとかよい落としどころに着地させなければならない。

これらの事業はすべて、あいりん地域のなかで重要な役割を果たしており、もし廃止や予算の大幅削減ということになれば、地域に甚大な影響がおよぶ。地域を挙げての大反対運動が起き、西成特区構想は木端微塵《こっぱみじん》となるだろう。

口出しできない市政改革プラン

悩ましいことは、これらの見直しが、西成特区構想とは直接関係のない「市政改革プラン」という文脈で扱われていることであった。完全に私の管轄外で、私は仕分け人たち（改革プロジェクトチーム）にいっさい口出しできる立場にない。

しかも、この大阪市版事業仕分けは、橋下行革のまさに「本丸中の本丸」であり、市長が不退転の決意で臨んでいることは明らかであった。優先順位からいえば、「出城」にすぎない西成特区構想のために、かんたんに譲れるものではない。

もし万が一、例外を1つでも認めてしまえば、他に仕分けが決まっている多くの事業も「われもわれも」と言い出すわけで、ここでの妥協は橋下市長の政治生命にかかわる。どこに落としどころを見つけるか。見つかったとして、どうやってそこに落とし込むか。いずれも悩ましい難題である。

こういうときに、じつは役人たちはあまり役に立たない。彼らは極度の縦割り社会に生きているから、「市政改革プランは本庁の市政改革室が事務局をつとめているので、西成区役所の管轄外です。市政改革プランで何が決まろうと、われわれはそれを前提に、自分たちの仕事を粛々とやるだけです」などと殊勝なことを言う。彼らの置かれた立場では仕方がない面もあるが、あくまで仕切られたなかでしか、物ごとを発想しないのである。

しかし、市政改革プランの動向次第では、西成特区構想は台無しになってしまう。両者は密接に関連しているのだから、管轄外だと割り切れる問題ではない。西成区役所が動けないのであれば、ここは私が個人プレーを行うしかない。最終的には、橋下市長に直談判するしかないだろう。

トイレのなかでの出会い

ところで、私と橋下市長の関係について、世間では、ずいぶん古くからの親しい友人関係だと思われているようだ。橋下市長の大飯《おおい》原発の再稼働容認や、慰安婦問題への発言、石原慎太郎率いる太陽の党との合併などをめぐって、著名な特別顧問たちが次々と去っていくなか、私は最後まで踏みとどまったブレーンのなかの1人である。市政だけではなく、大阪維新の会の政策ブレーンでもある。役人たちも、あいりん地域の人々も、私と橋下市長とは、よほど親しい間柄なのだろうと信じていたようである（そして、それは私にとってたいへん好都合であったので、とくに否定しなかった）。

しかし、本当のことをいうと、橋下市長とは、特別顧問職を依頼されるたった1週間前に、はじめて出会った仲にすぎない。しかも、はじめて会ったのはテレビ局のトイレのなかである。

橋下氏が市長になって間もない2012年3月はじめ、当時よく出演していたテレビ番組で共演したのが最初の出会いである。本番前に私がトイレで用を足していると、SPとともにドヤドヤっと入ってきたのが、時の人、橋下市長であった。

朝早い番組なのでまだ髭《ひげ》をそっていないらしく、入口の鏡の前でブィーンと電子剃刀を使い始めた。行きがかり上、私はトイレのなかで挨拶せざるをえず、「どうも学習院の鈴木と申します。今日はよろしくお願いします」と言うと、「あっ、あなたが鈴木さんですか。維新の会から連絡がいっていますかね。いや、まだかな。もうすぐ連絡がいくと思いますが、ひとついろいろよろしくお願いします！」と言う。「はぁ、それはどうも」。なんのこっちゃい？と思っていると、第2章で登場した浅田均議員からすぐに連絡があったというわけである。

機能に特化した信頼関係

その後も、橋下市長と会うのは（松井知事もだが）、もっぱら仕事のときだけである。もちろん、打ち合わせや行政の会議で会う機会は多いし、Eメールのやりとりはものすごい量である。しかし、不思議とプライベートなつき合いはほとんどない。

いままで数回、いっしょに居酒屋や食事に行く機会はあったが、そのときも、おたがいに家族の話もしないし趣味の話もしない。ひたすらに仕事の話ばかりである。おたがいに仕事のパートナーとして割り切ってつき合っているのであり、ハッキリ言えば、相手の人となりにはあまり興味がないのである。

私の妻は興味津津《しんしん》で「今日、橋下さんと食事にいったんでしょう。どんな話をしたの。橋下さんてどんな人なの」などと聞くのだが、「仕事の話しかしていない。橋下さんは、そうだなぁ、一言でいえば、ものすごく仕事のできる人」「何それ。つまんなぁーい」というわけで、われわれの交わりは誠に「淡きこと水の如し」である。

逆にいえば、仕事上の信頼関係を築くにはそれで十分である。橋下市長は、私の専門知識や実務遂行能力、あいりん地域の人脈を頼ってくれている。逆に、私は橋下市長の行政手腕や改革をやり抜く意思の強さ、常にリスクを引き受けようとするリーダーシップを高く評価しており、それがあるからこそ、安心して担当分野の仕事に専念できる。

信頼関係は、おたがいの「機能」や「能力」に対して築かれるものであり、それ以外の要素はあってもなくてもよい。少なくとも、われわれの場合はそうであった。

世間のイメージとのギャップ

ところで、読者の橋下徹市長（当時、以下同様）に対するイメージはどのようなものであろうか。過激な発言や派手なパフォーマンス、わざと敵をつくって論破する巧みさ、瞬時に出る巧みな言葉遣いと人々を惹きつける話術、メディアへの露出とツイッターを活用した圧倒的な情報発信力、既得権に対する容赦ない切り込み、地方政党の党首ながら国政政党まで立ち上げた剛腕、八面六臂《はちめんろっぴ》の超人的エネルギーなどが、まずは世間が思い浮かべる橋下市長のイメージであろう。

そして、しばしば、人の話を聞かない傲慢な独裁者、弱者を切り捨てる急進的改革者、いっさい妥協しない原理主義者、既存の秩序をぶち壊す破壊者などという悪いイメージでも語られる。

しかし、私がこれまで接してきた橋下市長の実像は、およそこのような悪いイメージからかけ離れたものである。まず、橋下市長の最大の特徴は「物ごとを成し遂げる実務能力がきわめて高い」ことである。問題解決能力が非常に高いといい換えてもよい。

橋下市長が行った改革については、いまだに毀誉褒貶《きよほうへん》が激しいところである。しかし、その賛否はともかく、彼が改革に当たって抜群の突破力を発揮したことだけは、万人の認めるところであろう。

直観的な閃きと高い実務遂行能力

改革を成し遂げる実務能力とは、以下に述べるような「もろもろの資質のまれなる組み合わせ」であるが、それらの1つひとつは地味で堅実な能力である。派手なパフォーマンスとはあまり関係がない。

第1に、橋下市長は、人の話を聞く。実に多くの人々の意見を謙虚に、しかも礼儀正しく聞く。西成特区構想関係の会議においても、橋下市長は、多くの人々の意見にじっと耳を傾けていた。特別顧問団や役人たちのいうことも、最後まできちんと聞いてくれる。「傲慢な独裁者」ではないことは、多くの著名人がブレーンとして彼のもとに集まったことからも明らかだろう。

第2に、どこが問題解決のポイントか、どんな手を打てばよいか、パッと閃《ひらめ》く。ほぼ瞬時に「それはこうしたらいいんじゃないですかねぇ」と的確な答えが出てくる。問題の本質を捉える能力が高いことはいうまでもないが、この直観的閃きこそが、橋下市長の最大の魅力である。

独特の思考方法をもっているのか、あるいは弁護士としての経験から、問題解決法の「型」が山ほど頭に入っているのか、とにかく解にたどり着くスピードが速い。この瞬発力、頭の回転の速さが、政治家として数々の修羅場を乗り越えられた秘訣なのだろう。

第3に、問題を解決するための筋道や段取り、調整方法も同時に考えられる。敵の出方次第の場合には、敵のとりうる行動ごとに戦略を立てている。橋下市長のように素早く解決策が閃くリーダーはほかにもいるかもしれないが、同時にロジスティックス（ロジ）まで詰められる人は、なかなかいないように思われる。

細やかな目配りで巧みに人を動かす

第4に、人の使い方がうまい。これは意外に思われるかもしれないが、敵対しているはずの大阪市役所の役人たちも、私がみるかぎり、じつにうまく使われていた。

1つには誰が何をしているのかきちんとみているということであり、論功行賞も的確であった。たとえば橋下市長と役人たちの会議に同席していると、「この間のあのむずかしい案件をまとめてくれたのは○○課長だそうですね。ご苦労さま」とか、「××局の△△部長がちょっと孤軍奮闘しているようですので、○○局がサポートに入れませんかね」などと言う。

そう言われた役人たちの顔をみると「ほぅ、俺のやったことをちゃんとみていてくれたのか」とうれしそうな顔をする。西成特区構想関係でも、西嶋区長は本当に頑張ってくれているので、ぜひ、次の人事で報いてやってほしいものだと思っていると、そこはちゃんとみていて、彼をパッと福祉局長に栄転させた。頑張る役人には、ちょっとこたえられないところがあるボスだ（逆に、敵対する役人は幹部でも容赦なく切り捨てるから、抵抗勢力の役人には手ごわいボスである）。

最後の責任を引きうけたうえでのぶれない姿勢

第5に、決めた方針が決してぶれない。何回かうまくいかないことがあってもあきらめないし、自分が最終決断したことは絶対に人のせいにしない。世間からみれば、「妥協しない原理主義者」にみえるのかもしれないが、決してぶれない人間であり、最後は自分で責任をとってくれるからこそ、役人や特別顧問も安心してことに当たれるのである。逆に、いくら柔軟なタイプのリーダーでも、後ろから矢を射たり梯子をはずしたりする人間には誰もついていかない。

第6に、役人たちでうまく調整できない部分、役人たちが手を出せない分野は、市長としてみずからリスクと責任をとって決断する。行政内で仕事をしていると、複数の部局にまたがった案件で、どの局も責任をとりたくない宙に浮いた事案というものがじつに多いことに気づく。こういう場合には必ず、「これは私が責任をとりますから、こう進めてください」と市長は決断する。

府と市にまたがったさらにむずかしい案件も、「僕が知事と話をつけます」とトップダウンで決める。さらに、行政だけではなく、民間のステークホルダー（利害関係者）が多くて立ち往生しているプロジェクトでは、みずからその場に乗り込んでいって話をつける。まったく抜群のフットワークである。

西成特区構想でも、よく「その活動家がネックならば、1対1で会わせてもらえませんかねぇ。僕が話をつけますよ」などと言ってくれたものである。

合理的な思考の持ち主

橋下市長のもう1つの特徴は、非常に合理的な思考方法の持ち主だということである。弁護士出身だが、私がこれまで職業柄つき合ってきた「人権派弁護士」とはまったく発想が異なり、ほとんど別人種かと思うほどである。

むしろ、彼の合理主義は経済学者のそれに近い。堺屋太一先生、竹中平蔵先生、高橋洋一先生、上山信一先生、原英史先生など、彼のブレーンに経済学者や、経済官僚OBが多いことも頷ける。

私も最初に橋下市長と話し合った際、「へぇー、こりゃすごい。ほとんど経済学者じゃないか!」と驚いたことをよく覚えている。経済学を勉強して合理主義者になったというよりは、もともと天性の合理主義者で、経済の専門家ではなくても、われわれ経済学者と考えが響き合うという感じである。

経済学の合理主義から発想するということ

ところで、経済学の合理主義とはなんだろうか。ついでながら、かんたんに説明しておこう。

第1に、価値観や思想から発想せずに、現実を直視することから始めるということである。リアリズム(現実主義)と言い換えてもよい。

たとえば、人権派弁護士のなかには、「貧しい人は全員、可哀そうな弱者だ。生活保護制度で全員を救うことがすなわち正義である」などと言う人がいる。しかし、われわれ経済学者の多くはそうは考えない。「貧しい人が全員、弱者だという主張は事実に反する。自分ではどうにもならない不幸が重なって貧困に陥った人もいるが、仕事に就けるのに怠けていたせいで貧困状態にいる人もいる。前者に生活保護を認めることは意義があるが、後者に生活保護を安易に認めると、ますます怠けてしまって、結局その人のためにならない」と考える。

第2に、問題の解決策も、価値観や思想から発想するのではなく、問題の構造・背景を冷静に分析したうえで、もっとも効果的・効率的な処方箋を描く。

「貧しい人全員が生活保護を受けることは、憲法で保障された権利だ」などと主張する人権派弁護士もいるが、憲法25条には「すべて国民は、健康で文化的な最低限度の生活を営む権利を有する」と書いてあるだけで、「生活保護で全員を救え」とは書いていない。別の政策手段で救ってもまったく問題ないのである。

実際、「貧しい人全員に生活保護を」というのは、きわめて非効率で無駄な税金の使い方である。多くの経済学者は、それよりも「仕事に就くことができる人には、生活保護以外の制度で、働くことを前提とした支援の仕組みをつくるべきである」と考える。

たとえば、貧しい人が働く場合に限って、政府が時給の上乗せを行う「勤労所得税額控除」という仕組みがある。時給700円の仕事にしか就けず生活が成り立たないということであれば、政府が別途、300円の上乗せ給付を行うことによって時給1000円の暮らしを実現する制度である。その分、高所得者から多額の税を徴収するわけだ。

多くの経済学者はこの方法のほうがずっと効率的で望ましいと考えている。実際、欧米諸国の多くでこの方法が用いられている。

第3に、政府の財政状況（予算制約）を考慮に入れる。もし「貧しい人全員に生活保護を」となれば、現在約4兆円の生活保護費はその数倍に膨れ上がることになる。どこからその財源を調達するのだろうか。消費税率をさらに引き上げるのか、借金をして将来世代に負担の先送りをするのか。それとも、待機児童対策予算や老人の医療費などを削って、生活保護費にあてるというのか。その場合、子どもや老人、ただでさえ負担増に苦しむ将来世代を切り捨ててもよいと考える理由はなんだろうか。

このような現実の予算制約をまったく考えずに、目の前の貧しい人「だけ」を助けようというのは、あまりに単純で、無責任な議論である。世の中に「タダの昼飯はない（There's no such thing as a free lunch.）」のである。

第4に、目の前にある問題への直接効果だけではなく、さまざまな因果関係を含む「全体的な効果」から物ごとを発想する。これを経済学では、「部分均衡分析」ではなく、「一般均衡分析」から考えるという。

たとえば、仕事に就く能力がある人にも生活保護を認めるということになれば、現在必死に働いているワーキングプアもバカバカしくなって働かなくなる可能性が高い。働く人が少なくなれば、さらに税収が減少し、生活保護の財源を調達すること自体がむずかしくなる。また、働かずに公費で暮らすという習慣はその子どもたち、孫たちにも連鎖して、将来、ますます働く人々が減るかもしれない。

政策を立案するときには、こうしためぐりめぐる効果をすべて考慮し、また、目の前の貧しい人だけに注目するのではなく、ほかの人々とのバランスを考え、なるべく多くの国民が納得できる施策にすべきである。

経済学者の議論は、決して、弱者切り捨てを行おうということでない。経済学者も弱者対策、貧困対策を真剣に考えているのである。しかし、多くの人権派弁護士や生活保護の支援団体、社会活動家たちのように、ただただ生活保護を増やせば問題解決だなどという単純な議論は行わない。予算的に持続可能なところで貧困層以外とのバランスも考慮し、本人の努力も生かす形での効率的な貧困対策を行うべきだと考えるのである。

批判にさらされた市長の合理主義

しかし、世間では、なかなかこうした合理主義は理解されない。橋下市長の合理主義政策にも批判の声が絶えなかった。

たとえば、橋下市長は、70歳以上の老人が市営のバスや地下鉄に無料で乗車できる制度（敬老パスの完全無料化）を廃止し、乗車ごとに50円徴収する方式に変えた。これによって生まれた財源は、大阪市内の子育て関係予算の充実や、西成特区構想などに生かされている。

しかしながら、老人たちからはきわめて不評で「老人に冷たい政治だ」とか「弱者切り捨てだ」などと猛烈な批判が行われた。実際、このことが２０１５年5月に大阪都構想の住民投票が否決された主因の1つだといわれている。

しかしながら、本当に老人たちを一律に弱者とみなして、全老人の交通費を無料にする必要があるのだろうか。わずか50円の運賃が払えない老人が世の中にどれほどいるというのか。そもそも大阪市周辺の市町村に住む老人は、50円どころか、きちんと正規の料金を支払っているのである。

それよりも、破綻寸前の大阪市の財政を健全化して、将来の市民たちが高負担に喘ぐ暗い未来を少しでも防ぐべきではないか。あるいは、あいりん地域のように、貧しい地域の底上げに使ったり、将来の大阪市を支える子どもたちへの予算充実に使ったほうが、よほど望ましい税金の使い方といえないだろうか。

意外に思われるかもしれないが、ずっと一緒に仕事をしてきた私の眼からみて、橋下市長は決して弱者に冷たい人間ではない。「本当に困っている人々」「真の弱者」に対しては、むしろ、やさしい視点をもっているリーダーである。

バラマキと偽弱者は許さない

実際、西成特区構想を含め、彼が行ったさまざまな改革を丹念にみればわかることであるが、予算カットの過程で「真の弱者」を困らせるようなことまでは決して行っていない。生活保護改革しかり、ホームレス対策しかり、老人施策しかりである。

西成特区構想では、ホームレスに仕事をつくり出したり、生活保護受給者の居場所づくりを行った

質問に答える橋下市長
（西成区役所撮影）

区政会議で質問する山田さん（中央）
（西成区役所撮影）

り、貧しい子どもたちに塾代を補助したりと、真の弱者に対する施策はむしろ拡充している。橋下市長が行ったことは、明白なバラマキ政策を是正したり、弱者のふりをして恩恵を受けている「偽弱者」への補助金カットを行ったにすぎない。

このあたりが弁護士らしい正義感の表れかもしれないが、橋下市長は、弱者のふりをして得をしようとする偽弱者、弱者対策を人質に利権を拡大させる天下り法人や福祉関係施設に対して、並々ならぬ闘志をみせるときがあった。弱者切り捨て批判の多くは、実際には、こうした偽弱者や、既得権団体から発せられていたように思う。

だいぶあとのことになるが、2014年8月に行われた西成区の区政会議の場において、区政会議委員でもあるNPO釜ヶ崎支援機構理事長の山田實さんが、「西成特区構想やあいりん総合センターの建て替えは、この地域のスラム・クリアランスをめざしているのか」「子育て世帯流入のために、ここにいるホームレスや生活保護受給者は排除されるのか」と、橋下市長にズバリ質問したことがあった。

そのとき、橋下市長はじっとその批判を最後まで聞いたうえで、弱者切り捨てや排除を行う考えはまったくもっていないこと、むしろ真の弱者をしっかりと支える対策を行うつもりで、新しい流入者といまいる弱者が共存できるまちづくりをめざしたいと明言した。

そして、その言葉が決して口先だけのものではないことを示すために、自分の生まれ育った大阪市の貧困地区の経験を例に、西成特区構想にかける思いを語ったのである。山田さんを含め、区政会議に出ていた人々の多くが納得した様子であった。

一般競争入札が噂される特掃をめぐる攻防

さて、市政改革プランに話を戻そう。まずは、特掃をどうするかという問題である。4月はじめに出た試案において、特掃を清掃事業として公募入札し、費用効率化を図るべきだと明記されたことはすでに述べた。

もし、なにも限定しない公募入札にするならば、単なる清掃事業として扱われ、ホームレスや高齢の日雇労働者の生活安定を図るという事業趣旨が、なおざりにされるおそれがある。また、一般競争入札によって事業費が減額されては、これもホームレスの生活安定事業という趣旨から離れてしまう。それどころか、公募入札くらいであればまだマシなほうで、今後の議論の推移によっては、まだまだ大幅な予算削減や、ひょっとすると将来的な廃止が打ち出される可能性すらあったのである。

改革プロジェクトチームが市政改革プランの「素案」を決める5月はじめまでに、担当局へのヒアリングが何回か行われる。まずは、担当局である福祉局がどのような考えをもっているのか、本音を確認しておく必要がある。もし、福祉局が特掃の予算獲得をもはや重荷だと思っていて、市政改革プランで取り上げられたことをきっかけに、これ幸いと特掃の予算削減や将来的な廃止を視野に入れているのなら（廃止はともかくとして、予算削減程度はいかにもありそうな気がした）、相当にきびしい闘いが予想される。

まず、福祉局出身の西成区の幹部を通して福祉局の意向を尋ねてみたが、どうも要領を得た返事がこない。この時点では、私は役人たちにまったく信用されていなかったということなのだろう。よく考えれば、特別顧問として、福祉局よりも市政改革プランの側に立っていると思われていたはずだから、警戒されるのは当然であった。

福祉局の落としどころ、プロポーザル型公募入札

そこで、ある福祉施設の施設長と居酒屋で意見交換をしているときに、福祉局の担当者を電話で呼び出してもらうことにした。その施設長は福祉局の担当部局がとてもお世話になっている人なので、その施設長といっしょなら、ある程度、本音を明かしてもらえるだろうと考えたのである。

果たして「そうでしたか。鈴木顧問も市政改革プランに反対でしたか。ボクらかて、特掃の廃止も削減も絶対反対ですわ。正直、特掃を廃止したら暴動起こると思てますねん。改革プロジェクトチームの先生方にはそう説明して、ビビらそと思てますんや」ということであった。

そして、落としどころとして、現在、ＮＰＯ釜ヶ崎支援機構に随意契約している事業を、「プロ

ポーザル型」の公募入札に変えることを検討しているという。つまり、仕事の内容について提案型の入札を行い、事業規模（予算額）は維持できるようにする。

それなら話は早い。この件は、福祉局と西成特区構想で共同戦線を組むことができる。橋下市長が暴動を怖がるとは思えないが、改革プロジェクトチームの有識者たちには、たしかに有効かもしれない。

プロポーザル型公募ということであれば、これまでの事業趣旨を変えることなく、地域の実情がよくわかった適切な団体を選び出すことができる。福祉局には、なんとかこの線で踏みとどまってもらい、私は有識者座談会で側面支援をする一方、直接、橋下市長の説得に当たることにした。

合理主義者に通じる論理で説得する

じつは私には、特掃継続の必要性について橋下市長に理解してもらえる自信があった。それは、彼が経済学的なセンスをもつ「合理主義者」であることを知っていたからである。合理的な説明を尽くせば説得できるだろう。

あいりん地域の労働団体や支援団体のように「特掃はあいりん地域の反失業運動の歴史的成果であり、われわれが闘争して勝ち取ったシンボルである。そのシンボル事業を廃止・削減するとはケシカラン」などという「あいりん地域でしか通用しない言葉」で橋下市長に迫ってもまったくの無駄である。

合理主義者は、こういう情緒的な説明に対してまったくの不導体であり、熱伝導率ゼロと考えるべきだ。また、不合理な既得権に対して断固として闘う市長の性格から考えて、福祉局のように「暴動が怖いから」などという説明では、火に油を注ぐ可能性が高い。合理主義者には合理主義者がわかる言語で話さなければならない。幸いにも私は、あいりん地域の言葉、役人の言葉、合理主義者の言葉のすべてが理解可能であり、よい通訳になることができる。

説明の機会はすぐに訪れた。4月下旬に松井知事と初顔合わせしてほしいので、3人で一緒に食事をしようと誘われたのである。その機会をとらえて、私が橋下市長にまず言ったことは「特掃は非常に安上がりで、お得な事業です」ということだ。「特掃を廃止・削減した場合のほうが、はるかに高い費用負担が大阪市に発生しますから、廃止・削減は結局、損です」と説明した。

特掃は生活保護への防波堤

なぜなのか、詳しく説明しよう。特掃の登録者は現在、約1500人。平均年齢は64歳で、8割が60歳代と70歳代の高齢者層である。80歳代も少なくない。もはや申請すれば、すぐに生活保護が認められる人が多いにもかかわらず、日雇労働者としての誇りから「最後まで行政のお世話になりたくない」と考え、生活保護を拒否している。

この人たちが、月5回ほど特掃に参加し1日5700円を受けとる。それ以外にアルミ缶や段ボールの回収を行い、加えてわずかな年金収入などで生活を成り立たせている。彼らが生活保護受給者になった場合にくらべると、現状はおよそ5分の1程度の公費支出で抑えられている計算である。つまり、特掃は対費用効果の面できわめて効率的な「生活安定事業」なのだ。

また、現場の人々の間では「生活保護を受けるよりも、特掃を続けたほうが元気で長生きできる」といわれている。生活保護を受けて、やることがなくなって酒浸りになるよりも、体を動かして社会貢献しているほうが健康的だからである。つまり、医療費や介護費（生活保護の場合は自己負担なし。全額公費支出）の節約にもつながる。

たしかに、事情に疎い改革プロジェクトチームからみれば、「老人ばかりで仕事が遅く、単に公園や道路を清掃するのであれば、清掃業者のほうがもっと効率的で安上がりだ」という理屈になるのかもしれない。しかし、特掃は単なる清掃事業ではなく、生活保護へ流入することを防いでいる生活安定事業、あるいは健康増進事業だと捉えるところがポイントである。

特掃が廃止されたり、予算が減額されるのであれば、その分、耐えきれなくなった人が特掃から生活保護へ移行してしまう。一度、生活保護を受給すれば、働くことは損になるから[注1]、生活保護に頼り切りの状態に陥る。もはや彼らが働き出すことはない。

機会費用という考え方をもとに説明する

ところで、経済学には「機会費用」という考え方がある。これは、何かをするために、犠牲にしなければならないものの価値（複数ある場合にはそのなかの最大の価値）を費用として捉えるというものだ。合理的な意思決定を行ううえで、基本となる考え方である。

これを特掃と生活保護の関係で説明してみよう。特掃を廃止して安上がりな清掃事業に切り替えるのであれば、たしかに事業予算自体はその分、節約できる。しかし、特掃には生活保護費の抑制という隠れた便益がある。この便益が犠牲になる分を、安上がりな清掃事業に切り替えることの費用として考えるべきだということである。

つまり、いくら事業予算が減っても、結局、生活保護費が大幅に増えるので、トータルでみればこの見直しは損である。予想どおり、橋下市長は、この考えを即座に理解し大いに納得してくれた。

その後、7月末に策定された市政改革プランの最終案では、「事業目的（就労機会の創出と自立支援）を踏まえたうえで、事業者の選定を公募化」という文言をねじ込むことができた。生活安定事業という趣旨を明確化して、プロポーザル型の公募入札を行うことが決定されたのである。結局、NPO釜ヶ崎支援機構は、正々堂々と公募で選定され、いまに至るまでこの特掃事業を受託し続けている。

［コラム 9］

まちづくりとコースの定理

コラム1や5では、外部不経済の解決に、行政介入が正当化されると説明した。じつは、外部不経済を出す者と受ける者の当事者間で適切な交渉を行えば、行政抜きで外部不経済を内部化することが可能である。これを経済学では「コースの定理」という。

たとえば、地域内の公園をホームレスが使うべきか、地域住民が使うべきかという問題を考えよう。両者にとって必要な公園であるから、よく話し合って、昼夜で利用時間を分けるとか、同じ公園を区分して使うなどの解決案もありうる。

あいりん地域では、行政が行政代執行などの強硬策で介入したため、かえって問題がこじれてしまった。このため、公園問題が1つの契機となり、まちづくりの話し合いが民間の当事者間で進んだことは興味深い。そのほうがみなにとって望ましい解決策にたどりつく。

ちなみにコースの定理では、公園の所有権を地域住民に与えてから交渉を開始しても、ホームレスに与えてから交渉しても、解決策の合意点は変わらないという驚くべき結論が得られる。

（注1）生活保護制度では、働いて収入を得ると、生活保護費がその分大幅に減額される。実質的に働いた分の賃金の約9割が減額される。たとえば、苦労して働いても、時給1000円が100円になるということであるから、これでは「働き損」である。生活保護制度のこの仕組み自体が、自立して貧困から抜け出すことをむずかしくしている。経済学では、この仕組みを貧困の捕らわれの身となるという意味で「貧困の罠」と呼ぶ。

第10章 子どもの家戦争

一方、橋下市長という合理主義者への間違った入口から入り、泥沼にはまってしまったのが「子どもの家事業」をめぐる見直し論議である。けっして本人たちに非があるわけではないが、情緒的な言葉で橋下市長と対峙した事業者たち。戦略感覚の乏しいその応援団たち。そして、それを面白おかしく騒ぎたてたマスコミの三重狂奏曲で、どこにも出口のない最悪の袋小路に迷い込んでいった。

こどもの里

子どもの家事業については、すでに第6章で詳しく説明した。困難を抱える家庭の子どもたちが、いつでも気軽に立ち寄れる「居場所」、万が一の際の「駆け込み場所」となる施設である。あいりん地域には「こどもの里」と「山王こどもセンター」という2つの施設があり、どちらも長年、地域で重要な役割を果たしてきた。

とくに、こどもの里の施設長をつとめる荘保《しょうほ》共子さんは、あいりん地域に入って約40年にもなる経歴の持ち主で、1980年に学童保育としてスタートしたこどもの里を、たいへんな努力でいまの規模につくり上げてきた。子育て施策だけではなく、まちづくり全般に力をそそぐ地域のリーダーの1人である。

エネルギーの塊

じつは私は、特別顧問になるまで、荘保さんとは一度も面識がなかった。しかし、もちろん、こどもの里に関する多少の知識はあったので、2012年4月中旬に行われた橋下市長のあいりん地域視察の際、市長との懇談会に出席するメンバーの1人として荘保さんを推薦した。すると、即座に大量の資料とこどもの里を取り上げたテレビ番組(注1)のDVDが区役所に届けられ、「これを橋下市長にみせといて」「鈴木さんもなるべく早く、こどもの里に見学にきてや!」という伝言をもらったのである。

そこで翌週、こどもの里を訪問して、はじめて荘保さんにお会いした。小柄な女性であるが、すさまじいエネルギーを放っている。挨拶もそこそこに、ダーッとこどもの里の説明、子どもの家事業の説明、あいりん地域の子育ての現状と問題点などを話し続ける。私は圧倒されて、2時間ほど、ただただうなずいて話を聞くばかりであった。

しかし、その一途な話しぶりを聞いていると、どこか懐かしい雰囲気が漂う。果たして、私の母親と同郷の兵庫県宝塚市出身であり、しかも市内小林《おばやし》にあるカソリックの女子校の同窓生同士であった。あとで母親に聞いてみると、同窓会を通じて多少の寄付をしていたらしく、こどもの里のことをよく知っていた。毎年、こどもの里の活動報告書も、実家に送られてきていたらしい。まったく世間はせまいものである。

「ところで、鈴木さん！　橋下さんはこどもの里をつぶすつもりなんやで！」

「エッ？　なんですの、それ」

「アーッ！　もう、いまごろ何いうてるの。シッカリしてやー」

じつはこの時点まで、私は子どもの家事業が市政改革プランのやり玉に挙がっていることに気づいていなかった。市政改革プランによる高齢者特別就労事業（特掃）や大阪社会医療センター付属病院（社医セン）の見直しは、あいりん施策に分類されるので、当然、私の耳に入っていた。しかし、子どもの家事業の見直しは市全体の一般施策に分類されているので、迂闊にも見逃していたのである。

市政改革プランの考え

急いで担当のこども青少年局に説明を求めた。大阪市では放課後の小学生の預かり場所として、①学童保育（留守家庭の小学校低学年の子どもたちを夕方7時まで預かる制度で、大阪市では留守家庭児童対策事業と呼ぶ)、②児童いきいき放課後事業(小学校の空き教室で午後6時まで小学生を預かる制度)、③子どもの家事業の3つの制度がある。

市政改革プロジェクトチームが問題視しているのは、第1に、3つの制度が重複していることだ。子どもの家事業を学童保育に移行させ、2つの事業に整理統合することを提案していた。第2に、学童保育が月額2万円程度の利用料を徴収しているのに対し、いきいき事業や子どもの家事業は無料であることも問題としていた。そして、すべてを有料サービスに統一するようにと迫っていたのである。

私がまず疑問に思ったことは、子どもの家事業は小学生だけに限定された事業ではなく、未就学児童から中高生までの幅広い児童を預かっているので、単に学童保育に仕分けることは無理なのではないかということだ。また、放課後だけではなく、不登校の子どもは昼間から施設にいるし、土日祝日も子どもたちが集まる。さらに、あいりん地域のように貧しい地区では、利用料が無料であるからこそ施設にこられるのであって、有料にした途端、利用者がいなくなってしまうのではないか。

それらの疑問を担当者にぶつけると、市内に28カ所ある子どもの家事業の施設はもともと学童保育から出発したものが多く、ほとんどの施設(22施設)はそのころから事業内容が変わらず、学童保育への仕分けを受け入れているという。

2年の猶予を生かし、担当局と落としどころを探る

反対しているのは、こどもの里や山王こどもセンター、生野区のじゃがいも子どもの家など6つの

活動的な事業者たちである。しかし、こうした施設が手広い事業を展開しているのは、子どもの家事業単体でやっているというよりは、小規模住居型児童養育事業（里親事業、ファミリーホーム）、障害児通所支援事業などを組み合わせていたり、寄付金によって自主事業を行っていることが大きいのではないかということであった。

いずれにせよ、子どもの家事業の学童保育移行でどのような影響があるのか、これから実地調査を行い、もし学童保育でもほかの事業でもカバーできない部分がある場合には、個別に対処を考えたいという。ただ、利用料を有料にするという市政改革プランの提言については、大阪市内のすべての施設に対して橋下市長が求めている大方針であり、そのまま受け入れざるをえないと考えているとのことであった。

私も、その落としどころで、基本的にはやむをえないと考えた。市政改革プランでこれだけ多くの事業に大ナタが振るわれるのである。多少現実的ではない部分があるかもしれないが、それだけの理由で子どもの家事業だけが無傷で残ることはありえない。

もし、ここで橋下市長が中途半端な妥協を行うということになれば、見直し対象になっているほかの事業関係者たちも猛抵抗を始めるはずだ。何らかの見直しを行うことは譲れない一線である。抵抗するよりも、見直しをいったんは受け入れたうえで、実質的に活動に支障が出ないような手を別途打てばよい。学童保育移行まで、まだ2年間の猶予期間があるので、ゆっくり調査して対策を熟慮することができる。

そこで、こども青少年局長も交えて改めて打ち合わせを行い、①こども青少年局がこどもの里などの実地調査を行い、学童保育移行でカバーができなくなった事業範囲については、新たな事業をつくったり、加算などで対処する検討を行う、②貧困家庭の児童については実質的に利用料を無料にできる対策を別途考える（それであいりん地域の利用者は大半がカバーできるだろう）、③これらこども青少年局の対策を後押しするように、西成特区構想が側面支援を行う、という方針を決めた。橋下市長の説得には、私も協力することを約束した。

前例のあるバウチャー方式を導入する

さて、利用料を実質無料化する手段としては、貧困家庭への「教育バウチャー」の配布が経済学的にもっとも適切な手段である。バウチャーとは使途の決まったクーポン券のことで、例としては「地域振興券」「プレミアム商品券」などを思い浮かべてもらえばよい。貧困家庭にこのバウチャーを配って、学童保育やいきいき事業の利用料として、現金のかわりに使ってもらうのである。施設は、利用者から受け取ったバウチャーを市役所で換金する。

もちろん、バウチャーは利用料以外には使えない。氏名が記載されているので金券ショップにも転売できない。このバウチャー方式であれば、貧困家庭以外に配る必要がないから、予算額もたかが知れている。ターゲットを絞って「本当に困っている人」だけを助ける効率的な政策手段である。

逆に、これまでのように施設に対して補助金や委託費を出すやり方は、施設は利用者の所得に応じて利用料を変えるわけにはいかないから（それ以前に、利用者の所得すらわからないから）、結局、弱者だけでなく「偽弱者」にも補助金が回ってしまい非効率である。

また、施設は利用者に選択されないかぎりバウチャーを受け取れないから、利用者のために必死にサービス水準を上げる努力を行う。利用者がこようがこまいが、自動的に補助金が得られる「施設補助方式」にくらべて、競争原理が働くこともこのバウチャー方式の利点である。いかにも、橋下市長が好きそうな政策手段といえた。

じつは、橋下市長の肝入りで、すでに塾代バウチャー（経済的な理由で塾に通えない中学生に、月1万円のクーポン券を支給し、料金の一部を援助する制度）が、２０１２年９月から西成区で先行実施されることになっていた。２０１３年度からは24区全体に拡大される予定である。つまり、貧困家庭へのバウチャー配布は、大阪市においては「前例あり」の事業であり、行政的にもこなしやすいはずであった。

あいりん地域の事情を汲んで代理受領方式を提案

早速、橋下市長と食事をする際に、そのアイディアを話してみると、「なるほど、それはいいですね！」と話に乗ってきてくれた。

「鈴木さん、僕はこのバウチャーというやり方が大好きなんですよ」

「ほう、そうでしたか！（もちろん、知ってまんがな）。経済学的にも正しいやり方だと思います」

「僕ががまんできないのは、利用者の数にかかわらず、一律に運営補助金を渡してしまうやり方です。公費の無駄遣い、利権の温床になります。市政改革プランでは、大阪市のすべての施設について、実際に利用した人の数に応じて事業補助金が支払われる仕組みに変えたいと思っています」

「なるほどー」

ただ、あいりん地域の場合、このバウチャー方式にもやや問題があった。それは、自分の子どもに関心がない育児放棄の親がいることである。バウチャーは親に渡すので、それを親が実際に使ってくれなければ意味がない。そこで、私は市長に「代理受領」という方法を提案した。

これは、施設があらかじめ親に了解をとっておけば、親がバウチャーを持ってこなくても、施設に直接、その子どものバウチャー分の料金が振り込まれる方式である。バウチャーのかわりに施設に直接、補助金が支払われるが、それはあくまで利用者のかわりに市が支払っているので「代理受領方式」と呼ばれる。

「鈴木さんのいう代理受領方式でも、結局、施設は親に了解を得るというところで選ばれているわけですよね。施設が汗をかいて努力するということであれば、僕はＯＫです！」

これで一件落着である。早速、こども青少年局長に連絡して、市長は了解ずみなので、この方向で事業を具体化するようにと依頼した。橋下市長自身も6月29日の記者会見で、この代理受領方式の導入をマスコミの前で明言した。

広がる反対キャンペーン

次は、荘保さんたち、子どもの家事業者たちに「看板はかけ替わるが、実質的に同じことができるようにする」方針で、私も局も動いていることをよく理解してもらわなければならない。というのも、彼女たちやその周りの「応援団」たちが、「子どもの家事業を廃止するな！」「困難を抱えるこどもたちの居場所をなくすな！」というキャンペーンを始めていたからである。すでに、本庁のこども青少年局に出向いて、何度も直談判を行ったらしい。

また、彼女たちの呼びかけに応じた利用者の親たちや子育て関係者も、連日、電話やファックス、手紙などでこども青少年局への抗議活動を始めていた。『毎日新聞』や『朝日新聞』もこどもの里を取材し、「子どもの家を廃止するな！」「こどもの里を守れ！」という内容の記事を掲載した。

実際には、子どもの家事業は廃止ではなくて、学童保育への移行であり、学童保育で代替できない範囲も、なるべくこれまでどおりカバーするように努力しているところである。

マスコミが騒ぎたてる「廃止云々」という主張は、明らかに施設の廃止・廃業を想像させ、誤解を招くミスリーディングな表現であったが、あいりん地域ではどんどん誤解が広まっていた。しかも、この手のキャンペーンは一度火がつくと、テーマが「子ども」という敏感な問題だけに、どんどん火の手が広がっていってしまう。橋下嫌いの活動家、反橋下派の政治勢力にとっても格好の攻撃材料であり、確信犯的に誤解が広められていった。

けんもほろろの官僚的対応

また、子どもの家事業の問題が西成特区構想に飛び火するのも時間の問題である。現に「こどもの里をつぶそうとするとは、まったく西成特区構想はケシカラン!」「これが西成特区構想の本質だ」などと、まことしやかなことを言う活動家も現れていた。まずは、火の元の荘保さんたちによく方針を理解してもらって、あまり火の手が回らないうちに、鎮火してしまいたい。

ただ、困った点は、こども青少年局自身が直接、根回し中の方針を事業者に話すわけにはいかないということであった。何もかも決まってからでないと、荘保さんたちには一言も話せないなどという。せっかくよい落としどころを考えているにもかかわらず、荘保さんたちが訪ねてきても、けんもほろろの受け答えで追い返してしまう。こうして、ますます彼女たちの不信感は募り「こども青少年局は、いよいよわれわれをつぶすつもりなのだ」と疑心暗鬼に陥るのであった。

この点、特別顧問の私であれば、ある程度までは踏み込んだ話をすることができる。しかし、私の話を信用してもらうためには、まずは、私という人間を信用してもらわなければならない。それが、この地域のむずかしいところであり、基本的に役人の言うことはいっさい信用されないのだ。

信頼関係を築くためのこどもの里行脚

人間関係を築き、彼女たちの仲間になってはじめて、話を信用してもらえるようになる。そのためには、何度も足しげくこどもの里に通って、まずは「おなじみさん」になる必要があった。

荘保さんやこどもの里のスタッフたちとなるべく多く会話をし、現場をよくみて、彼女たちのよき理解者になるようにつとめた。(仮称)萩之茶屋まちづくり拡大会議や釜ヶ崎のまち再生フォーラム、区役所の会議の後にも、荘保さんと食事にいったり飲みにいったりして、話をする機会をなるべく多くつくった。

また、荘保さんをはじめとする活動的な子どもの家事業者たちに頼まれて、こども青少年局長と直接話し合う会合をセットしたり(さすがに局長なので、少しはリスクをとって踏み込んだ方針を話してくれた)、西成特区構想・有識者座談会でも十分に時間をとって、荘保さんたちの思いを話してもらった。

さらに、少しあとのことになるが、荘保さんが代表をつとめる「わが町にしなり子育てネット」のシンポジウムで、基調講演も何度か引き受けた。また、こども青少年局の担当者にも、早速、こどもの里を訪問してもらい、学童に仕分けられない部分に関する具体的な調査を開始してもらった。

2万7000通の署名を添えた陳情書

こうして、彼女たちもだんだんと私と局の方針に理解を示すようになってきたが、「子どもの家事業の看板を下ろしたくない」という彼女たちの思いには、じつに強烈なものがあった。ここまで、自分たちがこの事業を育て上げた自負と誇りがあるのだ。

また、彼女たちの応援団となっている人権派の弁護士たちが、抗議活動や署名活動を一生懸命やれば、橋下市長の方針を打倒できると指南している様子であった。選挙で大阪維新の会に負けた反橋下派の政治勢力も、勝手連的な応援団を形成しているようだった。

実際、こどもの里に訪問する際に、こうした人々と出会うこともしばしばであった。私も、大阪維新の会の女性議員たちに、こどもの里や山王こどもセンターを訪問してよく話を聞いてもらい、反橋下派へのけん制を図ったりした。

こうしたなか、5月下旬のある日、荘保さんから、どうしても今日中にこどもの里に立ち寄ってほしいとの緊急連絡が入った。何ごとかと思って夜半に訪ねてみると、荘保さんとこどもの里のスタッフたちが大量の書類と格闘中である。なんと「大阪市子どもの家事業の存続に関する陳情書」と題する署名を約2万7000通も集めていたのである。「これを明日、市議会に提出するので、鈴木さんも証人として見届けておいてや！」という。みな、疲労困憊の様子であるが、異様な興奮状態で目だけがギラギラと光っている。

市長・文楽戦争の二の舞いを危惧

ただ、荘保さんはどこか不安げな様子も漂わせており、私に小声で「こんなことして、橋下さんは大丈夫やろか」などと言う。荘保さんの気持ちはよくわかる。ちょうど、文楽への補助金削減に対し、文楽協会の人間国宝が橋下市長を批判したことに端を発し、「橋下・文楽戦争」とでもいうべき激しい批判合戦が起きていた矢先であった。

激怒した橋下市長はツイッター上で、文楽協会の対応を激しく非難し、公開討論に応じなければ、今後いっさい補助金を出さないなどと息巻いていた。こんな署名を提出すると、橋下市長の怒りに火がつき、文楽と同じ憂き目にあうのではないか。せっかく私やこども青少年局が調整している軟着陸の方針がすべて無に帰すのではないかと心配しているのである。

私は、橋下市長に対してこういう攻め方をしてもまったく効果はなく、むしろ逆効果だとはっきり言った。ただ、これだけ大量の署名をいまさら無駄にはできないし、これだけ多くの人々が署名してくれたという事実は、子どもの家事業者の長年の努力の証しであり、じつに誇るべきことだとも言った。そして、橋下市長への対応は私がきちんとやるから、ぜひ、予定どおりに市議会に提出するようにとすすめた。

もちろん、私は翌朝いちばんに局長に電話し、大量の署名が市議会に提出される前に、市長によく説明して、心の準備をしてもらっておくようにと頼んでおいた。

幸いにも、橋下市長は署名に対して冷静さを失わずに対処してくれた。署名提出を受け、6月8日に市長が出した声明は、①子どもの家事業は廃止ではなく学童保育への移行であり、②そこに仕分けられない活動などもきちんと調査して対処する、③保護者負担が困難な利用者へのサポートも新たな枠組みを検討するというものであった。私が子どもの家事業者に説明していた内容を裏づける声明であったから、荘保さんたちはやや安心したであろう。

市長を激怒させたマスコミの偏向報道

しかし、じつはこの後、橋下市長を本当に激怒させたのは、マスコミであった。雑誌やテレビが執拗な偏向報道を繰り返したのである。まず、ある月刊誌が子どもの家事業が廃止され、こどもの里や山王こどもセンターがなくなるかのような記事を掲載した。これに対して市長は6月22日の記者会見で早速反論する。

次に、地元テレビ局の番組がやはり、子どもの家事業を廃止するかのような印象を与える放送を行った。かなり杜撰《ずさん》なつくりとなっており、こどもの里の小規模住居型児童養育事業（ファミリーホーム事業）の部分を映して、子どもの家事業だと説明したり、学童保育への移行をわざと説明せず、子どもの家事業の廃止の賛否を問うアンケートを実施したりしていた。これに対して、市長は7月5日の記者会見で、番組をつくった記者と公開論争を行って見事に論破している。

さらに、別の地元テレビ局も子どもの家事業に関して、やはり誤解の多い番組を放送した。橋下市長はツイッターで激しくこの番組を非難し、番組中でセーフティーネットの打ち切りであるかのような発言を行った府立高校教員に対し、こども青少年局長から抗議の手紙を出させたりした。

双方で高まる緊張感

いずれの番組でも、こどもの里への取材や荘保さんへのインタビューが行われており、市長のこどもの里への印象は最悪の状態になりつつあった。別の日の市長のぶらさがり会見では「子どもの家は文楽と同じだ」という発言が出たり、「子どもの家事業」のことを「こどもの里事業」と言い間違えたりしていた。

これは、こどもの里に対して相当に腹を立てているに違いない。まさに「橋下・こどもの里戦争」の様相を呈してきてしまった。

また、テレビ番組をみた市民からの苦情や抗議で、こども青少年局の役人たちもてんてこ舞いの状態だ。担当者たちは疲弊しきっていた。担当幹部は、精神的に追い込まれてきたらしく、こどもの里に対する個人的恨みを口にするようになっている。かなり危険な兆候だ。

一方、あいりん地域では、NPO釜ヶ崎支援機構理事長の山田實さんが、荘保さんに「俺たちも一緒に闘ってやる。何をしてほしいか言ってくれ」とある会合で発言したという報告が入った。こちらもたいへんだ。そろそろ、「撃ち方やめ!」を宣言し、このなんの出口もない泥沼から抜け出させなければならない。

直接話し事態の沈静化を図る

まず、私は荘保さんと1対1で会って「これ以上、マスコミに出ることは止めたほうがよい。結局、マスコミは橋下市長を攻撃して高視聴率をとるために、確信犯的な偏向報道をするのであり、こどもの里は利用されているだけだ」と説得をした。

子どもの家事業について記者会見する橋下市長
（大阪市役所HPより）

荘保さん自身も、放送内容にやや当惑している様子だったので、それ以降のマスコミ取材は断ってもらうことにした。

また、有識者座談会でも、私は出席者・傍聴の関係者に向けてかなり踏み込んで、対応方針の説明を行った。幸いにも、橋下市長がこの間、さまざまな対応方針をマスコミにしゃべってくれていたので、役所的にも、バウチャー導入や代理受領方式などを公式に発言できるようになっていた。拡大会議の場でもさらに詳しい説明を行い、事態の鎮静化を図った。

山田さんは、「わかった。要するに、看板はかけ替わるが、元の鞘に納めるっちゅうことやな。橋下さんも振り上げた拳は、どこかに落とさなけりゃならんだろ」とみなの前で発言し、われわれの方針に納得をしてくれた。

次に私は、子どもの家事業者たちに抗議活動を指南していると思われる人権派弁護士たちと直接会って、手を引いてくれるように頼んだ。あいりん地域の有名なジャズバーに3人の弁護士を誘い、こちらでやっている対内調整の手の内をすべて正直に話し、腹を割って議論した。幸いにも、なんとか理解が得られ、徐々にこの件から撤退していってくれた。

そののち、こども青少年局の心ある担当者が、こどもの里や山王こどもセンターに足しげく通って調査を進め、非常にていねいな対応をしてくれた。最終的にはバウチャーを実施するまでもなかった。

補助金額がやや減少して迷惑をかけたものの、当初の予想よりははるかにマシな水準にとどめ、なんとか軟着陸できた。こどもの里も山王こどもセンターも、関係者たちの努力もあり、いまも変わらぬ活動を続けている。

橋下市長は、のちに西成特区構想がらみでこどもの里の話が出ると、「鈴木さん、また、こどもの里の話ですかぁ。参ったなぁー」などと言ってはいたが、たがいに深い遺恨を残さず、なんとかことを収めることができたのは幸いだった。

社医センを診療所に縮小するプラン

さて、市政改革プランの最後の悩みの種は、社医センの扱いである。じつは、市政改革プランが4月はじめに出した「試案」の段階で、すでに「病院から診療所に規模を縮小する」というかなり強い結論が出てしまっていた。

第3章で説明したように、もともとあいりん総合センターのなかに社医センが設立された目的は、日雇労働者やホームレスに対して「あるとき払いの催促なし」の無料低額診療を行うことにある。しかしながら、時を経るにしたがって、日雇労働者も少なくなり、ホームレスの多くが生活保護受給者となるなか、無料低額診療の果たす役割はどんどん小さくなっていた。

現在、じつは社医セン利用者の大半は、生活保護受給者である。生活保護受給者は医療扶助を使ってどこの一般病院にいっても、自己負担ゼロで診療を受けることができる。それでも彼らは、「昔からのなじみ」なので社医センを利用しているわけであるが、そのような理由のために、毎年約3億円もの運営費補助金が投入されていることは、もはや納税者に対して説明ができない状況といえた。80床ある入院ベッドの稼働率も低く、診療所にするという市政改革プランの結論に、真正面から反論することはかなりむずかしい。

福祉局の担当者と話してみても、この結論は、もはややむをえないと考えているという。運営をしている社会福祉法人・大阪社会医療センターは、ガバナンスや効率性の面で問題を抱えており、自力での経営再建は期待薄である。それなら、規模縮小により赤字補てん額をカットするというのがたしかにストレートな解決策であった。

それにしても、いきなり診療所に規模縮小とは無茶である。社医センの経営状態や無料低額診療の現状をよく理解していない地域の普通の人々に、到底すぐに受け入れられる結論ではない。これも下手をすると大反対運動に発展しかねない。

ただ、担当者は「改革プロジェクトチームは有床診療所とも無料診療所とも言っていませんから、19床まではいけるんです」と言う。たしかに、ベッド数が1～19床の「小病院」はじつは法令では「病院」ではなくて、「診療所」に分類される。福祉局が考えている苦肉の策は、80床から19床に規模を縮小するというものであった。ただ、これでも、よほどていねいに時間をかけて説明をしないかぎり、あいりん地域の人々の納得を得ることはむずかしいだろう。

「民営化」という秘策の実現をめざす

社医センを19床の有床診療所にするという福祉局の「縮小均衡案」も、ことここに至ってはやむをえぬ措置かもしれないが、私がそのときに思ったもう1つの感想は「もったいない」というものであった。

大阪市内は「過剰病床医療圏」（必要なベッド数よりも、実際の医療機関のベッド数のほうが多く、新規の病院開設や増床が認められない地域）となっているために、いまある80床の病床を減らした場合には、今後二度とその病床数は戻ってこない。

地域医療では結核や精神科についてまだまだ拡充しなければならないし、将来的に子育て世帯がこの地域に移ってくるのであれば、小児科や産婦人科などの診療科も新たに開設すべきかもしれない。病院を診療所にしてしまえば、そうした将来の可能性をすべて失うことになる。何とか、病院としての規模を維持しながら、公費による赤字補てん額を削減する手立てはないものか。

じつは1つの秘策があった。それは、大阪市が100％出資している現在の「大阪市の子会社」法人から、別の民間法人に買いとってもらうことであり、つまりは「民営化」である。こうすれば大阪市の負担は無料低額診療に対する補助金のみですみ、莫大な赤字補てんが不要となるから、病院のままでも改革プロジェクトチームは納得するだろう。もちろん、民営化は橋下市長の方針とも合うから、市長は賛成してくれるに違いない。問題は、どこの医療機関に、どのような条件で買いとってもらえるかである。

済生会病院と社医センの親和性

われわれが目をつけたのは、全国に広がる済生会病院で有名な社会福祉法人・済生会である。すでに述べたように、もともと社医センの前身は、本田良寛先生の済生会・今宮診療所であり、両者の関係はとても深い。

最近でも、「釜ヶ崎検診」として、大阪府内の8つの済生会病院の医師たちが、釜ヶ崎で無料の健康診断を実施してくれており、この地域の医療にも済生会病院は理解がある。医療法人ではなく社医センと同じ社会福祉法人なので、吸収合併への制度的障害も小さい。さらに現在、理事長をつとめている炭谷茂先生は、あいりん地域に造詣の深い人物である。厚生労働省の元大物官僚（最後は環境省事務次官で退職）で、生活困窮者対策、社会的起業、困窮者医療のスペシャリストとして活躍してきた。

NPO釜ヶ崎支援機構の山田さんや再生フォーラムのメンバーとも旧知の仲であり、あいりん地域を何度も訪れている。さらに、済生会の理事長になる前には、学習院大学の特別客員教授をつとめていたので、私もよくキャンパスでおみかけしていた。

不本意ながら社医セン改革案は棚上げ

これは千載一遇のチャンスかもしれない。早速、東京の三田にある済生会本部を1人で訪ねて、炭谷先生に西成特区構想の説明を行い協力をお願いした。炭谷先生は、有識者座談会のゲストスピーカーになってくれることを快く承知してくれた。その機会をとらえて、福祉局から社医センの現状を説明し、済生会病院による社会医療センター運営の可能性を打診する段取りにした。

果たしてその結果はというと、残念ながら、うまくいかなかった。他の済生会病院のように300床、400床の規模であればまだしも、80床の病院ではとても経営が成り立たないということなのであった。あいりん地域への思いはもっていても、それだけではソロバンを合わせることはできない。よく考えてみれば当然のことである。私の考えは甘すぎた。

そこでわれわれがとった戦略は、不本意ながら「棚上げ」であった。社医センの今後のあり方については、あいりん総合センターの建て替え問題とセットで議論する必要がある。あいりん総合センターの件は、西成特区構想の側で企画・立案することになるから、結論を引き延ばせば引き延ばすほど、われわれに有利になるだろう。

なんとか市政改革プランの最終案には、「大阪社会医療センターの設置されている建物の耐震改修の対応を含め、今後の方向性について府市で議論」という文言を入れることができた。西成特区構想があいりん総合センターの今後のあり方を決めるまで、社医センの見直し論議は、実質的に先送りである。

その間に、社医センの職員らが不安な立場に置かれることは心配であったが（やる気を失う職員が出たり、退職者が相次いだりするかもしれない）、早急に診療所にすることが決まってしまうよりは、はるかにマシな選択だ。市政改革プランの嵐が去ってから、挽回の手段を考えることにした。

［コラム 10］

人々の信頼と規模の経済

まちづくり改革をこれから始めるリーダーにとって、まず、もっとも重要なことは、地域のなかからなるべく多くの賛同者、協力者を得ることだ。賛同者が多ければ多いほど改革案の合意形成が楽になる。協力者が増えれば、施策運営にも力を貸してもらえる。

しかし、リーダーがいくら懇切丁寧に改革案を説明しても、地域の人々にはどうしても疑問点や不安が残る。将来のことは不確実性やリスクに満ちている。起こりうるすべての事態や不測の事態にどう対処するか見極めてから、改革案の賛否を判断することは、事実上、不可能だ（これを経済学では「不完備契約」と呼ぶ）。

そこで、人々がしばしば行うことは、改革を実施するリーダーが信頼に足る人物かどうかを見定め、それによって改革案の賛否を判断するというやり方である。

それでは、地域の信頼を得るためにリーダーは何をすべきか。①なるべく多くの人々に直接会って話をする（人物をみせる）、②人々の期待を裏切らない実績を積み上げて「評判」を築く、③地域の人々と貸し借りの深い関係を築く（裏切れないシグナルにもなる）といったことが重要である。しかし、これはたいへんな手間暇がかかる。

じつはもっと効率的な方法がある。それは、「地域の人々から、すでに信頼を得ているキーパーソン」の信頼を得ることである。「あの人が信頼しているくらいだから、私もあなたを信頼しよう」と、人々の説得が格段に楽になる。人々のつながりにはネットワーク性があるから、まさに芋づる式に信頼の輪が広がる。

経済学的にいえば、これは「規模の経済」が働くということである。多くの人の信頼を得れば得るほど、さらに多くの人々の信頼を得るための手間暇が減り、信頼の輪を広げやすくなる。上手に規模の経済を働かせられれば、反対派や競争相手を圧倒することができる。

通常、規模の経済は大きな固定費（設備などの初期費用）がかかる場合に生じるが、この場合の固定費はゼロである。信頼を1人ひとりに広げていくための限界費用が、ネットワーク性のために下がっていくのだ。

しばしば、雪崩を打ったように信頼の輪が広がる一方、ひとたび、ネットワークのハブにいるキーパーソンの信頼を失うと、急速に信頼の輪が萎むというおそろしさがある。

（注1）ちなみに、こどもの里の活動を描いたNHKスペシャル「こども輝け、いのち　第一集　父ちゃん母ちゃん、生きるんや」（2003年2月9日放映）という番組は名作である。また、こどもの里と山王こどもセンターに集うこどもたちが冬場に行っているホームレスの見回り・見守り活動「こども夜回り」の様子を映像化したDVD教材「『ホームレス』と出会う子どもたち」（一般社団法人ホームレス問題の授業づくり全国ネット）も素晴らしい。私は、学習院大学の福祉経済学の授業で、必ず両方とも学生たちにみせている。

第11章

特区構想3本の矢

話をふたたび、西成特区構想・有識者座談会に戻そう。全12回にわたる有識者座談会の議論、区民シンポジウム、舞台裏でのさまざまな暗闘を経て、ようやく2012年9月末、西成特区構想の本体(5年計画)が策定される運びとなった。

有識者座談会の「答申」として204ページにもわたる大部の報告書をつくり、西成特区構想として進めるべき各種事業を、8分野56項目にわたって打ち出した。

あいりん改革の基本戦略

表は、その主な事業をまとめたものである。まず、アベノミクスならぬ西成特区構想「3本の矢」として、

(I)短期集中型の課題解決策

（Ⅱ）将来に向けての経済活性化策・人口流入策
（Ⅲ）自律的改革推進のための舞台装置
の3つの政策目標を設定した。(注1)

（Ⅰ）「短期集中型の課題解決」とはもちろん、あいりん地域がいままさに直面している貧困、環境、治安、衛生などの諸問題についての対策である。これらはこれまで微動だにしなかった難題であるが、橋下市長の強いリーダーシップを奇貨として、短期決戦で突破していく。

この諸問題の解決なしには、到底、子育て世帯がこの地域に流入してくることは期待できない。また、誰もこの地域に投資をしようとしないから、将来的な経済活性化のチャンスも失われてしまう。

じつは、こうした短期集中策とともに、車の両輪のように必要なことは、マクロ的な地域活性化策、将来に向けての中長期的な地域再生計画である。あいりん地域の労働団体や支援団体のなかには、第2の矢である（Ⅱ）「将来に向けての経済活性化策・人口流入策」に対して批判的な態度をとる人々が多い。

「そんなことをする暇があったら、目の前の課題解決に集中しろ！」「ホームレスや日雇労働者の貧困問題解決が最優先だ！」などと、よくお叱りを受けたものである。しかし、経済学の観点からみて、第2の矢は第1の矢に負けず劣らず重要な施策であり、おたがいに補完し合う要素であることから、できることは同時進行で行う必要がある。

西成特区構想の主な施策一覧

I. 短期集中型の課題解決策	
1.ホームレスの自立支援策	(1)環境改善・治安改善のための公的就労拡大 (2)特掃の維持と若年齢層への拡大 (3)ホームレス、生活保護受給者を活用したソーシャル・ビジネスの拡大 (4)公園におけるテント・小屋掛けの平和的解決 (5)住環境、居場所に配慮したシェルター建て替え
2.生活保護受給者対策	(6)未利用地を活用した居場所づくり、社会貢献活動への参加促進 (7)医療へのアクセス・コントロール (8)退院支援と医療相談 (9)貧困ビジネス対策(住宅扶助改革とケア・支援補助金創設)
3.不法投棄ゴミ対策	(10)ゴミ収集事業の正常化と頻度の高いゴミ収集 (11)公的就労を利用した監視と収集 (12)警察による取り締まり強化
4.結核対策	(13)結核対策のワンストップ化 (14)外来で治療可能な生活支援策
5.治安対策	(15)LED防犯灯設置 (16)警察による取り締まり強化
6.貧困世帯の支援策	(17)ワンストップ型支援体制「あいりん地域トータルケア・システム」
7.こどもの支援策	(18)こども版地域包括支援センターの整備 (19)子どもの家事業に代わる支援体制の整備
II. 将来に向けての経済活性化策・人口流入策	
8.観光活性化策	(20)国際ゲストハウスエリアのゾーニングと転換支援 (21)屋台村構想 (22)アート、エンターテイメントの活性化策 (23)歴史的観光遺産の整備と資源化
9.教育活性化策	(24)大学(分校)の誘致 (25)大規模留学生会館の設置 (26)今宮小中一貫校の教育充実、通学路整備 (27)学習塾バウチャー拡充 (28)西成版夜スペの実施
10.駅前の活性化策	(29)新今宮駅前の再開発 (30)あいりん総合センターの建替にともなう駅前総合施設化
11.子育て世帯呼び込み策	(31)市有地、未利用地を活用した子育て世帯向け住宅建設 (32)市営住宅建替による子育て世帯流入策 (33)保育所整備、保育バウチャー創設
III. 自律的改革推進のための舞台装置	
12.官民協働、行政手法の転換	(34)エリアマネジメント協議会の設置 (35)あいりん総合センター建替、萩小跡地活用に関するまちづくり会議設置

マクロ的対策の重要性

第1の矢（Ⅰ）「短期集中型の課題解決策」は、個別問題に対するミクロ的対策であり、いわば「痛みをともなう構造改革」的な側面がある。何かを変えることは何かをがまんすることであり、誰かと誰かの利害が必ずぶつかり合う。誰かの既得権にも抵触する。こうした構造改革は、地域の景気がどんどん悪くなり、貧困化が進む経済環境のなかでは、推し進めることがとてもむずかしい。

それは、人々の気持ちが縮こまってしまい、他人のことやまち全体のこと、将来のことに考えがおよばず、とにかくいまある小さな既得権にしがみついてしまうからである。経済環境が好転し明るい将来が展望できないと、なかなか改革に立ち向かう心の余裕が生まれない。いまはがまんして、おたがいに譲り合い、未来を切り拓いていこうという気にならないのである。

その意味で、第2の矢（Ⅱ）「将来に向けての経済活性化策・人口流入策」で、将来的に投資を呼び込み人口を流入させるような明るい展望・計画をまず打ち出す。そのなかで、とくに即効性が期待できる経済活性化策はどんどん前倒しで実行していく。そのことが、第1の矢も動かしやすくするのである。

最後の3本目の矢（Ⅲ）「自律的改革推進のための舞台装置」は、ミクロ、マクロの諸改革を推進するためのいわば「舞台装置」づくりである。西成特区構想は5年計画であるが、この地域が本当に再生を実感できるためには10年、20年という長い歳月が必要であろう。たとえ市長が変わっても、特別顧問がいなくなっても、改革のバトンが確実に引き継がれ、地域の人々と行政が協力して、自律的に物ごとが進んでいく仕組みをつくっておかなければならない。

一石二鳥の人材活用策

まず、第1の矢から詳しくみていこう。第1の矢の柱となっているのは、ホームレスや生活保護受給者を活用した、まちの環境・治安改善策である（表の（1）（2）（3）（6）（11））。

ここで、読者に質問がある。あいりん地域のなかに、もっとも多くある資源とは何であろうか。豊富にある資源こそ、地域の「比較優位」を生み出す源泉である。

「資源」というと少し語弊があるかもしれない。われわれが思い当たった答えは、人口の約3分の1、9000人ほどいる生活保護受給者、そして高齢者特別就労事業（特掃）の登録をしている1500人ほどの生活困窮者やホームレスの人々である。

彼らは、生活保護費や特掃という公費（税金）に依存している人々として、これまで社会から「お荷物」としてみられてきた。しかし、もともと彼らのほとんどは日雇労働者であり、自分たちのやってきた仕事に誇りをもち、仕事をして生きることを当然と考えている。だからこそ、特掃登録者は、苦しいホームレス生活をしていても、最後まで生活保護のお世話になることを拒否し、廃品回収や特掃で生きているのである。

たとえ、最終的に生活保護受給者になっても、世間さまに申しわけないと、何か後ろめたい気持ちを抱き続けている人も多い。そこで、彼らに、まちの環境改善や治安改善の仕事をして、貴重な労働力として地域に貢献してもらうのである。もちろん、どちらもフルタイムで働けるほどの体力はないが、パートタイムのちょっとした就労やボランティアであれば十分に可能である。

アウトソーシング

まず、特掃登録者たちには、特掃の仕事メニューを拡大したり、新たな公的就労の機会をつくったりして、これまでの公園や道路清掃の仕事を拡大するとともに、不法投棄ゴミの回収や見回り、公衆トイレの清掃、立ち小便や路上飲酒などのマナー違反への注意、違法駐輪の整理などの仕事を担ってもらう。

これらは、もともと高給取りの市職員がやっていた仕事であるから、アウトソーシングすることによって公費の大幅節約ができる。また、全額を公費に依存するのではなく、民間資金も入れて、ソーシャル・ビジネスを立ち上げることも考えられよう。こうした公的就労、社会的就労拡大で生活困窮者の収入が安定し、野宿生活やシェルター生活から脱却して簡易宿泊所（簡宿）や低家賃アパートで暮らせるようになれば、貧困対策にもなって「一石二鳥」である。

また、ホームレスは結核感染のハイリスク群であり、その生活安定は結核対策にもつながる。さらに、彼らの生活が安定すれば、路上で倒れて急迫保護で行路病院に担ぎ込まれ、最終的に生活保護費から高額の医療費（医療扶助）が支出されるといった無駄も未然に防止できる。そして、あいりん地域内の公園テント・小屋掛けを平和的に解決でき、公園が地域のために開放されることになれば、まちづくりにも役立つ。まさに、一石三鳥、四鳥の施策である。

生活保護受給者への北風政策

一方、生活保護受給者に対しても、地域への貢献活動として、仕事づくり、居場所づくり、生きがいづくりの事業を創設する。具体的には、まちのあちこちにある市有地・未利用地を活用してコミュニティー菜園をつくり、花を育ててまち中に飾ったり、野菜を育てて子どもたちに配ったりする。また、特掃の対象ではない公園の草むしりや学校内の清掃、保育園や幼稚園、小中学校の運動会や学芸会の手伝い、まちのさまざまなイベント、お祭りなども近年は人手が足りず、いくらでもやるべきことがある。もともと大工などをしていた人も多いから、学校や公民館などのちょっとした修理、改修も担うことが可能だ。通学路の児童見守り、学校の警備などでも地域に貢献できる。

あいりん地域にいる生活保護受給者に対しては、①真昼間から飲酒をしている、②パチンコや違法賭博などの不適切な支出がめだつ、③貧困ビジネスや違法薬物売買などの犯罪に関与するケースがある、などとして一般市民やマスコミからきびしい目が注がれてきた。これに対して、ケースワーカーを増員して指導体制を強化したり、生活保護Gメンが不正受給を摘発したり、現金のかわりにプリペイドカードを支給して金銭管理を行うといった「北風政策」が、これまで実施・検討されてきた。

太陽政策への転換

しかし、われわれはそれよりも、なぜ、彼らが不適切な支出に走ってしまうのか、その原因にもっと目を向ける「太陽対策」をとるべきだと考えた。彼らは、それまで日雇労働や野宿生活をしながら就労していた人々が多く（廃品回収なども一種の就労である）、生活保護を受給した途端やるべき仕事を失って、時間をもて余してしまうのである。

居場所や生きがいを失い、せまい福祉アパートや福祉マンションに引きこもる生活はじつに孤独だ。そのさびしさ、わびしさのはけ口として、不適切な支出があるのではないかと考えた。そうであれば、彼らに仕事や生きがいを提供するのがいちばんの解決策である。

地域のなかで、人と人とのつながりができれば、犯罪に巻き込まれる危険性も低くなる。地域の課題解決に貢献することによって自己肯定感や自尊心をとり戻すことができるし、これまで無視されていた地域住民から「ありがとう」と声をかけられることは、彼らにとって無上の喜びとなるだろう。

また、ちょっとした就労でも、その分、生活保護費の節約にもつながる。後ろめたい気持ちも少しはやわらぐかもしれない。さらに、健康的に時間を使って、病状悪化や要介護状態に陥ることを予防できれば、やはり医療扶助や介護扶助という公費の節約になる。これも、一石何鳥にもなる施策なのである。

病院の貧困ビジネス対策

生活保護については、受給者自身の不適切な支出に加えて、「貧困ビジネス」にどう立ち向かうのかという点も大きな課題である（表の（7）〜（9））。この地域の生活保護受給者に対する貧困ビジネスには主に2種類がある。

1つは、すでに述べた「病院の貧困ビジネス」であり、近年は行路病院だけではなく、小病院や診療所と介護事業者がタッグを組み、過剰医療・過剰投薬・過剰介護を行う動きも広がっている。生活保護の医療扶助・介護扶助は自己負担がゼロのため、受給者たちは言われるがままに青天井のサービスを受けてしまう。あちこちの診療所で同じ薬を出されて、大量の飲み残しをしてしまう者や、むしろ確信犯的に睡眠剤や向精神薬を大量処方してもらい、それをネットや露店で販売する者までいた。

こうした問題に対処するために、西成区ではかかりつけ医（原則1診療科1医院）やかかりつけ薬局を決め、重複受診、重複薬剤処方や、不必要な訪問診療が起きないように、アクセスコントロールを行うことにした。(注2)

住宅の貧困ビジネス「囲い屋」対策

もう1つは、「囲い屋」と呼ばれる住宅の貧困ビジネスで、生活保護受給者を自分のアパートや文化住宅などにできるだけ多く詰め込み（囲い込み）、きわめてせまい居住面積にもかかわらず、生活保護の家賃（住宅扶助）の上限である月額4万2000円（2015年7月から順次4万円に引き下げられた）を徴収する。

そのほか、共益費や食事代などの名目で生活保護費をピンハネしたり、病院や介護事業所の貧困ビジネスに、自分たちが囲い込んでいる生活保護受給者を送り、手数料をとるようなことまで行っている。

この囲い屋対策で悩ましいことは、表面上、サポーティブハウス（サポハウス：簡宿転用型アパートの一種）や良心的な福祉マンション・福祉アパートとの区別がむずかしいことである。サポハウスなども、基本的に3畳一間のせまい居室で、住宅扶助の上限である月額4万2000円を徴収している。ただし、こちらはそのなかから、さまざまなケア（服薬管理、金銭管理、生活管理、行政手続き代行やコーディネート、病院へのつき添い、さまざまなトラブルの処理など）や支援（就労支援、社会生活自立支援、生活相談など）を行うための人件費や諸費用を捻出している。

制度を憎んで人を憎まず

問題は現行の生活保護制度のなかに、こうしたケアや支援を行うことの対価を出す仕組みがないことであり、善良な施設は、本来は家賃であるはずの住宅扶助から、その費用捻出を余儀なくされている。このため、その制度上の矛盾を突いて、まったく何のケアも支援も行わない囲い屋たちが、同じ住宅扶助の上限額を徴収して、おいしい「貧困ビジネス」となっているのである。

この問題への対処法としては、住宅扶助額を居住面積やアメニティーに応じて決定し（狭小・劣悪な部屋は住宅扶助を減額）、そのかわりに、ケア・支援を行うための補助金を交付することが考えられる（表の（9）のケア・支援補助金）。貧困ビジネスを兵糧攻めにする一方、優良な施設に報いる制度を設計することが、経済学的な正攻法である。

私は「制度を憎んで人を憎まず」という姿勢が、経済学のもっとも重要な基本原理（principle）の1つだと考える。「黒い猫でも白い猫でもネズミを捕る猫はいい猫だ」というが、たとえ、囲い屋であっても、きちんとケアや支援を行うほうが得になる「制度」をつくれば、正しい行いをする可能性が高い。逆に貧困ビジネスがはびこる原因をつくったのは、性善説に基づいて甘い制度設計を行った（あるいは、抜け穴が明らかになっても放置した）担当官庁の責任である。

ワンストップの結核対策

すでに述べたように、あいりん地域の結核の罹患率（人口10万人当たりの新規患者数）は、依然、全国平均の28倍という高さであり、アフリカの最貧国並みである。しかし、この数字でも以前にくらべれば、驚くほど改善した結果なのである。この10年間の官民を挙げた集中的対策により、現在は10年前の罹患率にくらべて、ほぼ3分の1の水準にまで下がっている。（注3）
しかし、もはやかんたんに効果の上がる対策はやり尽くしてしまったため、今後は、まったく新しい対策を考え出さねばならない。すでに、検診対象者拡大などこれまでの延長上の対策については、橋下市長が2012年度の補正予算を使って実施することを決断していた。そこで、西成特区構想としては、従来方式ではない斬新な抜本策を打ち出すことにした。

関西大学の高鳥毛《たかとりげ》敏雄教授をはじめ、HESO（NPOヘルスサポート大阪）やWHOの結核専門家を呼んで有識者座談会で議論を行ったり、健康局を入れた行政会議を何回か開き、独自対策として打ち出したのが、①ワンストップ型結核センターの設置、②生活支援も含めた結核対策である（表の(13)(14)）。

じつはこれまで、生活保護行政（医療扶助）を担う福祉事務所と、結核対策を行うべき保健所、大阪社会医療センター付属病院（社医セン）などの医療機関の間で、おたがいの連携が悪いことが問題となってきた。せっかく、ホームレスの人々が結核ではないかと体調不良を訴えてきても、市立更生相談所（市更相）や保健所、社医センの間を手続きのために何度も往復させられているうちに嫌気がさし、行方不明となってしまうことが多々あったのである。

通院型生活支援策

また、あいりん地域内に結核病床がないために、患者は遠方の結核病院に入院させられるが、結局、生活習慣が違いすぎて適応できず、治療半ばであいりん地域に逃げ帰ってきてしまうことも多かった。こうした問題を防ぐには、結核外来や病床、すべての行政ブースがワンストップで機能する「結核センター」の設置が不可欠である。

大阪市の場合、結核患者が生活保護を受けるためには、入院が条件になっているということも制度的なネックであった。排菌をしていない結核患者は、あいりん地域に住みながらの外来通院や訪問型DOTS（患者の服薬を医療関係者が直接確認する支援方法）でも十分に治療可能である。しかし、外来通院では生活保護が受けられず就労もできないので、結局、生活費が足りず治療が完結できないという問題があった。

こうした患者は、行路病院をおそれていたり、退院後、日雇労働に復帰できなくなることをおそれているために、入院して生活保護で治療するという選択肢を拒否する場合が多い。そこで、生活保護とは別の一時保護制度を用意し、生活拠点と生活費を提供するのである。つまり、外来通院やDOTS（訪問型・拠点型）で治癒が行える生活支援策を創設することにした。

ワンストップ型の貧困支援、子ども支援

さて、いくら子育て世帯の人口流入策に力を入れても、はじめのうち、あいりん地域にわざわざ移ってくるのは、さまざまな困難を抱えた貧困層であろう。こうした層に対しては、これまでも、あいりん地域内のさまざまな支援団体や各種施設、行政が窓口となって支援を行ってきたが、これらは必ずしもおたがいに横の連携がうまくとれてはおらず、必要な社会資源や行政措置を十分に活用できているとは言い難かった。

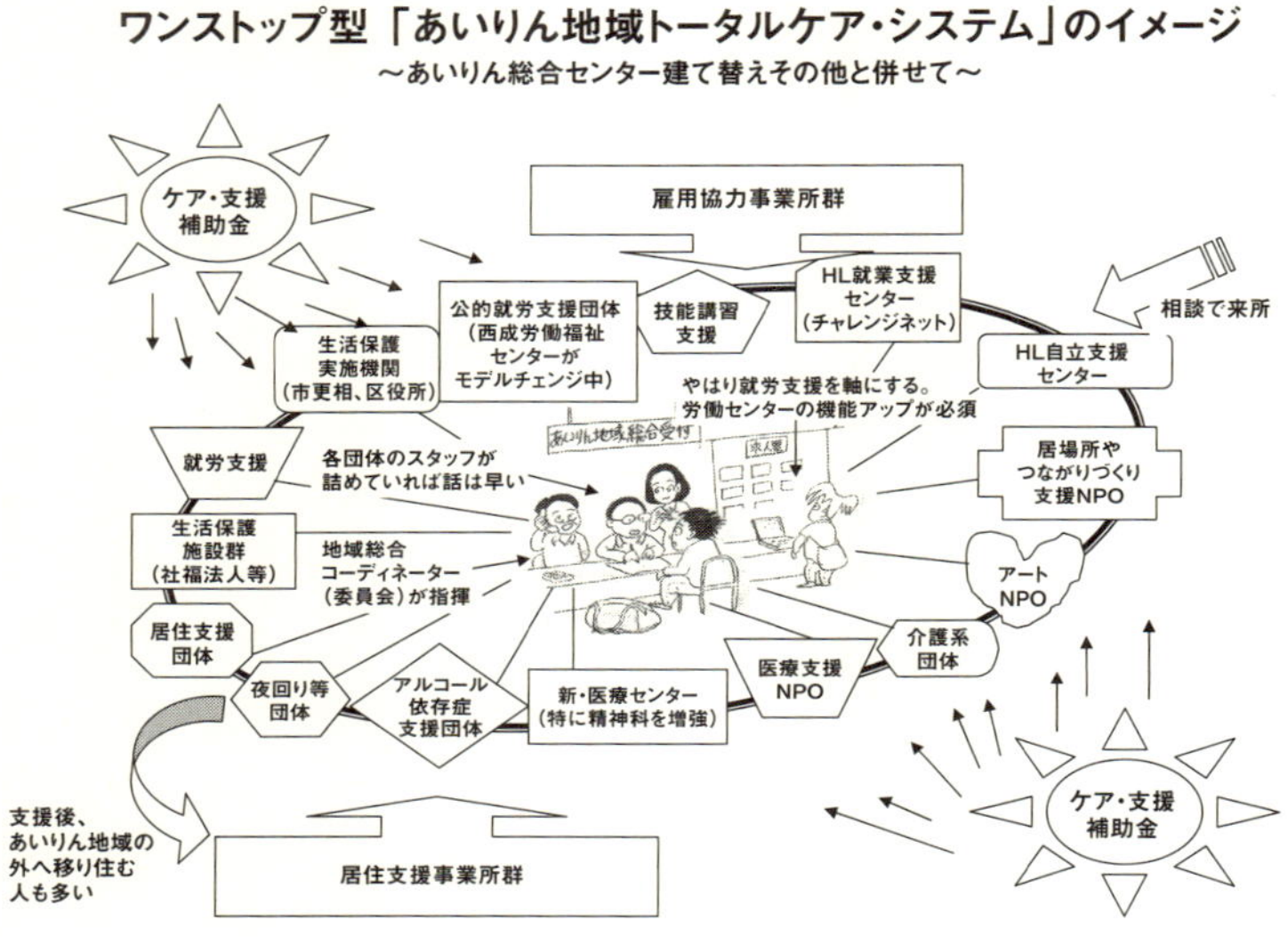

あいりん地域トータルケア・システム（ありむら潜さん作成）

そこで、就労や医療、福祉などの支援を1カ所に集約させたワンストップ型支援体制「あいりん地域トータルケア・システム」を構築することを考えた（表の(17) および図を参照）。この模範となったのは、こどもの里の荘保共子さんたちが中心になって行っている「わが町にしなり子育てネット」の地域ケア会議である。この「こども版のケース会議」を大人の貧困世帯にも広げようという逆転の発想である。

もちろん、子どもを抱える貧困世帯やひとり親世帯もさらに増えることが予想されるから、子育て支援体制もさらに充実させる必要がある。そこで打ち出したのが、これもワンストップ型の支援体制である「こども版地域包括支援センター」である（表の（18））。

これまでのネットワークで欠けている部分を補うために、西成区への自立援助ホーム（15歳から20歳までの困難家庭の児童を支える施設）の設置、中学校へのスクール・ソーシャルワーカー配置、各保育所へのファミリー・ソーシャルワーカー配置なども同時に提案した（表の（19））。

究極の消滅可能性都市

しかし、こうした「短期集中型で解決すべき課題」に加えて、ある意味でより深刻な問題は、この先10年、20年の間に、この地域が急激な人口減少と超高齢化に見舞われるということである。

現在、約2万人強のあいりん地域の住民人口は、２０３０年には1万人を下回り、高齢化率も約6割に達すると予測されている。あいりん地域は、都市部にありながら、究極の「消滅可能性都市」なのである。

すでに述べたように、バブル崩壊後、日雇労働市場の規模が急速に縮小するなか、それにかわってあいりん地域の経済を下支えしてきたものは、生活保護受給者が支出する公費や、特掃などの諸対策にかかる公費であった。また、高齢の生活保護受給者が利用している医療扶助や介護扶助も、この地域の経済の下支えに大きく貢献している。

しかし、今後、生活保護受給者や特掃登録者がどんどん死亡していく。この人口減少にともなって、公費支出が急速に減少していくことは確実である。人口急減と高齢化の急進によって、一度はこの地域を下支えした公費の急減に直面し、何も手を打たなければ、この10年、20年の間に、急速にあいりん地域は衰退するだろう。

いまそこにある危機

もともと日雇労働者の生み出す巨大な消費支出を必要とする経済構造（簡宿や商店街、飲食店が数多く立地する）を、あいりん地域はもっていた。この労働者とまちの共依存関係が変わらないまま、生活保護費などの公費支出で、何とかこのまちが耐えて忍んできたことを考えれば、この先にある人口急減、公費急減というショックには、さすがに耐え切れずに一気に廃業・倒産が加速していく可能性が高い。

地価下落もさらに深刻となるであろう。今後の急速な経済衰退、地価下落が予想されるなかでは、将来に向けての投資はますます減少し、せっかく現存するまちの人的資源・社会資源も大きく失われることになりかねない。

その意味で、「短期集中型で解決すべき課題」を解決したからといって、ただちに、この地域の将来展望が開けるわけではない。そこで、西成特区構想第2の矢として「将来にむけての経済活性化策、人口流入策」がどうしても必要となる。

国際観光エリアのゾーニング

その第2の矢の柱の1つは、国際観光の振興である（表の（20）～（23））。インバウンド消費の受け皿となり、あいりん地域の経済を活性化させる。これはきわめて即効性が高く、成功確率の高い施策である。すでに述べたように、御堂筋線・動物園前駅周辺はきわめて利便性が高く、簡宿から転換した国際ゲストハウス十数軒が、バックパッカーなどの外国人観光客を惹きつけて、すでに大盛況となっている。

しかしながら、すでにその10数軒は稼働率が飽和状況である。新築、増築も進んでおらず、まだまだ広がる潜在的需要に応えられずにいる。それは、国際ゲストハウスが立ち並ぶ駅前の太子1丁目エリアにも、立ち枯れた簡宿や福祉マンションが存在していて、面的な広がりをつくる障害となっているからである。

また、せっかく宿泊している外国人観光客は、あいりん地域内を回遊せず、他の観光スポットで消費してしまう。周辺商店街の高齢化が進んでシャッター通り化しており、外国人観光客のニーズを満たす店舗が、ほとんど存在しないからである。まったく、「もったいない」の一言に尽きる。

そこで、このエリアについては、「国際ゲストハウスエリア」としてゾーニングをかける。国際ゲストハウスに転換する簡宿や福祉アパートに対して、改装費などを補助することでゲストハウスへの誘導を図ったり、建て替えを促すために旅館業法の条例を緩和する。また、外国語看板の設置、国内外の観光客・宿泊客向けに各国語によるホームページ開設やパンフレットの作成・配布も行う。

大規模な観光客向け屋台村構想

さらに、周辺商店街についても、空き店舗対策を進め、外国人観光客向けのバーやパブ、お土産店を優先的に配置する。同時に、この地域にたくさんある観光名所を再整備したり、もともとあるアートやエンターテインメントを活性化することによって、さらに外国人観光客がこの地域で回遊、消費するように促す。

こうした国際ゲストハウスエリアとしてのゾーニングは、この地域に「集積の利益」をもたらし、この地域全体の経済を引っ張り上げるエンジンとなることが期待される。このエリアが活況を呈せば、さまざまな仕事が生み出され、あいりん地域全体に落ちるおカネが増えることになろう。いわゆる「トリクルダウン」である。

さらに、あいりん地域の観光振興のもう1つの目玉として、「屋台村構想」を打ち出した。これは、台湾やタイの夜市（ナイト・マーケット）のような大規模な観光客向けの屋台村である。場所としては、交通量が少なくなる夜間、4車線ある堺筋の2車線を止め、中央分離帯も使って大屋台街を出現させる。

外国人観光客にとってたいへんな魅力になることは間違いないし、難波や天王寺のオフィスに通うサラリーマンたちをも惹きつけることになるだろう。夜市創設は、この地域との親和性も高く、周辺の飲食店との相乗効果も期待される。また、堺筋は国際ゲストハウスエリアにも面しているので、ますますこのエリアの宿泊者も増えることになるだろう。これも、ほぼ成功間違いなしの即効策である。

その他、この地域の経済活性化策としては、「新今宮」駅前の再開発が考えられる。浪速区側の市有地やあいりん総合センターの建て替えをリンクさせれば、相当に大規模な事業計画をつくることができ、地域活性化に大きな効果が期待できる（表の(29)(30)）。

台湾の夜市（阪南大学松村教授提供）

産業政策としての教育振興

もう1つ、将来に向けた経済活性化の柱となると考えたのは、意外に思われるかもしれないが、教育施策の拡充である（表の(24)～(28)）。これは、この地域の未来を支える子どもへの投資であるとともに、地域の経済を下支えする「産業」として教育の振興を促すということである。

具体的には、①この地域への大学（分校）の誘致、②大規模留学生会館の設置を考えた。大学、留学生会館設置ともに、あいりん地域周辺の未利用地の活用を想定する。大学誘致を行う理由であるが、第1に、大学生とは経済的にみれば純粋な消費主体であり、住宅需要（下宿、アパート）、飲食や娯楽などの消費需要を生み出し、この地域を経済的に潤す人々である。大学生たちには、今後、超高齢化とともに急速に失われていく生活保護受給者にかわって、この地域に住宅・消費需要を生み出すことが期待できる。

第2に、大学誘致にともなって形成される学生街は、日雇労働者の住宅需要、消費需要を満たしてきたこのまちの構造との親和性が高い。すなわち、簡宿や福祉マンションが、いずれ学生の下宿や学生寮になったり、日雇労働者向けのめし屋、居酒屋が、学生食堂や学生相手の居酒屋になるだけである。これなら、既存の社会資源を生かすことができ、多少の追加投資で、日雇労働者街から学生街への転換は十分に可能だと思われる。

学生街がもたらすもの

第3に、文教地区となれば、この地域のイメージアップ効果は絶大である。第4に、大学が身近な目標として存在することにより、小中一貫校やこの地域の学校の修学モチベーションが高まる。学生による塾や家庭教師の供給も安価に行われることにより、学習塾バウチャーや西成版夜スペといった施策との相乗効果も期待できる（表の（27）（28））。ちなみに、西成版夜スペとは、東京の杉並区・和田中学校の夜スペを模範としたもので、西成区でも中学校の空き教室に学習塾を入れることにした。

第5に、大学建設・運営にともなって創出される清掃、ビルメンテナンス、建設といった仕事は、あいりん地域の日雇労働者、ホームレス、生活保護受給者の仕事づくりにも一役買うことができる。第6に、学生が多いことは、アートや若者文化の発信によるまちづくりという意味でも、アート振興策との相乗効果が期待できる。若いアルバイト労働力による飲食店、娯楽施設の活性化も見込める。

第7に、大学生たちにとっても、じつは、この地域は生活しやすい場所である。地の利もよいし、物価も安い。独特の温かさ、懐の深さがある。環境・治安問題さえ解決すれば（そして時間はかかるだろうが、学生の親御さんのイメージが変わっていけば）、学生生活を送る場所として、本当は魅力的な地域である。

相乗効果が期待できる大規模留学生会館の設置

また、大規模留学生会館を設置することも相乗効果の大きい施策である。大阪には大学が多く、留学生も大阪府下で少なくとも5000人程度は存在すると考えられるが、留学生会館はどの大学もひっ迫している状況である。学生数は専門学校や語学学校に通う留学生も入れればさらに巨大な数字となるだろう。

新今宮駅、動物園前駅周辺はどの大学に通うにせよ地の利がよく、賃料が安いため、うまくコーディネートすれば、留学生が数多く集まるエリアとなりうる。

その中心として、大規模留学生会館を市の外郭団体（大阪国際交流センター）を使って設置する。その建物のなかで、周辺に住む留学生に対しても、生活相談、アルバイト紹介、学習支援、就職支援などを行うことにすれば、留学生会館の周辺も、留学生が下宿を探すエリアとして活性化するだろう。さらに留学生向けに若干の家賃補助制度を創設し組み合わせれば、さらに留学生街として相当な住宅需要と消費需要が喚起できる。

消費以外での留学生への期待

大学誘致と同様、大規模留学生会館をこの地域に設置する第1の理由は、その消費需要、住宅需要への期待がある。第2に、留学生は、日本人学生よりもさらにこの地域への偏見が少なく流入がより容易であろう。何しろ、あいりん地域には、すでに外国人が数多く居住しており、もともと外国人への偏見が少ない地域だからである。もちろん、外国人観光客も数多い。留学生街が先に根づけば、日本人の学生街もつくりやすくなる。

第3に、留学生とは「日本語ができる知的外国人」であるから、国際ゲストハウスエリア、国際観光振興策とも親和性が高い。具体的に留学生を国際観光振興の担い手、アルバイト労働力として活用できる。

第4に、小中一貫校が打ち出している外国語教育、国際教育にも、その担い手として貢献が期待できるだろう。

エリアマネジメント協議会の設置

最後に、西成特区構想3本目の矢（Ⅲ）「自律的改革推進のための舞台装置」は、第1の矢、第2の矢を推進するための官民協働の「舞台装置」づくりである（表の（34）（35））。

具体的には、「エリアマネジメント協議会」を設置する。これは、地域で活躍する住民や支援団体、労働団体などが「おたがいの違い」を乗り越えて集まり、その地域（エリア）を運営（マネジメント）するための、まちづくり会議体である。地域のまちづくりに必要な施策を、官民協働で立案し、計画し、実施していく。行政よりもむしろ、地域の人々が主役・当事者となり、まちづくりを主導する。

行政の役割は、まず、エリアマネジメント協議会設立のためのコーディネートやバックアップを行うことである。また、協議会の議論に資するよう、まちづくりのための各種調査を実施して、協議会が施策を検討するためのさまざまな選択肢、たたき台を用意する。

行政不信を生むメカニズム

このエリアマネジメント協議会は、これまでの大阪市役所の行政手法の大転換となる。とりわけ、あいりん地域では、ステークホルダー（利害関係者）が多くて合意形成、利害調整がたいへん困難であることから、地域の人々をまったく無視した行政手法が長年、横行してきた。

すなわち、①地域の人々に事前にいっさいの相談をせず、行政内部で秘密裏に事業を立案し、②具体的な事業計画を詰め終え、予算も決まってから、ぎりぎりのタイミングではじめて地域に説明する（いきなり調整方式）。

③地域は当然、「開けてびっくり玉手箱」で、怒り心頭の大騒ぎとなるが、行政は平身低頭で嵐の

過ぎるのを待つ。④結局、時間切れで事業が決定し、地域の意向を無視した施策を無理やり強行する。しかし、こういう行政手法を繰り返すと、⑤地域の人々の行政不信をますますヒートアップさせ、次の事業実施をむずかしくする、⑥こうした失策が積もり積もって、地域の人々が行政自体にアレルギー反応を起こし、もはや地元の反発で何もできない状態に陥る。⑦このため、いくら問題が生じていても、行政は問題先送りや放置を行わざるをえなくなり、ますます地域の人々の行政不信をエスカレートさせる。これまでこの地域は、まさに、こうした悪循環の繰り返しであった。

行政手法の大転換

「鈴木顧問、あいりん地域の問題は微動だにできませんよ」とは、副市長たちや本庁の局長たちの口癖である。本当に何度となく聞かされた。しかし、この地域をそのようなコントロール不能の状況に陥らせたのは、ほかならぬ大阪市役所自身の行政手法なのである。そのことに、彼らは気づいているのであろうか。

なんとかこの悪しき行政手法をここで終わらせ、官民協働でまちづくり改革を行う「エリアマネジメント」を根づかせなければならない。そして、このエリアマネジメント協議会をうまく機能させられなければ、その先にある超難易度の課題——「あいりん総合センターの建て替え問題」には、とても手がつけられない。

まずは、観光振興、環境問題や治安問題の解決、子育て・教育環境の改善、住宅・市有地利活用など、この地域の課題ごとにエリアマネジメント協議会を複数設立して、多くの地域関係者に参加してもらう。官民協働で実施する「小さな改革の成功体験（small early success）」をコツコツ積み重ねていくことが大事である。

これがうまく軌道に乗っていけば、この地域は、みずからの手で自律的に前に進んでいける仕組みを手に入れる。じつは、西成特区構想3本の矢のなかでもっとも重要な改革は、個別の具体策というよりは、この「行政手法の大転換」「官民協働のまちづくりを進める舞台装置づくり」なのであった。

[コラム 11]

改革を阻む 囚人のジレンマ（上）

社会の相互依存関係を分析する「ゲーム理論」のなかで、おそらくもっとも有名なものが「囚人のジレンマ」であろう。これはその名のとおり、2人の囚人が黙秘か自白かを迫られるゲームだが、ここでは、あいりん地域の住民と行政の関係を例に説明する。

いま、住民が直面している選択肢は、①地域の改革に汗を流すか、②何もせず傍観するかの2つである。同様に行政も、①改革に尽力するか、②何もせず放置するかという選択を迫られている。

行政と住民がともに改革にのぞめば、当然、大きな成果が期待できる。さまざまな課題が解決し、たとえば、住民は1人あたり100万円分の得をするとしよう。役人たちも市長に褒められて、1人あたり100万円分の得をする。逆に、おたがいに現状放置を決め込めば、双方とも損得ゼロである。

問題は、一方だけが改革に従事し、一方が何もしない場合である。たとえば、住民の協力なしに行政だけで改革を行うならば、役人たちはたいへんな苦労を味わう。いくら市長が褒めても、まったく割に合わないから50万円の損失だ。ところが、住民の側は、自分たちは何もせず、改革の成果だけを享受できるから、150万円もの得をする。

逆に、行政の協力なしに住民だけで改革を行う場合も、苦労ばかりで50万円の損である。一方で、行政は何もしなくても成果が上がり、市長に褒められて150万円の得をする。

さて、この状況下で、住民と行政はどちらの選択肢をとるのが合理的か？　まず、住民の側から考える。行政がどちらを選択するかはわからないとする。しかし、仮に行政が改革を行うのであれば、傍観するほうが得である（150万円＞100万円）。行政が何もしない場合でも、住民だけで改革を行うより、傍観するほうがマシである（0万円＞マイナス50万円）。つまり、行政の行動にかかわらず、何もしないのがベストなのだ。

一方、行政の側から考えても、まったく同じ理屈で現状放置がベストとなる。協力し合うほうが双方にとって得にもかかわらず、両者の合理的行動の結果として改革は行われない。もちろん、この金額は単なる例である。しかし、あいりん地域でこれまで長く現状放置が続いてきた理由として、この「囚人のジレンマ」は有力な仮説を提供しているように思われる。

（注1）西成特区構想で策定した諸施策の詳細については、鈴木亘（編著）『脱・貧困のまちづくり――「西成特区構想」の挑戦』（明石書店、2013年）を参照されたい。

（注2）即座に大阪の人権派弁護士たちや地元の医師会から、生活保護受給者の受診抑制が起きるとか、人権に反するとの反対の声が上がった。しかし、私が間に入って彼らとの会合をもち、①必要性がある場合には1診療科で複数医院にかかることも認める、②受診抑制が起きていないか定期的に行政が調査を行って情報公開を行う、という条件で一定の納得をしてもらい、何とか制度がスタートした（通院医療機関等確認制度）。日本の生活保護制度のように自己負担がない制度では、結局、アクセスコントロールを行うしか、モラルハザードを防ぐ手立てはない。全額税金でやっているイギリスの医療制度（NHS）がアクセスコントロールを行っているのは当たり前なのである。それは人権に反する行為ではない。

（注3）この目覚ましい成果が可能になった要因としてはとりわけ、公衆衛生の専門家や医療関係者から構成される民間団体（NPOヘルスサポート大阪：HESO）が、大阪市からの事業委託を受け、あいりん地域の結核対策に活躍するようになったことが大きい。

第12章

毒を食らわば皿まで

次なる問題は、西成特区構想・有識者座談会の報告書にまとめた諸施策を、どのように実現していくかである。報告書のままではまさに「絵に描いた餅」であるから、これを具体的に事業化し、予算化し、そして実行していかなければならない。

じつをいうと、この報告書を書き終えた段階では、まさかこれらすべてのことに携わる羽目になるとは、まったく想像もしていなかった。私の仕事は、橋下市長に報告書を渡し説明を行うところまでで、あとは基本的に市長や役人たちがやってくれるものとばかり思っていたのである。しかし、そうはいかなかったのだ。

やるもやらぬもプロジェクトチーム次第

すでに述べたように、報告書では8分野にわたって56もの事業を打ち出した。これらのなかには、有識者座談会の舞台裏で、私が市役所本庁の各局を呼んで調整し事業化の合意ができたものもあれば、そうでないものもある。有識者座談会は特別顧問の私的諮問機関にすぎないとして、ヒアリングにすら応じない部局もあった。

そこで、この報告書の方針を既成事実化するためにとった戦略は、本庁の「西成特区構想プロジェクトチーム会議」に報告する前に、橋下市長の了解をとりつけておくことであった。

市役所内において、西成特区構想を推進する正式な機関と位置づけられているのは、あくまで本庁の各局長で構成されるプロジェクトチーム会議である。したがって、有識者座談会の報告書は形式上、特別顧問の私からプロジェクトチーム会議に対して提出する「意見書」にすぎない。やるもやらぬもプロジェクトチームの判断次第である。

「意見書」の棚上げを防ぐ既成事実化

しかし、報告書を各局がかんたんに棚上げできないように、打てる手は着々と打ってきた。第1に、西成特区有識者座談会が始まってすぐの2012年6月末、早速、プロジェクトチーム会議を招集してもらい、特区で打ち出す各事業のイメージを先に打ち出して、各局長とも「聞きおいた」（文句が出なかった）という形にしておいた。

具体的には、釜ヶ崎のまち再生フォーラムや（仮称）萩之茶屋まちづくり拡大会議で温めてきたアイディアをアレンジし、私が「西成特区構想・有識者座談会について」というペーパーを提出し、各局長だけではなく、マスコミに向けても発表した（ホームページ上にも公開）。すでにこの時点で、最終報告書の骨子となった主要事業は、おおむね出そろっている。

第2に、すでに述べたように、有識者座談会と並行して、本庁の各局のヒアリングを実施し、主要な提言の事業化、予算化を迫ってきた。

第3に、有識者座談会で打ち出す主要事業については、直接あるいはEメールで、機会があるごとに橋下市長の耳目に入れている。

そのうえで、報告書の最終案提出に先立って、市長レク（市長説明）で了解ずみにするという作戦である。橋下市長が内容を了解してしまえば、プロジェクトチーム会議はそこから取捨選択することがむずかしくなる。

各局幹部との市長室の椅子とりゲーム

市長レクの当日、私と西成区役所の事務局だけで市長室に入ることになっていたが、当日本庁にいってみると、各局の幹部らが市長室前の控室にズラッと陣取っている。なんとわれわれと一緒に市長室に入ろうとしているのである。

一緒に入られてはどんな横やりが入るかわからない。市長レクを担当する区役所の課長たちも「蛇ににらまれた蛙」のようになってしまうだろう。仕方がないので、私が嫌われ者になって彼らを追い払って、予定どおり区役所と政策企画室（市長を支えるためにある市長直属の中枢組織）だけでレクを始めた。報告書の内容が了解されたのかどうか、市長が何を言ったのかは、政策企画室を通じて各局へ詳細に伝わることになる。

ちなみに、市長レクにおけるこうした土俵際の攻防は、今後も何度も経験することになる。どういう手を使うのか、そのうちの何回かは、局長が市長室に時間前にきて座っていた。また、われわれの前の会議を押さえていて、そのまま局長、部長だけが居座り続けるという作戦もあった。控室ならともかく、さすがにはじめから市長室に座っていて、市長と談笑している局長を追い払うわけにはいかない。こういうときの「椅子とり合戦」は先方の勝ちである。

驚いた市長からの無茶振り

さて、報告書の骨子を2枚のポンチ絵にして課長が説明すると、市長は若干の質問や意見を述べたが、最終的には「全部、了解です！」と言ってくれた。ヤレヤレ、これでひと安心である。

それにしても、橋下市長はよくぞ、ここでスンナリと了解してくれたものだと思う。もちろん、私から事前に情報は入っていたものの、彼が期待していたであろうマスコミ受けする「金ピカ」な事業はほとんどない。すべてボトムアップで現実的なアイディアであるが、それだけにやや地味な事業の数々である。実際、報告書の公表後もマスコミの取り上げ方は小さかった。つまらないとハッキリ書いた写真週刊誌もあった。

ただ、問題はこれをどうやって進めていくかである。橋下市長も「報告書の内容はこれでよいとして、肝心なことはこれをどうやって実行していくかですね。学者や評論家は立派なことを言うだけですむ商売ですが、われわれは実行できなければなんの価値もありません」と持論を述べ始めた。

そうそう、そのとおりと思いながら聞いていると、「……ということですから、鈴木さん、引き続き『実行』のほうをよろしくお願いします。まずは、各局と予算についてバンバンやり合ってください！」

……エッ!?と、思わずわが耳を疑った。

もちろん、このあとの西成特区構想の事業化については、私も携わるつもりではいる。ただ、それはあくまで「参謀役」としてアドバイスしたり、行政とまちの人々の「つなぎ役」をするということであって、「歩兵隊長」として現場の最前線に立つつもりはなかった。それは役人たちの仕事のはずだ。

そもそも私は、市役所の予算編成や事業化に関する実務経験は皆無であるから（日銀では主にエコノミストとして調査・研究をしていた）、なんの比較優位もない。これは、あまりの無茶《むちゃ》振《ぶ》りというものである。

政治の季節

ただ、私は大阪維新の会の政策ブレーンでもあるので、橋下市長を取り巻く政治状況もある程度わかっていた。橋下市長が、私に西成特区構想を任せると言わざるをえない心のうちも、なんとなく理解できる気がした。

じつはこの時期、橋下市長は国政政党「日本維新の会」を立ち上げ、地域政党「大阪維新の会」と両方の代表を兼務する超人的な忙しさのなかにいた。市政のほうのパフォーマンスは、（本人は否定していたが）やはり目にみえて落ちていた。

すでに2012年8月末、維新の会の1丁目1番地の施策である「大阪都構想」を可能にするための法律（大都市地域特別区設置法）を、なんと他党に働きかけて、国会で成立させていた。ただ、大阪維新の会は地域政党であり、国会議員をもっていないから、ここから先は国会内の活動が思うようにいかない。

そこで、大阪維新の会の国政政党化が次の目標となる。9月はじめには、民主党や自民党、みんなの党から国会議員を受け入れるための公開討論会を開催し、国政政党をつくるための政党要件を満たす5人以上の国会議員を確保することに成功した。9月末には国政政党「日本維新の会」を立ち上げ、その代表として、年内にも噂される衆議院解散に向けて大勝負のいちばんをやろうとしていたのである。報告書の市長レクを行ったのは、まさにそうした最中であった。

実際、11月16日に民主党の野田首相が衆議院解散を宣言、日本維新の会は石原慎太郎率いる「太陽の党」と合併、12月16日の総選挙では改選前の11議員から54議員へと大躍進を遂げる。そうした「政治の季節」に、西成特区構想の実務に割く時間はさすがの橋下市長といえどももち合わせていなかったのである。

花道に1つか2つの事業を

それでは、大阪市役所の役人たちが、実際に報告書にしたがって実務を粛々と進めてくれるかといえば、残念ながら、それはほとんど期待できない。じつは、この市長レクの数日前、西成区役所の幹部たちからこういう申し出があった。

「特別顧問、報告書の作成を本当にご苦労さまでした。8分野56事業という大計画ですが、実際にこれを全部やるということは不可能だと思います。西成区役所としては、特別顧問の花道として1つか2つ、目玉の事業を実現したいと思います。それが私たちにできる精一杯のところです。どうか1つか2つ、このなかから、実際にやるべき事業を選んでいただけないでしょうか」

花道とはおそれ入ったが、彼らもまさか私が実務にまで手を出して、特別顧問に長く居座り続けるとは思っていなかったのであろう。たしかに、自分自身の利益のみを考えれば、これから市役所内で始まる「アウェイゲーム」で苦労をする前に、ここで花道をサッサと退散するほうが合理的であった。

しかし、私は「1つか2つだけ」という言葉にひっかかった。「1つか2つだけ」とはいったい何ごとか。はじめから、本庁の各局との調整は不可能とみて白旗を上げている。私はショックを受けるとともに、心底腹が立った。

ただ、このときは市役所内の複雑な事情がよくわからなかったのだが、それほど、本庁と「所轄」にすぎない区役所との間に、大きな力関係の差があるということであった。また、それほど、この報告書は本庁の各局に不評だったということでもある。これから、本庁の役人たちの猛抵抗が始まることは必至であった。

ふたたび火中の栗を拾う

しかし、本庁の役人たちがどれほど抵抗しようと、橋下市長がいくら身動きできなかろうと、もはや西成特区構想の賽《さい》は投げられてしまったのである。「七人の侍」たちと暑い夏を猛ダッシュし、あいりん地域の大勢の人々を巻き込んできたこの流れを、ここで絶つわけにはいかない。

実際問題として、あいりん地域の改革に大阪市役所が着手できるのは、今回の西成特区構想がラストチャンスになるかもしれない。人口減少や高齢化、地域経済衰退のスピードを考えると、もはやこのタイミングを逃してはまちの再生はほぼ不可能になるだろう。私がここで折れて、せっかくつくった報告書の内容を画餅に帰すわけにはいかない。

橋下市長には「了解しました。自信はありませんが、実務のほうもなんとかやってみましょう」と答えた。愚かにも、また火中の栗を拾ってしまった。

西成特区構想プロジェクトチーム会議へ報告書を提出したあと、西成区役所の事務局には、あくまで8分野56事業「すべての」実現をめざすことを宣言し、事業実施に応じていない各部局の幹部たちと私が直接交渉を行うので、なんとか私を支えてほしいとお願いした。本当の闘いはむしろここからであった。

スーパーポンポコジャガピーにしなりくん：
西成区役所の「ゆるキャラ」（西成区役所撮影）

猛抵抗の理由は各局の予算にあった

早速、翌週から本庁の各局を行脚し予算獲得のための直接交渉を開始した。本庁の各局がなぜ、西成特区構想の事業実施にそれほど抵抗するのか。よそ者に対する対抗意識やメンツの問題もあろうが、大阪市の予算編成の仕組みからいっても、抵抗するのが当たり前であった。かんたんにいえば、各局は西成特区構想に協力すれば協力するほど、自分たちの予算が減らされる仕組みになっているからである。

大阪市役所にとって区役所は単なる出先機関にすぎないから、予算も人材も、圧倒的に本庁の各局に配分されている。大阪市役所予算のじつに99・9％が本庁の各局についているし、諸事業を立案し予算案をつくることができる人材も、本庁の各局に重点配置されている。

西成区役所の事務局ができることといえば、せいぜい、本庁の各局に日参して頭を下げ、「今度、西成特区構想でこういう事業をやりたいので、どうかおたくの局の予算を分けていただけませんでしょうか」と拝んで回るくらいのことであった。まったく哀れなスーパーポンポコジャガピーにしなりくんなのである（写真）。

本庁の各局にとってみれば、われわれは「おカネを無心にやってくる困った親戚」状態である。「居留守」を使ってなかなか会ってくれないし、会っても「取りつく島もない」対応をされる。しかし、各局の立場に立って考えれば、それも当然といえた。

なにしろ、橋下市長の号令で、各局に対しては一律約二割の予算削減目標が課されており、ただでさえ苦しい台所事情である。ハッキリいって西成特区構想になんかにかまっていられないのである。しかも、西成区役所は予算作成能力、事業立案能力がほとんどないから、予算書や事業計画書も自分たちでつくらなければならない。財政局とのきびしい予算折衝の矢面に立つのも担当局である。何が悲しくて、「困った親戚」のために、汗水たらして働かなければならないのか。

特別予算枠はなし

いくらなんでもこの仕組みでは勝負のしようがない。そこでまず、政策企画室に「なんとか少しでもよいから、西成特区構想に関する特別予算枠を確保してくれないか」と依頼してみた。前もってある程度の予算を「西成特区枠」として確保していれば、それを使って各局に予算化、事業化の交渉ができる。事業費用を西成特区枠で全額出せなくても、こちらもある程度予算を出すから、担当局も予算を確保してほしいなどと、共同事業の交渉が成り立つのである。

おカネを無心に行くにしても、手ぶらというわけにはいかない。しかし、政策企画室は特別枠を要求したいのであれば、金額を決めるための算定根拠を示せという。しかし、西成区役所にはそもそも事業や予算の立案能力がないのであるから、「鶏が先か卵が先か」という問題で、それは無理というものである。

次に、橋下市長にも泣きついてみた。返事は、「すいませんが、特別枠は考えていません。そんなものをつくれば、各局が甘い予算をつくってきます。あくまで各局と交渉して、各局から西成特区構想のための予算を上げさせてください。ただ、市長ヒアリングによる予算査定の際に、西成特区構想の事業についてはは多少の配慮をするつもりです」ということであった。

「多少の配慮」とはいうが、橋下市長による予算査定は今年はじめてであるから、各局とも彼の判断基準がよくわからず、無用なリスクはとりたくないだろう。配慮を期待して西成特区構想のための予算を上げた結果、それ以外の局予算をバッサリ切られてはたまらない。

また、そもそも市長ヒアリングよりも前に、難関の財務局との予算折衝があるのだから、市長ヒアリングの段階で「多少の配慮」をされても、各局の行動が変わるようには思われなかった。まったく途方に暮れる思いであった。

損得に反応させる経済学流の交渉術

しかし、「まぁ、しゃあない!」と居直ることにした。はじめからずっと逆境なので、もはやアウェイには慣れている。おカネがなければ頭と体を使って、とにかく動きまわるだけだ。徒手空拳の経済学者には経済学流の闘い方というものがある。

経済学の基本は、人間を「損得に反応する合理的な存在」と単純化して捉え、「自己の利益を最大化するように行動する」と考えるところにある。この場合の損得や利益とは、金銭面だけではなく、時間的なものや、心理的なものも含めたもっと広い意味である。この打算的な人間の捉え方（ホモ・エコノミクスという）は、他の社会科学者からは蛇蝎《だかつ》のように嫌われる考え方であるが、人々の平均的な行動を予測するには、じつにパワフルな方法である。

たとえば、「教師たるもの、子どもの模範となる行動をすべき」だとか「犯罪者になるような人間は、もともと悪い奴だ」などと、価値観や先入観で人間を判断することはしない。教師だろうが犯罪者だろうが、みな、われわれと同じ人間であり、損することは嫌だし、得することは好きだと考えるのである。損得勘定次第で、教師だろうと悪いことをするかもしれないし、犯罪者だろうとよいことをするかもしれないと考える。

この考え方は、役人たちをみる際にとくに重要である。あいりん地域の支援団体や住民のなかには、役人に対して「われわれの税金でメシ食うとるくせに、なんでわしたちのために働かんのや！　地域のために粉骨砕身すべきとちゃうか！」などと憤っている人が多い。しかし、役人だってわれわれと同じ人間だ。地域の人々のために粉骨砕身して得る便益よりも、そのために理不尽な苦労を強いられる費用のほうが大きければ、合理的な役人たちは当然、地域の諸課題には取り組まず、現状を放置する。

なかには地元愛や使命感に燃えて、どんなに罵倒されても粉骨砕身する異色の職員がいるかもしれないが、部局という組織単位で考えれば、そういうイレギュラーな動きはだいたい均《なら》されて、合理的な行動に落ち着くのである。役人たちを動かしたいのであれば、彼らの便益を大きく、費用を小さくして、損得勘定を変えなければならない。いい方を変えれば、「インセンティブ」をつくり出すことが重要なのである。

役人の損得勘定を考えてみる

さて、西成特区構想に協力すべきかどうかを考えている本庁の各局の立場に立って、具体的に、彼らの損得勘定を考えてみよう。まず、担当部局の「費用」とは何か。

第1に、西成特区構想の予算が本来の局予算に割り込んできて、別の事業予算をカットしなければならないことである（第9章で説明した「機会費用」である）。その事業で恩恵を受けている市民、業界団体、市議会を説得しなければならず、手間暇もかかるし心理的負担も大きい。

また、西成特区構想のために、事業計画や予算書を担当部局でつくらなければならない。他の部局にまたがる案件であれば、局間調整も一苦労だ。さらに、財政局との苦しい予算折衝もすべて担当部局で担う。これらに使う労力、時間、苦労はすべて費用である。

一方、担当局の便益とは何か。第1に、西成区役所や特別顧問の私に「貸し」がつくれるということである。担当局が抱えている既存事業のなかに、地元調整などで、西成区役所や私の協力が必要なものがあれば、われわれに貸しをつくるメリットは大きい（逆に、われわれを裏切る費用は高い）。

また、もし西成区役所の幹部が、次の人事異動で、担当局の上司として本庁に戻る可能性が高いのであれば、ここでその幹部に貸しをつくっておくことは得策である。

第2に、「借り」を返せるという形での便益もある。われわれの側からみると、前もって売った貸しを返してもらうということである。市役所のような終身雇用の閉鎖的社会では、人間関係は長く継続的なものになる。借りた恩を返さず不義理をすると、その瞬間は得をしたようにみえても、ある日突然、不義理をされたその人が上司や同僚として隣の席にやってくるかもしれない。

それ以前に、「頼むだけで、頼みを聞かない奴」などという評判が立つと、その役人の信用問題にかかわり、役所内の仕事に支障をきたす。せまい世界なので、役人たちは貸し借りに敏感であり、借りた恩はたいていい返そうとするのである。

第3に、もちろん、西成特区構想の事業を実施したことが、担当部局や担当者の功績になるという便益もある。重要な事業をうまく立案、予算化できれば、橋下市長の覚えもめでたくなる。また、役人たちだって、意義の大きい施策を行うことは、それ自体、やりがいを感じる。やりがいのあるということは、個人の満足感という意味での便益である。

いくつかの費用の下げ方

それでは、具体的に、担当部局の損得勘定をどのように変えることができるのか。

まずは費用を減らす方法であるが、①西成区役所でもノウハウがある事業については、なるべくこちらで予算化、事業化の作業負担を分担する、②財政局との予算折衝で西成区役所の幹部が同席して、共同提案ということで体を張って、担当部局の負担を減らす、③私が担当部局のつくった予算・事業を、橋下市長に前もって説明し、局の他の予算に影響がおよばないようにお願いする、④担当部局が抱える他の事業についても、西成区役所や私が協力できる部分（主に地元調整や市長への直接説得など）は協力を申し出る、といった方法が有効である。もちろん、当該事業の地元調整もこちらが担う。

また、⑤国や府の交付金・補助金を使って、市の単費《たんぴ》（市単独の一般財源のこと）をあまり使わなくてすむ事業に仕上げれば、担当部局にとって財務局を説得するハードルが低くなる。私の専門分野の知識を生かして、交付金・補助金が得られやすいスキームに、なるべく事業を合わせるようにアイディアを出すことも、費用を下げる重要な手段である。

さらに、⑥部局間にまたがる案件を私が間に入ってまとめる形で、担当部局の調整にかかる時間的・心理的な費用（取引費用）を削減することもできる。責任やリスクもなるべく私が被る。

また、⑦地域の強面の団体に根回しし、地域から担当部局にプレッシャーをかけることによって、事業をやらなかった場合の費用を上げるという方法もある。⑧最後は、与党である大阪維新の会を使って、プレッシャーをかけることもできる。いわゆる政治案件化という手である。

役人にとって便益が上がるとはどういうことか

一方、便益の部分は、基本的に、私や西成区役所の幹部たちがもともともっている人間関係や無形資産（貸し借り関係の累計）、政治的資本の大きさ次第である。つまり、先方がわれわれに貸しをつくったり、借りを返すことにどれくらいの価値を感じるかということにかかっている。したがって、日ごろつき合いが少なく、われわれに価値を見出さない担当部局には、正直、打つ手がない。(注1)

ただ、その貸し借り関係をより強固にするために、⑧借りは必ず返す人間だということをしっかり示し、日々実践することが重要だ。また、担当部局のためにやったことはきちんと「貸しだ」と、なるべく大勢の前で釘をさしておくことも有効である。さらに、⑨担当部局と共同でやるような仕事を増やして、日ごろのつき合いを密にし、担当者との間で、大小さまざまな貸し借りをたくさんつくっておくこともジャブのように効果がある。運命共同体的な仲間意識が芽生えるからである。

さらに、⑩私が特別顧問を辞めれば貸し借りが帳消しになるとの不安を解消するために「私は橋下市長が辞めるまでは絶対に辞任しない」と日ごろからさまざまな場所で宣言したり、かんたんに辞められない状況証拠を示しておくことも大事である。(注2)

そして、⑪私が努力したことでも自分の手柄にせずに、全部、役人たちに功績として譲ることも彼らの便益を高める手段である。私は大阪市役所内で出世する必要はないのだから、これはまったくお安いご用なのである。

ときには橋下市長から直接、担当者によくやったと言ってもらい、市長の覚えをめでたくするような根回しもする。マスコミを使って、担当事業の話題を盛り上げ、担当者の功績を大きなものにすることも重要だ。さらに、地道に当該事業の社会的意義を説明して、心ある役人のやりがいを高めることも、意外に功を奏するときがある。

権限ゼロの特別顧問の武器

ところで、あいりん地域の人々のなかには、市の特別顧問はものすごい権限を握っていて、なんでもトップダウンで決められる強力なポジションだと勘違いをしている人が多かった。私に陳情にきた人々までいたが、じつは、これはまったくの誤解である。

私には、予算権も人事権もなく、正式には部下もおらず、もちろん、各部局の事業を決める権限もない。制度的にはまったく権限はゼロである。

実際には、徐々に人間関係や貸し借り関係をつくって、役人の損得勘定（インセンティブ）に働きかけ、リスクや責任を一身に背負い込み、あとは徒手空拳で必死にのたうち回っていただけである。その意味では、外部から行政に施策を働きかけるロビイストと立場はあまり変わらない。

ただ、最後の最後、どうしても決着のつかないところまできたら「市長に直訴してご聖断を仰ぐ」という最終兵器はもっていた。武器といえばこれだけが唯一のものである。その武器を使うことはめったにないが、各部局に対してここぞというときには、この最終兵器を使ったり「使うぞ！」と言ってプレッシャーをかけることくらいのことはできた。

実際には、もちろん、そうそう小さなことでご聖断を仰ぐわけにはいかない。橋下市長や大阪維新の会にとっての私の価値は、橋下市長に西成特区構想の些細なことを煩わせることなく、彼に大阪都構想の実現やそれに向けての政局で、気兼ねなく大勝負を打てるようにしておくことにある。「西成特区構想のことは鈴木さんに任せておけば安心」と思ってもらうことこそが、私の存在価値なのだから、いちいち小さなことで、バカみたいに直訴するわけにはいかない。実際、私が市長に直訴して「ここは市長に御決断いただきたい」「各局に、このように号令をかけてもらいたい」「直接、会議に出席して、人々に市長の判断を伝えていただきたい」などと頼んだことは、3年8カ月の任期のうち、ほんの数回にすぎなかった。

もっとも、情報だけは定期的に市長に上げるようにしていた。各部局としては、市長と直接情報をやりとりできる私の立場は、やはり不気味だったに違いない。その意味で、私と各部局の間には、常に一定の緊張感が保たれていた。

ギリギリの間合いを保つ役人たちとの距離

ちなみに、役人たちとの関係は、常にバランス感覚をもって、ほどよく「一定の緊張感」の範囲内にとどめておくことが肝要であると思う。特別顧問が直接、橋下市長に直訴・直言するということは、役所内の通常の情報の伝わり方、意思決定のやり方としてはかなりイレギュラーな方法である。一般的に、こうした「奇手」は、あまり使いすぎると副作用が大きい。

これは、経済学でいう一種の「インフルエンス活動（influence activities）」でもあるから、通常のルートでトップに正しい情報が上がりにくくなったり、役人のやる気がなくなったり、トップのマネジメントがむずかしくなったり、意思決定が歪んだりする。長い目でみれば人事を歪める可能性もある。

当然、役人の側は、特別顧問のこの奇手に対して「対策」を行うようになる。特別顧問を排除するような画策が行われたり、逆に、特別顧問を取り込んで利用しようとしたりする。どちらにせよ、無駄な活動に時間と資源が費やされ、たいへん非効率である。また、そもそもこの権力闘争で、私が排除されてしまっては元も子もない。

そこで、すでに述べたように、私は滅多に「伝家の宝刀」を抜かないように心がけていた。また、抜くときも、すべての部局を敵に回すことはしないように気をつけていた。すなわち、①下からの積み上げでは調整不能の状態に陥り、少なくとも中心となっている部局（＋西成区役所の事務局）がトップの決断を欲している場合や、②伝家の宝刀を使わずにギリギリまで調整をしたが、にっちもさっちもいかない場合（当然、多くの部局が、私が伝家の宝刀を抜くだろうと十分に予想し、ある程度の準備をしている場合）にかぎっていた。

また、特別顧問という非常職の節度として、（長期的に決まるべき）人事を歪めるべきではないと考えていた。役人たちと争うべきところは争わなければならないが、むやみやたらに伝家の宝刀を振り回したり、人事にまで口を出しては、熾烈な権力闘争に発展してしまう。権力闘争は、一部の公募局長や公募区長で起きたように、首をとるかとられるかというところまで必ず行き着く。

そこまではまったく不要であるし、なにしろ「血は高くつく（Blood is a big expense.）」のである。

効率的に成果を得るためには、ギリギリの間合いを保つバランス感覚が必要である。

よいロビイングの必要性

ところで、あいりん地域の活動家、運動家のなかには「よい政策を訴えてさえいれば、あとは自動的に役所が事業化してくれるはずだ（するべきだ）」「こんなに素晴らしい取り組みなのだから、予算を確保するのは当然のことだ」などと言っている人がじつに多い。心情的には理解できるが、これはあまりにリアリティーのない、甘すぎる物の見方である。

よい政策は、悪い政策よりも大義名分が立ちやすいから、たしかに有利ではある。マスコミも取り上げやすい（マスコミは、政策現場に一定の影響力がある）。しかし、本当にその政策を実現したいのであれば、シンポジウムや講演会を開いて、政治家や役人を呼んで話を聞かせる程度では駄目である。選挙前などの政局がらみのときを除き、ツイッターやフェイスブックなどのＳＮＳで盛り上がってもあまり効果はない。ましてやデモなんか、私の知るかぎりほとんど政策現場に影響しない。

橋下市長のように特殊な首長を除けば、結局、地方自治体で力をもっているのは役所の役人たちである（国政だって結局は霞が関の官僚たちである）。まずは、担当部局の役人たちの立場に立って物ごとを考えることである。そして、その役人たちの損得勘定を変えるような手を打つ。政策の現場は、政治力や損得勘定で決まる部分が大きい。きれいごとばかりの世界ではないので、（経済学的には、非効率であるが）ロビイングが効果を発揮する。

きれいごとだけで世の中は動かない

たとえば、ロビイングする側が、事業計画案から予算見積もりまで、すべてお膳立てをして役人たちの仕事を楽にする。業界団体や関係各所、政治家などへの説明・説得もかわりにやっておく。うるさ型の地元の合意形成、利害調整もすませておく。役所の予算策定のスケジュールやアジェンダを熟知して、先手先手を打っていく。

また、役人との貸し借り関係もつね日ごろつくっておき、担当者がかんたんには断れないほどの恩を売っておく。黒子に徹し、政策実現の際にはすべての功績をその役人に譲り、彼の出世に一役買う。役所への影響力がある有識者（審議会や委員会の委員たち）にもつね日ごろ説明を行って、研究上の便宜を図るなどして、よく味方につけておく。

確実によい施策を実現したいのであれば、こういう努力を行うべきである。逆に、悪い施策を売り歩く利権団体は、もっと大規模に、もっと組織的に、もっと費用をかけて、強力なロビー活動を行っている。何ごとも競争の世の中なのであるから、よい政策をすすめる側も、それなりの努力は行うべきである。きれいごとだけで、世の中は動かない。

［コラム 12］

改革を阻む 囚人のジレンマ（下）

下は、コラム11で説明した「囚人のジレンマ」を、改めてわかりやすく表にしたものである。行は行政の選択肢（改革実行、現状放置）、列は地域住民の選択肢（改革実行、現状放置）である。カッコ内の数値は、左側が行政の利得、右側が地域住民の利得だ。

それぞれ相手がどちらの選択肢を選ぼうとも、現状放置を選択するほうが得である。したがって、双方の合理的行動の結果として、現状放置が選ばれる（これをナッシュ均衡という）。

それではこの状況を変えるには何をしたらよいだろうか。2つ方法がある。1つは、このゲームを、何回も繰り返す長期的な関係にすることだ。1回かぎりの短期的勝負であれば、地域住民が改革を選ぶとき、行政は何もしないことでもっとも得をする。しかし、このような裏切り行為が行われれば、住民は行政不信に陥り、二度と改革に協力しない。結局、次回からは行政も利得が得られない。

双方が長期的につき合う関係であれば、裏切りで1回かぎりの得をするより、長く協力し合うほうが結局は得である。この場合、双方の合理的行動として改革が実行される。

地域住民の選択

行政の選択	改革実行	現状放置
改革実行	(100, 100)	(−50, 150)
現状放置	(150, −50)	(0, 0)

問題は行政であり、ほぼ2年に1度の人事ローテーションで、しかも、前任者の約束がきちんと引き継がれない場合が多い。これでは、住民との長期的な関係は築けない。これを解決する方法は、役人よりも長くいる特別顧問のようなリーダーが、責任をもって行政を監督することである。

もう1つの方法は、たとえ短期的な関係であっても、利得自体を変えればよい。たとえば、リーダーが双方に介入して、一方だけが裏切った際、150を90に減じ、そのかわりにマイナス50をプラス10に変えれば、双方とも改革を実行するほうが得となる。

(注1) まちのなかの人間関係であれば、ある人に貸しがなくても、その人に貸しがある人に貸しがあれば、それを使って、物ごとを動かすことができる。一種の「貸し資産」の裁定取引である。しかし、役所内ではなかなかそこまでの関係を築けず、うまく取引をすることはできなかった。もう少し時間があれば、なんとかなったかもしれない。

(注2) 口先だけでは単なるチープトーク (cheap talk) で信用されないが、行政だけではなく、私が今後もつき合っていく橋下市長や有識者、地域の人々にも同じことを言えば、それは役人たちにとっても信用できるコミットメントになる。また、先々長く続く会議の座長についたり、はるか先のスケジュールを西成特区関係の講演やシンポジウムで埋めたりすることも、長く特別顧問を続けることの状況証拠となる。役人たちはこういうことに驚くほど敏感である。

第13章 そんな予算はありません！

西成特区構想の予算化、事業化でもっとも交渉しやすい相手は、もちろん福祉局である。西嶋副区長（後述のように公募区長の着任にともなって副区長となった）は福祉局が長いから、局との貸し借り関係をたくさんもっている。また、次の人事では幹部としてふたたび福祉局に戻る公算大なので、福祉局の担当者としては西成区役所の依頼をむげに断るわけにはいかない。そんな彼の人的な無形資産を大いに活用させてもらった。

また、福祉局はあいりん地域内で福祉関係のさまざまな施策を展開しており、地元調整などで私や西成区役所が協力できる余地が大きいから、この点も交渉材料になる。さらに、西成特区構想・有識者座談会では、あいりん臨時夜間緊急避難所（シェルター）の建て替えなど、福祉局がなかなか手をつけられなかった課題を取り上げ、その事業化を打ち出した。市政改革プランに対するけん制（高齢者特別就労事業、大阪社会医療センター付属病院）も共同で行い、特掃（高齢者特別就労事業）の件などは私が橋下市長の説得に一役買っている。こうしたことは、すべて福祉局への「貸し」となっていた。

福祉局で実現した社会的つながり事業

次ページの表は、2013年度予算で立ちあがった西成特区構想の諸事業の一覧である。

まず、福祉局が予算化したのは、西成特区構想の目玉事業の1つである生活保護受給者の居場所づくりと社会貢献活動である。これは、最終的に「あいりん地域における高齢単身生活保護受給者の社会的つながりづくり事業」という名前となり、運営予算のほかに、このプログラムを実施する場所についても、福祉局がもつ建物（歯科診療所跡地）の提供を受けることができた。

さらに、特掃のメニュー拡大や、特掃の55歳未満への対象年齢引き下げ、病院の貧困ビジネス対策である「生活保護受給者の医療相談事業」なども、福祉局からの予算化が実現した。

しかし、もう1つの目玉であったホームレスを活用した「環境改善・治安改善のための公的就労拡大」については、建設局やゆとりとみどり振興局、環境局がやっている業務のアウトソーシングが必要であり、結局、福祉局だけではできないことが判明した。

このような多部局間調整というものは、縦割りの役所組織の泣きどころであり、時間のかかる大調整が必要となる。とても2013年度予算に間に合うような代物ではないため、残念ながらこれは次年度への先送りとなった。このため、公園におけるテント・小屋掛けの平和的解決も次年度へもち越

2013年度の西成特区構想事業一覧

「西成特区構想有識者座談会報告書」の提言の具体化　　(単位：千円)

予算事項名	担当局	24予算額（当初＋補正）	25予算額
あいりん日雇労働者等自立支援事業	福祉局	497,140	498,623
	ゆとりとみどり振興局	20,000	20,000
	環境局	20,000	20,000
あいりん地域における高齢単身生活保護受給者の社会的つながりづくり事業	福祉局	0	25,597
生活保護受給者を含む生活困窮者の家賃実態調査事業	福祉局	0	5,830
あいりんシェルターの建替え	福祉局	0	40,000
あいりん結核患者療養支援事業	西成区	0	13,678
ワンストップによる結核患者等への一体的な支援体制の構築	西成区	0	9,607
生活保護受給者の医療相談事業	福祉局	0	6,475
環境整備業務	環境局	1,557	882
子どもの安全見守り防犯カメラ設置補助事業	市民局	1,050	900
安心安全まちづくり事業	西成区	0	2,631
道路照明灯の整備	建設局	32,867	24,138
街路防犯灯の整備	建設局	240	2,740
各区における夜間の青色防犯パトロール事業	市民局	5,714	5,428
地域安全対策事業	西成区	719	794
塾代助成事業	こども青少年局	87,876	63,037
西成区基礎学力アップ事業（西成まなび塾）	西成区	0	2,128
西成情報アーカイブネット企画運営	西成区	0	3,000
芸術文化創造都市機能強化（現代芸術振興事業）	ゆとりとみどり振興局	10,000	9,450
西成区イメージアップ推進事業	西成区	10,085	9,815
西成特区構想調査	西成区	3,000	15,000
小計		690,248	779,753

以下の3事業は、24年度補正から特区事業として継続実施

あいりん地域を中心とした結核対策事業	西成区	107,780	115,770
十三市民病院結核病棟改修工事	病院局	83,000	101,000
施設一体型小中一貫校の整備	教育委員会事務局	23,249	339,455
合計		904,277	1,335,978

しである。

部局単位で変わる福祉局の対応

ところで、福祉局のように大きな局になると、部局単位で対応がガラっと変わってしまうことがある。自立支援を担当する部局とは日ごろのつき合いが深いので、ここまでスムーズに予算交渉が進んだが、生活保護を担当している部局では、打って変わって冷や水を浴びせられた(注1)。

貧困ビジネス対策としてのケア・支援補助金創設をめぐる交渉では、福祉局の担当幹部がいきなりブチ切れて、「そんな予算はありません!!」と大きな金切り声をあげたのには驚かされた。そのあとも、何度か日参させられたが、ヒステリックにギャンギャン言われるだけでまったく会話が成立しない。

経済学の理屈上は、住宅扶助を居住面積に合わせて削り、その分をケア・支援補助金に回せば、財政的には増えも減りもしないはずである。しかし、現実の生活保護制度はこのように柔軟な対応ができる仕組みではないため、もし、住宅扶助を削ればそれは国庫に返納するだけで、大阪市に財政的余裕は生まれない。

一方で、ケア・支援補助金の事業をつくれば、それは国が4分の3を負担する生活保護費からではなく、大阪市の単費として予算計上しなければならない。担当部局としては、単費の事業を立ち上げて財政局とタフな予算折衝を行うような苦労はしたくない。したがって、「そんな予算はありません!!」と怒鳴るわけである。

交渉カードが何もなかった契約管財局

最終的に、まずは生活保護受給者の居住環境と家賃の関係をよく調査してから、来年度以降、改めてこの件を議論しましょうということにして、「生活保護受給者を含む生活困窮者の家賃実態調査事業」を、福祉局から予算計上してもらうことにした。

ちなみに、妥協案として調査費を計上してもらうという手は、交渉がむずかしい案件の際に、他局でもよく使った手法である。今回の交渉はあきらめるが、来年もう一度この交渉をやるぞという意味になる。調査で客観的な事実を積み上げ、事業計画を綿密につくり、体制を立て直して「戻ってくるぞ(I'll be back.)」というわけである。

交渉がうまくいかなくても、往生際悪く、何か次につながる跡を残すことが肝心だと思う。財政局と交渉するよりも、私と交渉するほうが高い費用(時間費用、心理的負担の費用)を感じるくらいになれば、各局の担当者の損得勘定が変わってくるはずである。もちろん、担当者には鈴木顧問の顔はもう二度とみたくないと陰で言われてしまうが、嫌われることも合理的な戦略のうちなのである。

一方、ホームレスや生活保護受給者をソーシャルビジネスで雇用するという件については、市の公募事業の入札の際、ホームレスや生活保護受給者の雇用実績に対してポイントがつき、その企業が落札しやすくなる制度を導入しようとした。ポイントが入札で考慮されるのであれば、清掃業者やビル

メンテナンスの会社などが西成区のホームレスを雇用する可能性が出てくる。(注2)

しかし、これはじつは福祉局の管轄ではなく、契約管財局の担当であった。契約管財局とは残念ながら日ごろのおつき合いがまったくないので、交渉カードが何もない。のらりくらりとかわされて、いつの間にかうやむやにされてしまった。

歯が立たなかったゆとりとみどり振興局との折衝

観光関係はゆとりとみどり振興局（当時。のちに経済戦略局となる）が担当である。西成区のある幹部の出身局であるが、さすがに福祉局のようにはいかない。それどころか「とりつく島がない」とは、まさにこのことであった。

国際ゲストハウスのゾーニングはもちろん、外国語の看板設置すら頑として受けつけようとしない。国道や府道に設置するためには、国や府、警察との調整が必要であるというのがその理由であるが、梅田や難波では観光看板の設置などいくらでも前例がある。できないわけではなく、単にやる気がないということなのであった。

アート（芸術）によるまちの活性化についても、新事業をつくるつもりはなく、すでにある全市的な取り組み（現代芸術振興事業）に、西成区の芸術家が応募すればよいだけだとの一点張りである。観光振興こそ経済活性化にもっとも即効性があり成功の見込みの高い事業なのだが、結局、最後まで担当者たちは木で鼻をくったような対応でまったく相手にしてもらえなかった。残念ながら、ゆと

りとみどり振興局を動かすだけの貸し借り関係や取引材料が、われわれの側になかったということなのであろう。(注3)

都市整備局にまたがる簡易宿泊所（簡宿）建て替えの規制緩和（議会による条例改正が必要）や国際ゲストハウスへの転換補助金の話も、なかなか前に進まない。(注4)

屋台村構想については前例がなく、道路管理者として府や国、警察との調整が必要であり、これは行政機関をまたぐウルトラC級の大調整が必要である。運営主体もまちのなかからしっかりした組織をつくり上げなくてはならない。さらに環境、治安、衛生の問題ももう少し改善してからではないとなかなか手がつけられない話である。そこで、屋台村や国際ゲストハウスのゾーニングの話は、次年度からエリアマネジメント協議会で調査費をとり、腰を据えてじっくり検討していくことにした。

全面拒否から始まったこども青少年局との交渉

日ごろのつき合いのない局にけんもほろろの対応をされることは、ある意味、やむをえない面がある。しかし、こども青少年局には、子どもの家事業に関する貸しもある（つもりだ）し、西成区役所のある幹部の出身局の1つでもある。それにもかかわらず、西成特区構想関連の予算づくりを、すべて拒否してきたことにはかなり驚かされた。

もっとも、こども青少年局長は、その幹部や私の顔を立てて、毎回必ず交渉の場に出てきてくれた。部課長だけしか出てこない局が多いなかでは異例のていねいさである。しかし、局の幹部たちにガッチリ周りを固められているためなのか、いつもと違い予算関係ではどうも態度が頑なであった。そこで、本庁ではなく西成区役所にきてもらったりして、なるべくサシで話し合うようにした。

こども青少年局の台所事情を苦しくしているのは、塾代助成事業として西成区で先行実施していた塾代バウチャーを、２０１３年度から24区全体に広げなければならないことであった。そのため、新年度予算で莫大な予算額を計上しなければならず、財政局との予算折衝が困難を極める。とても西成特区構想にまで手が回らないということなのであった。

そこで、作戦を変えて、２０１３年度は予算をかけずにできる事業を譲歩してもらい、２０１４年度以降の予算計上について局長から言質をとっておくことにした。まず、予算をかけずにできるものとして、①公立保育所だけに配置していた困難家庭への生活支援員を私立保育所にも回すようにすること、②中学校区のスクール・ソーシャルワーカー（やはり困難を抱える家庭への支援を行うワーカー）を西成区に手厚く配置することなどを、局長に直接決断してもらった。

２０１４年度以降の話としても、自立援助ホームの次の公募が２０１５年度にあるので、西成区について優先的に検討しますという言質をとることができた。こども版地域包括支援センターの整備に関することなどは、こちらとしても事業内容がしっかりと決まっているわけではないので、エリアマネジメント協議会を使って、来年度からゆっくり検討することにした。

「保育バウチャー」案件を使って交渉カードを仕込む

ところで、こども青少年局がとくに嫌がったのは、西成特区構想のなかに「保育バウチャー創設」という項目が含まれていたことである。これは、西成区への子育て世帯呼び込みのために、保育料を実質無償化する手段として、利用者に対する直接補助（バウチャー）を創設するというものである。

保育バウチャーは橋下市長のお気に入りの事業の1つであるが、ざっと3億円ほどの費用がかかる。こども青少年局は、児童福祉法を盾にとったり、24区一律の対応をしないと市民から訴訟が起こされるなどと言って、この項目の取り下げを私に迫ってきた。しかし、じつは保育は、私の専門分野の1つである。こども青少年局の理屈はすべて論破可能であったし、先手を打って市長レクを行い「保育バウチャーはぜひともやりたいですね。なんとか半額くらいからでもやらせてください。訴訟なんか、私が受けて立ちますよ」という市長発言をとっておいた。保育バウチャーの看板はかんたんには下ろさせない。

もちろん、塾代バウチャーの予算確保がたいへんなことや、待機児童対策の保育所整備が最優先であることは理解している。保育バウチャーをすぐに始めることは、局としてもむずかしいだろう。しかし、西成特区側としては、保育バウチャーを翌年度以降の「交渉カード」として活用できると判断した。

つまり、「本年度は、保育バウチャーの予算化は無理だと私から橋下市長に謝っておいてあげるから、そのかわりに、これこれの事業に予算をつけてほしい」という具合に使うのである。崖っぷちのスーパーポンポコジャガピーにしなりくんに仁義はない。使える手はなんでも使うのである。

ストレートでケタはずれ。都市整備局の断り方

そのほかの子育て世帯の呼び込み策としては、住宅関係の事業が大きい。市営住宅の建て替えや、市有地への子育て世帯向け住宅建設であるが、担当は都市整備局で、総額で約1500億円もの予算を動かしている。

幹部たちとは、別件の行政会議で何度も話をしていてすでに顔見知りである。西成特区構想の予算交渉を始めるとニコニコと一言。「鈴木顧問。もし、報告書の提案をうちの局にやらせたいのであれば、100億、200億のカネをもってきなはれ！」

じつにストレート、かつケタはずれな断り方である。思わず笑ってしまって、私の負けである。まぁ、こうした巨額予算のプロジェクトは緊急にできることではなく、まず調査を行ったうえで何年もかかる計画として進めるべきものである。また、治安や環境の問題を先に解決しなければ、子育て世帯は移ってこないだろうから、いまは急ぐ必要もない。子ども関係、市有地利用・住宅関係も、次年度以降、エリアマネジメント協議会でゆっくりと検討することにした。

また、大学分校誘致、大規模留学生会館設置、新今宮駅前の再開発については、さらに先のことであるから、これもエリアマネジメント協議会へもち越しである。

結局は西成区の予算から

私と西成区役所幹部たちの奮闘も虚しく、福祉局以外は微々たる予算しか計上されない。結局、最後の手段は、残りの主だった事業を西成区役所の予算として計上することである。幸い、2013年度からは、「区長自由経費」「区シティ・マネージャー自由経費」という名目で、24区がそれぞれ創意工夫の余地をもてるようにと、区役所予算の拡充が行われる方針となっていた。その部分に、西成特区構想の諸事業を厚めに入れて、橋下市長の「多少の配慮」に期待をかけることにした。

まず、結核対策のワンストップ化と外来で治療可能な生活支援策は、それぞれ規模を相当に小さくせざるをえなかったが、「ワンストップによる結核患者等への一体的な支援体制の構築」「あいりん結核患者療養支援事業」として西成区から予算計上した。事業内容や予算書については、当然、西成区役所だけで作成可能なものではないので、健康局などの手を借りてつくった。要は、担当局でつくったものを西成区役所から計上したようなものである。

西成区役所で「夜スペ」予算を計上する

また、教育委員会が作成するべきであった西成版夜スペ（中学校の空き教室に夜間、学習塾を入れる）についても、「西成区基礎学力アップ事業（西成まなび塾）」として、西成区役所から予算計上せざるをえなかった。じつは、これについてはちょっとしたハプニングがあった。東京都杉並区の和田中学のときもそうであったが、一般に、公立中学の空き教室で外部の学習塾を開講することは、中学教員たちが猛反対をする。

塾でよい教育をされてしまえば、ＰＴＡに教員は何をしているのかと問われてしまう。このため、放課後の教室管理責任者である校長が、自分のその権限を拡大解釈して、これまで学習塾による放課後教室の利用を拒んできたのである。

夜スペの意義はまさに、こうした閉鎖的な学校の壁を打ち破って、学校教育に競争と新しい風を吹き込むことにあるのだが、教育委員会としては現場教師たちとの摩擦を起こしたくない。そこで、報告書の内容について勝手な解釈変更を行い、なんと「学生ボランティアによる放課後の補習」に事業内容を変えてしまった。そして、着任早々で事情がまったくわかっていない新区長に先に説明して、それで了解をとってしまったのである。

しかし、そんな姑息な手段を認めるわけにはいかない。まして教育委員会は、この事業の予算計上から逃げて西成区役所に押しつけたのである。区長には悪かったが、了解を取り消してもらって、教育委員会には私が文字どおり怒鳴り込んでいって元に戻させた。

手弁当で始めたモデルケース会議の定期開催

そのほか、西成区の歴史的観光遺産の整備と資源化を行うための「西成情報アーカイブネット」設置や、エリアマネジメント協議会の調査費に使うための「西成特区調査費」など、それぞれの規模は小さいが、これから大きく育てられるであろう「元種」を数多く仕込むことに成功した。

ワンストップ型支援体制「あいりん地域トータルケア・システム」については、西成労働福祉センターの相談室を使うべく交渉していたが、利用料をめぐって府との調整がうまくいかなかった。

そこで、まずは手始めに、さまざまな支援団体や各種施設、行政が一堂に会する「あいりん地域モデルケース会議」を西成区役所内で定期的に開くことにした。それぞれの団体が窓口となって支援している対象者について、情報を共有し、おたがいに協力・連携し合い、迅速な行政的対応がとれるようにした。このように、予算化はできなかったが手弁当で始めた事業もいくつかある。

ただし、2013年度後半からは厚生労働省の生活困窮者自立支援事業のモデル事業が開始される。そこに西成区として手を上げて、その予算を使ってワンストップ型支援体制を整えていく戦略を展望した。

生き残ることに意義がある

こうして、2013年度のスタート時に、事業化できたものは27事業を数えた。金額的にはかなり期待はずれなものとなったが、なんとか8分野56事業のうち、約半分を生き残らせることに成功した。西成区役所の幹部たちが最初に言っていた「目玉事業を1、2個だけ」というところからは、かなりマシな戦果を残すことができた。

西成区役所から予算計上した事業も、総合企画担当課長らの獅子奮迅の活躍によりすべて生き残ることができた。これは一種の特区枠であるから、これを今回、橋下市長が認めたことにより、予算編成の相場観（西成特区構想関係の事業は橋下市長が通す確率が高い）が形成され、次年度からの各局との予算交渉が、若干ではあるがやりやすくなった。

２０１３年度にスタートできなかった残りの諸事業も、報告書には書き込んだのであるから、翌年度以降にもう一度、各局との予算交渉を再開する。かんたんにあきらめるつもりはない。橋下市長にも、この報告書のすべての事業を5年の計画期間内に実施するつもりであると市議会で宣言してもらった。

しかし、この一連の予算交渉は、正直言って疲れた。精神的にも肉体的にも限界であった。「長く深淵を覗く者は、深淵からも等しく見返される（When you gaze long into an abyss, the abyss also gazes into you.）」というが、市役所の伏魔殿のなかで容易に回復できない疲労を経験した。

［コラム13］

縦割り行政と取引費用

国であれ、地方であれ、官僚組織に共通する病理の1つが「縦割り行政」である。複数の部局をまたぐ案件、あるいは多部局で一緒にことに当たらなければならない案件は、しばしば遅々として進まない。なぜだろうか。

経済学で考えると、その理由の1つは「取引費用」がかかるからである。取引費用とは、市場取引にともなって発生する費用の総称であるが、ここでは、多部局で協力し合って1つの施策をつくり上げるためにかかる余分な費用と考えよう。

多部局で協力し合うためには、おたがいに腹の探り合いをしたり、情報を共有したり、信頼できる人間関係をつくったりと、すり合わせや根回しに膨大な「時間的費用」「交渉費用」がかかる。また、他の部局は命令系統が違うために、役割分担したことが確実に実行されるかどうか不透明である。裏切られたり、仕事や責任が押しつけられないように、さまざまな約束ごとを積み上げて確実に遵守させるための仕組みづくりにも、余分な費用（監督と強制の費用）がかかる。

もし、自局だけでことが完結するならば、上司の命令一下、おたがいに気心が知れた同僚、部下が協力し合って確実に物ごとが進むにもかかわらず、多部局間ではこのような取引費用がかかる。普段つき合いのある市役所内の局同士であればまだマシであるが、大阪府と大阪市のように、異なる行政組織間の協力がきわめて困難な背景には、高い取引費用の存在があると思われる。

このため、なるべく自局内だけで物ごとを進めようとして、大局的には望ましくない非効率な「部分最適」の施策が打ち出される。また、大阪市と大阪府の間で問題となっている「二重行政」（同じ施策を大阪市と大阪府で二重に行うこと）が起きる。さらに、自局の管轄範囲をなるべく広げようと、官僚の仕事が肥大化していくことや、しばしば部局間で無益な「縄張り争い」が起きる背景にも、この取引費用が関係しているものと思われる。

橋下市長と松井知事のように、同じ党の盟友同士が市長と知事になったことは、取引費用削減の観点から、縦割り行政の緩和につながっている。また、多部局間から人を引き抜いて、特別タスクフォースという別組織をつくることも、取引費用削減の観点から効果的である。

（注1）また、こういう形勢不利な部局を相手にするときには、どういうわけか西成区役所の事務局が、私1人を残してスーッと席を立ってしまうのには正直参った。1人で大勢を相手に予算交渉するのは、何度やってもつらかった。

（注2）経済学的には、企業がホームレスを雇う分だけ入札額が上がるので、結局、公費でホームレス対策をしていることと同じである。しかし、市役所内の予算交渉過程の困難さを考えると、明示的にホームレス対策の新予算をつくらずに、ホームレス対策が実施できることの価値は大きい。

（注3）気の毒に、西成区役所の担当幹部は責任を感じたのであろうか。ゆとりとみどり振興局とは関係のない個人プレーで、ライオンズクラブが昔建てた動物園前駅の観光用看板について、英語表記によるリニューアルの話をまとめてきてくれた。

（注4）転換補助金に関しては、ようやく2015年度の予算で「西成区簡易宿所設備改善助成事業（西成区と経済戦略局の共同所管）」として実現した。

第14章 官民協働の小さな成功体験

予算が決まれば、あとは実行あるのみだ。年末の予算編成終了後、しばらくの間は、各事業の立ち上げで多忙を極める毎日となった。橋下市長に政策アドバイスをしている竹中平蔵先生がよく言うように、「戦略は細部に宿る」のである。報告書をつくって予算を確保しさえすれば、あとは役人に任せておけるかというと、まったくそんなことはない。

事業化の段階で骨抜きになったり、役人たちの極度のリスク回避主義（安全第一主義）を反映して非常に使い勝手の悪い制度になったり、事業の趣旨をねじ曲げられて担当部局に都合よく利用されたりと、じつはいろいろ油断ができない。細部を管理できていないとせっかくの改革も駄目になる。常に気を抜かず、担当部局の役人と定期的に会合をもち詳細をチェックしていなければならなかった。

しかしながら、初年度に立ちあげた事業は27にもおよぶ。私1人ではとても隅々までチェックし切れない状況に陥ってしまった。

シェルターの利用実態

そうしたなか、起こるべくして起きた事件が、あいりん臨時夜間緊急避難所（シェルター）の建て替えをめぐる地元町内会の猛反発である。すでに第4章で説明したとおり、あいりん地域には、ホームレスや仕事にアブレた日雇労働者の宿泊施設として、無料開放している公的シェルターが2カ所ある。

しかし、南シェルターが2000年建設、北シェルターが2004年建設と、すでに相当長い年月が経過しており、プレハブづくりの建物は老朽化していた。また、設立時には、仕事にアブレた日雇労働者が寝泊まりし、翌日にはまた寄せ場に出て仕事を探すという前提に立っていたため、利用時間が夕方5時から翌日の朝5時までに制限されている。

ところが、現在の利用者は高齢者が多く、もはや仕事などみつけられず、朝5時にシェルターを追い出されると、そのままあいりん総合センターや周辺の公園、施設などで時間をつぶし、ふたたび夕方5時にシェルターに戻ってくるという生活を繰り返していた。

西成特区構想・有識者座談会では、こうした利用実態を明らかにして、老朽化したシェルターを建て替え、昼間の居場所としても使える談話室を備えたシェルターにすべきとの方針を打ち出した。また、プレハブづくりで夏は蒸し暑く、冬は底冷えする過酷な環境であったから、高齢者でも耐えられるようにアメニティーも改善すべきだとした。

行政の説明漏れが発覚したシェルターの建て替え問題

これらの計画が報告書に盛り込まれ、福祉局は早速、設計費や北シェルターの解体作業のための予算を計上した。シェルターの利用人数自体は、ホームレスが生活保護受給者に移行するにしたがって、趨勢的に少なくなっている。そのため、北シェルターだけを建て替え、南シェルターはつぶして、まちづくりのために利用できるスペースとする……と、ここまではよかったのであるが、問題は、建て替えが行われる建物の周辺町内会に福祉局がまったく説明を行っていなかったことだった。

いつものように、事業計画を立て、予算案をつくって、市議会を通してから、ギリギリのタイミングで初めて地元町内会に説明しようとしていた。またしても、大阪市役所お得意の「開けてびっくり玉手箱」の「いきなり調整方式」である。

このことが判明したのは、2013年が明けてすぐの（仮称）萩之茶屋まちづくり拡大会議の場であった。私は2013年度からスタートする諸事業について、出席者たちへの説明を行っていた。拡大会議の意見をとり入れながらつくってきた事業も多いので、みな、なごやかに聞いていた。ところが、シェルターの建て替え部分の説明に差しかかったとたん、町内会長たちが急にザワザワ「わしら、何も聞いてへんで」と騒然となったのである。

もちろん、拡大会議の出席者のなかには、有識者座談会にきたり、釜ヶ崎のまち再生フォーラムの定例まちづくりひろばに参加して、シェルター建て替えの方針をすでに知っていた人も多い。とくに、支援団体や労働団体の多くは、そもそもシェルターの建て替え、アメニティー改善を提案していたくらいだから、当然、賛成の立場である。

しかし、そういうこととは別に、建て替えが行われる建物の周辺町内会あるいは萩之茶屋地区の全町内会長たちには、当然、担当部局から前もって説明しておくのが筋というものである。こうした町内会長のなかには、有識者座談会や定例まちづくりひろばに出ていない人も多いのだから、ていねいな説明、根回しを行わなければならない。しかし、有識者座談会で議論してからすでに5カ月、報告書が出てからも3カ月以上経っているのに、福祉局は一言も町内会に説明していなかったのである。

怠慢行政の連鎖

出席していた町内会長の1人が怒りに体を震わせながら立ち上がり、バーンと机をたたいて大声を張り上げた。

「なっ、なんやこれは！　わしらは何にも聞いてへん。これからは地元とよく相談しながらなんでも進めますというてたな。すっかりだまされたわ！　お前ら、なんにも変わってへんやないかい！　いつもいつも労働者の肩ばかりもちよってからに。ええかげんにせんかい！　わしはもう、こんな会議、出ぇへんど」

他の町内会長たちも、「そうだ、そうだ。わしらも、もう拡大会議はでぇへん！」と叫ぶ。

私は平身低頭、頭を下に擦りつけんばかりにして、町内会長たちに謝らざるをえなかった。彼らの怒りは、まったくもってもっともである。これは明らかに行政のミスだ。しかも、このままでは町内会長らと支援団体、労働団体が立場を超えてようやく集まっているこの「釜ヶ崎の奇跡」というべき拡大会議を、ぶち壊しにしてしまいかねない状況である。

たった1つの判断ミスが、行政と地域、町内会と労働団体・支援団体の溝をふたたび深め、これまでの努力を水の泡にしてしまう。ここが、この地域のむずかしさであり、おそろしさである。

町内会長たちの言い分をよく聞くと、じつは9年前にシェルターをはじめて建設する際にも、福祉局（当時は健康福祉局）には、今回とまったく同じ目に遭わされたという。すなわち、すでに事業計画も立て終わり、予算案をつくって市議会を通してから、ギリギリのタイミングで地元に説明を始めたというのである。

しかも、そのときの担当者は「とりあえず5年間やらせてほしい。5年経過したらシェルターは閉じる」という、その場しのぎのいい加減な約束をしたらしい。そして、地元の町内会長らから構成される「シェルター運営委員会」をつくって定期開催し、シェルターの運営状況や、利用者が見込みどおり減っているかについて、地元にきちんと報告することを約束した。

しかし、それでもなお紛糾を続ける地元町内会に対して、その担当者は居直り「もう市議会も通ってしまったから、いまさら反対してもあとの祭りだ。何を言われてもわれわれはシェルターをつくる」と一方的に言い放ち、有無を言わさずシェルター建設を強行したそうだ。そして、シェルター運営委員会も最初の年に開いただけで、その後二度と開かれず、約束の5年が経過しても、地元町内会には何の説明もないまま、ずるずるといまに至っているとのことである。

大阪市役所の深い闇

なんというお粗末さだろうか。これでは、町内会長たちが今回のシェルター建て替えの件を聞いて、積もり積もった怒りを爆発させるのも無理はない。

この日の拡大会議には福祉局やゆとりとみどり振興局、西成区役所から数人の役人がきていたが、現在の担当者に本当にそうなのかと聞くと「わたしら、そんなことは前任者から引き継いでまへんで」などと平然と言い放つ。

その他の役人たちも、私が1人で平身低頭して謝っているのに、自分たちは知らん顔をしてソッポを向いており、一緒に頭を下げようともしない。自分の担当ではないから関係がない、あるいは、担当ではあるが、前任者の責任なので関係ないとでも思っているのだろうか。いくら縦割り組織でも、まちの人々からみれば、福祉局も西成区役所もゆとりとみどり振興局も、みな同じ「大阪市役所」なのである。まったく先が思いやられる。

この日、あいりん地域の常宿に帰ってから、さすがの私も一睡もできなかった。地域のためによかれと思って決めたシェルター建て替えで、ここまで話がこじれたこと自体もショックであったが、それよりも大事な拡大会議に亀裂を入れたことが申しわけなかった。また、役人たちの無自覚、無責任さも腹立たしかった。大阪市役所の役人たちの闇は思ったよりも深く、これから先、まだまだ何が出てくるか知れたものではない（注1）。

合意のプロセス、小さな成功体験の蓄積が大切

結局、福祉局は市議会に予算が通る前であるが、シェルター運営委員会を何度か開いて、町内会の説得にあたることになった。私は、しばらくの間、拡大会議に「出入り禁止」となってしまった。地域からみれば、私は大阪市役所の「役人代表」「権限をもつ責任者」と映っているからである。

もっとも、もともと新しいシェルターを建てて、アメニティーを改善すること自体は悪い話ではない。いまいるホームレスの数からいって、シェルターがまだしばらく撤去不可能であることは、周辺町内会の人々も内心は理解してくれていたのであろう。幸いにもだんだんと地元の反発は収束していった。この事件は、西成特区構想にかかわる職員全員、いや大阪市役所全体が教訓にしなければならないできごとである。

どんなに正しいことをやろうとしても、問題はそのやり方である。先に予算を組んですべてを決め終えてから地元説明を行う「いきなり調整方式」は、今後、絶対にやめなければならない。なぜなら、地域の人々と行政の間の信頼関係が完全に壊れるからである。まちづくりというものはそういうものではなく、さまざまな人々が幅広く議論を尽くし、おたがい折り合って物ごとを決めていく、そのプロセス自体が大事なのである。

行政からみれば、どうせ結論は決まっているのに、そんなプロセスを経ることはまどろっこしい、

面倒くさいと思うのかもしれないが、こういう民主的なやり方で一歩一歩、官民協力を進めていくことが重要なのだ。みなで話し合い、協力し合って小さな成功体験を積み重ねていく先に、これから行う大きな改革を受け入れる「体制」が築かれる。一朝一夕に、地元の合意形成、利害調整の仕組みはできないから、とにかく地道にコツコツと信頼関係を積み上げていくしかないのである。

4つの専門部会を立ち上げたエリアマネジメント協議会

2013年度から調査費をとって始めた「エリアマネジメント協議会」は、まさにそのような官民協働の成功体験、信頼関係を積み重ねるための会議体である。2013年度は、①環境福祉専門部会、②こども・子育て専門部会、③観光振興専門部会、④地域資源活用専門部会の4つの専門部会を立ち上げた。

それぞれ、テーマに関連する有識者と地域の人々、西成区役所、本庁の担当部局といったメンバーから構成される。2013年度に立ちあがった特区関連事業の進捗状況をみなでチェックし、現実に合うように微調整したり、2014年度以降に実施する新事業をみなで話し合いながら立案する。

まず、環境福祉部会の座長は引き続き私であり、水内俊雄先生（大阪市立大学）、ありむら潜さん（釜ヶ崎のまち再生フォーラム事務局長）、寺川政司先生（近畿大学）の有識者のほか、NPO釜ヶ崎支援機構理事長の山田實さんや、町内会長たち、支援団体、福祉施設の人々に地域委員として集まってもらった。

この専門部会の第1のミッションは、2013年度の事業として始めた、①単身高齢生活保護受給者の社会的つながりづくり事業（生活保護受給者の居場所づくりや社会貢献活動）、②モデルケース会議（ワンストップ型支援体制の準備事業）、③結核対策の各事業、④防犯カメラ・防犯灯の設置などについて、その進捗状況をチェックすることである。それぞれの事業について、何か問題が生じるたびにその解決を図り、微調整を行う。

そして、もう1つ大きなミッションは、ホームレスを活用した環境・治安改善のための公的就労拡大を来年度以降に実現することである。そのために、福祉局、建設局、環境局、教育委員会といった全関係部局の担当者にも集まってもらった。

次年度予算獲得をめざすこども・子育て専門部会

こども・子育て専門部会も、2013年度は私が座長となり、寺川先生のほか、こどもの里の荘保共子さん、山王こどもセンターの施設長をはじめ、保育園長やわが町にしなり子育てネット、町内会長、地域で活躍するアーティストなど、幅広いメンバーに地域委員をお願いした。行政の担当部局はこども青少年局と教育委員会である。子育て関係の施策は初年度にほとんど予算化できなかったから、この専門部会のミッションは、2014年度に向けて官民協力し合って新事業を立案し、予算獲得をめざすことにある。

有識者座談会の報告書では、子どもの家事業の学童保育移行にともなう代替措置の実施や、子ども

西成区のプレーパークの様子：左からウォータースライダー、ツリーハウス
（こどもの里撮影）

阪地域包括支援センターの設立などを打ち出していたが、その実現はまだ少し時間がかかる。そこで、２０１４年度に予算獲得をめざす事業として、「プレーパーク」にねらいを定めることにした。

　プレーパークとは、「冒険遊び場」とも呼ばれるが、子どもたちがなんの制約もなく、自由に自分のやりたいことをやってよい居場所のことである。泥んこになってもよいし、ものを壊してもよいし、高いところから飛び降りたり、火を使ったりしてもよい。大人と一緒にツリーハウスをつくったり、廃品を使ってウォータースライダーをつくったり、自分の遊び道具も自分で工作する。

　家のなかでテレビゲームばかりしている現代っ子に、そのような五感を使った遊び、野外体験をさせることで、のびのびとした子どもに育ってもらおうという取り組みである。自由に行動するということは、同時に自己責任を学ぶことでもある。東京では世田谷の羽根木公園で行っているプレーパークが有名であるが、西成区でもプレーパークを行い、行政施策としてその常設化をめざすことにした。

プレーパークは困難家庭の情報をキャッチする場

そしてプレーパークそれ自体も重要であるが、このプレーパークを運営する地域ボランティアの集いなどを通じて、各地区における困難家庭の情報をキャッチする。そして、不登校児童や困難を抱える児童にプレーパークに参加してもらい、そこからつながって支援活動を行おうという計画である。これは、有識者座談会報告書がめざしていた子育て支援ネットワーク強化の一環であり、子ども版地域包括支援センター設置への布石として、重要な役割を果たすことが期待される。

２０１３年度は、プレーパークについて実証実験を行ったり、シンポジウムを開催したりして、西成区民の関心を高める活動を行った。２０１４年度からは大阪市立大学・地域連携センターに運営委託を行い、モデル事業として実際にプレーパークを実施した。２０１５年度は、さらに北西部の津守小学校・幼稚園の跡地を確保して、夏休みの40日連続開催、日曜の定期開催、天下茶屋公園での出張開催などを行った。

こうした活発な活動が実現しているのは、地域ボランティアを地道に集め、毎回、運営のためにたいへんな準備を行っている関係者の努力のたまものである。その意味で、このプレーパークは官民協働の成功例というよりは、民の活動に官が少し協力している例というほうが適切な表現かもしれない。（注２）

中長期的な視野に立って議論を詰める観光振興、地域資源活用

観光振興専門部会は、座長の松村嘉久先生（阪南大学）を筆頭に、寺川政司先生、簡宿組合や商店街、町内会長などの地域委員を集めて議論を進めた。テーマはもちろん、初年度にまったく手つかずとなっていた国際ゲストハウスエリアのゾーニング、屋台村構想、新今宮駅前再開発のあり方である。それぞれのテーマについて具体的な計画を考え、実現可能性をチェックするための予備調査などを行った。

一方、地域資源活用専門部会は、座長の水内俊雄先生のほか、寺川先生と私と本庁の都市整備局や契約管財局だけで、ひとまず地域委員を入れずに議論を行った。この専門部会のテーマは、西成区のなかにある市有地をどのように活用すべきかということである。まずは、市有地の保有状況、売却計画、その状態などを1つひとつ洗い出し、将来の活用計画に備える準備作業を行った。また、将来的な住宅整備計画、都市計画のあり方についても活発に議論した。

さらに、専門部会はつくらなかったが、大学誘致、留学生会館設置の実現可能性については、事務局を委託しているＣＡＳＥまちづくり研究所がさまざまな予備調査を実施した。ただ、この2つの専門部会および教育産業振興策は、中長期的な視野に立ったものであり、2014年度にすぐに着手可能な事業を立案するには至らなかった。やはり、短期集中的に貧困、環境、治安、衛生などの諸課題を解決しないことには、なかなか中長期的な事業実施の展望がみえてこない。

また、これらすべてのテーマにかかわってくるのは新今宮駅前にある「あいりん総合センター」をどうするかという問題である。あいりん総合センターの建て替えの姿がみえてこないことには、なかなか中長期的な事業の議論が進展しないことが、改めて浮き彫りとなった。

官民協働の小さな成功体験「ひと花事業」

ところで、2013年度に立ちあがった西成特区関連事業のうち、「官民協働の小さな成功体験」としてもっとも顕著な例は、「ひと花事業」である。これは、西成特区構想の目玉事業の1つである「単身高齢生活保護受給者の社会的つながりづくり事業」の別名であり、プロポーザル型公募により「連合事業体ひと花プロジェクト」がその担い手となった。

この連合事業体は、NPO釜ヶ崎支援機構をはじめとして、地域で活躍するさまざまな人々、団体が手を組んだもので、さすがはあいりん地域の団体という抜群の企画力、運営能力を発揮している。このあいりん地域の民間人材の資質の高さ、層の厚さには誠に驚くべきものがある。

具体的には、「表現プログラム」として、ダンス、演劇、詩、工作、美術、書道、哲学、まち歩き、音楽、体操をしたり、「農作業」として、地域内の市有地につくった農園でさまざまな野菜や花をつくって地域に配ったり、「地域のお手伝い」として、さまざまな公園の草むしりや保育園・小学校の運動会準備、特掃と重ならない場所の清掃、プレーパークの手伝いなどを行っている。

その他、就労体験や健康教室、服薬・金銭管理、体験学習（空手、ミシン、料理、園芸）などの文

ひと花事業の取り組み：左上から、わかくさ保育園の児童とのイモ掘り、今宮農作業地、門松づくり、ひと花笑劇団、花園公園の草刈り（ひと花センター撮影）

援活動も一体的に実施しており、2015年4月現在、西成区役所が推薦した128人の生活保護受給者がこの事業に参加をしている。

その成果も着々と上がっており、これまで部屋に引きこもって酒浸りになりがちだった高齢単身の生活保護受給者が、趣味や特技を生かして地域とのつながりをもち、いきいきと過ごせるようになってきた。また、地域の環境美化や子育て支援などの社会貢献を行うことで、地域の人々から感謝され、コミュニティーの一員として彼らが認知されるきっかけともなっている[注3]。

まさに、われわれが当初意図した「太陽政策」が大当たりだったわけである。この取り組みは全国の生活保護関係者から注目され、視察が相次ぎ、マスコミにも取り上げられたりした。ひと花事業のような創意工夫は、役人的発想では到底不可能なものであり、官民協働でやるまちづくりの大切さを、もっともわかりやすい形で教えてくれている成功事例である。

タウンミーティングで挨拶する臣永区長
（西成区役所撮影）

90人以上の候補者から公募で選ばれた臣永区長

ところで、ひと花事業やプレーパークをうまく軌道に乗せるために、西成区役所の側から陰に陽に力となっている存在が、２０１２年８月から西成区長をつとめている臣永正廣《とみながまさひろ》さんである。

橋下市長は就任早々、24区の区長を役人だけではなく、民間人を含めて公募することを決定した。その公募制度で西成区長に応募してきたのが臣永さんであった。もともと90人以上の候補者がいたが、最終面接に残ったのは民間人２名である。

最終面接は私も選考委員となった。公募区長とは、西成特区構想をこれからずっと一緒に組んで進めることになる。どちらの候補者と一緒に仕事がしたいのか、私に意見を言わせてやろうという橋下市長と中田宏特別顧問の温かい配慮であった。

臣永さんは、もともとベトナムをバイクで（しかも、ホンダのカブで）横断してルポを書いたりするフリージャーナリストだったが、１９９９年からは故郷である徳島県那賀川の町長をつとめていた。町長時代は、自衛隊駐屯地の誘致、情報公開実施などで活躍したらしい。なかなかユニークな経歴の持ち主である。

私が臣永さんを選んだのは、やはり、町長をつとめたという行政経験を重要視したからである。人口1万人くらいの小さな町（現在は阿南市に合併された）とはいえ、町役場の役人組織を動かし、町民を説得し、議会工作もして、いろいろな改革を成し遂げたという実務経験は貴重である。

西成区のことは何も知らないに等しかったが、何も知らずにこの火中の栗を拾おうというのだから、いい度胸である。応募論文には「西成区の生活保護受給者を半減します」などと、ちょっと心配な内容が書かれていたが、話してみると穏やかで柔軟な人柄がよくわかった。面接後、臣永さんがよいというと、橋下市長の意見も同じで、無事に区長が決定した。

公募人事は激しいアレルギー反応を引き起こす

一般に、公募区長、公募局長のような形で、純粋な民間人が役所組織のなかに入って成果を上げることは、世間が想像する以上に困難なことである。役所という終身雇用、年功序列の閉鎖的組織からみると、外部から入ってきた民間人はまさに秩序を乱す「異物」そのものであり、一般に激しいアレルギー反応が引き起こされる。

役所内には、民間にはない独特の制度、独特のルール、独特の慣習、独特の言葉、長くいないと絶対にわからない裏技の数々が満ちあふれており、行政経験のない民間人にとっては、右も左もわからないパラレルワールドである。ルールもうろ覚えの初心者が、有段者たちと将棋を指すようなものである。それゆえ、まず、混入した異物のほうに勝ち目はない。

それでも、我を通して異物であり続ければ、役人たちは面従腹背で何も従わず、仕事がまったく回らなくなる。そのうちに、この未知の世界に仕込まれたさまざまな「地雷」を踏んだり、役人たちの「自爆テロ」に遭って一巻の終わりである。生き残りたければ、異物であることをやめて同化し、役人たちの上に乗っかるだけの人畜無害な存在になるしかない。

こうして、大阪市の公募区長の多くは、役人組織に異物排除されたり（区長経験者と自治体首長経験者を除いた16人の民間出身者のうち、じつに5人の公募区長が相次いで更迭、免職、退職となった）、無害な「御本尊」として、たてまつられるだけの存在になり下がったのである。

しかし、臣永区長はそのどちらでもない、絶妙のスタンスをとった。まず、就任前から西成特区構想・有識者座談会に参加し、毎回の議論にじっと耳を傾けたうえで、われわれのよき理解者、協力者となってくれた。一方で、役人たちともことを構えることなく、役人たちができない部分を補って既存組織と共存するという独特のポジションを見出した。

ゾウのフンを調達し、故郷からヤギを連れてくる

たとえば、拡大会議や定例まちづくりひろばに頻繁に出席したうえで、そのあとの居酒屋での「第2会議」にまで出て、あいりん地域のさまざまなリーダーたちと親しく交流する。こどもの里の子どもも夜回りに参加する。タウンミーティングを積極的に開いて、罵声や怒号を浴びながらも、まちの

人々と交流し、重要施策をしっかり説明する。西成警察署がいくら嫌がっても、覚せい剤撲滅キャンペーンのデモに区長としてはじめて参加するなど、なかなか歴代の西成区長ができなかったことをやってのけるのであった。

臣永区長のおかげで、区役所と地域の人々との距離はぐっと縮まり、いままでもっとも住民に近い立場にいる区長となったことは間違いない。ひと花事業にもしょっちゅう顔を出し、故郷の徳島から、門松をつくるための竹を運んできたり、天王寺動物園と話をつけて、ゾウのフンを農園の肥料として提供するなど、ユニークな貢献をする。また、プレーパークにも常に参加し、子どもたちと一緒にさまざまな工作をしたり、地域と行政の橋渡しに尽力する。あるときなど、プレーパークで飼うためのヤギを徳島から連れてきたと言ったのには、思わず笑ってしまった。

人がよいので、役人たちにうっかりたてまつられそうになるときもある。もちろん、生き馬の目を抜く市役所の伏魔殿を自在に泳ぎ回り、行政手腕を発揮して物ごとを成し遂げるタイプのリーダーではない。しかし、逆にいえば、それは私や副区長以下の幹部たちが行えばよいことである。その幹部たちも、自分たちにできない部分を補ってくれる公募区長として、次第に臣永区長を重宝し、自然と役割分担を行うようになっていった。

実際、穏やかな性格でチームワークができる臣永区長ではなく、他区のように、我の強い個性派区長が着任していたらと思うといまでもゾッとする。私が、本庁の各局や府・国とがっぷり四つに組んでいる間に、後ろから矢を射られてはたまらない。むしろ、私が調整をしくじったときに、区長として先方に謝りにいってくれるなど、フォローをしてくれるのであった。臣永区長も、西成特区構想実現のためになくてはならない存在となった。

役所の人事ローテーション

さて、2年目の4月を迎えると、役所恒例の人事異動があった。西嶋副区長は福祉局長に栄転し、後任に横関稔副区長が着任した。また、栄課長も後任の事業調整担当課長に代わった。事務局の課長代理、係長クラスも何人か代わり、結構大きな人事異動となった。

こうした役所の速い人事ローテーションには、よい面と悪い面がある。悪い面はもちろん、また1からの説明、引き継ぎ、啓蒙をやり直さなければならないことである。あうんの呼吸で動いてくれていた栄課長が異動になったことは、正直痛手であった。

しかし、説明をやり直すということは、私のほうが「情報優位」に立てるということでもある。今度は私が「先生」として、仕事を教える立場であるから、格段に事務局への指示が通りやすくなる。また、2年目に入ると、事務局が、西成特区構想の諸事業をやるかやらないか逡巡するのではなく、やることを前提に動いてくれることもありがたかった。

さらに、強烈な予算交渉を行ったことで、本庁の各局の幹部たちともだいたい顔馴染みになれた。誰に何を頼めばよいのか、どういう手順で進めれば物ごとが動くのか、おおむね土地勘が働くようになった。役所組織とは、長くいればいるほど有利になる仕組みにできている。

ゲリラ部隊からようやく正規軍へ

横関副区長とは、ここから3年近くコンビを組むことになる。前任の西嶋副区長ほどの押しの強さはないが、外務省への出向経験のある真に人品の好いエリートである。２００７年から3年間、東淀川区の区長をつとめ、西成区に着任する前は、こども青少年局の企画部長という重職にあった。このあと、対内調整（区役所内あるいは対本庁）、対外調整（対大阪府、国）の両面において、まさに大車輪の活躍をしてくれる。（注４）

とくに、本庁の部局間にまたがるむずかしい案件を処理する調整能力は抜群で、私は横関副区長から大阪市役所内の仕事の進め方、調整方法、裏技の多くを学ばせてもらった。また、横関副区長はこども青少年局出身であるから、当然ここからはこども青少年局との調整が非常にスムーズになった。また、西嶋副区長が福祉局長に栄転したことで、福祉局との調整もますますやりやすくなった。

さらに、人事権をもっている臣永区長に前年のうちから頼んでいたことであるが、事務局の人数を増員して、課長代理や係長クラスは、本庁の建設局や健康局、環境局などから、幅広く人材を引っ張ってきてもらった。これで、西成特区構想の実施体制は大幅に改善され、われわれはようやくゲリラ部隊から卒業し、なんとか正規軍らしくなってきた。

この間、つくづく思い知らされたことは、いくら立派な政策を提唱しても、口先だけで改革は実行できないということである。改革を実行したければ、とにかくそのための「実施体制」を地道につくり上げることが先決だ。時間がかかっても、実施体制構築から手をつけなければすべてが砂上の楼閣となる。当たり前のことなのであるが、世間では意外に理解されていない「役所内の常識」である。

［コラム 14］

縦割り行政と公共財、マルチタスク

コラム13では、官僚組織が多部局間で協力し合えない理由として、取引費用の存在を挙げた。このほかに、縦割り行政が深刻化する原因として、①役所の業務に外部経済があること、②多部局間プロジェクトの評価がむずかしいこと、の2点が挙げられる。

いま、多部局間で協力し合って、1つの新プロジェクトを立ち上げるとしよう。事業計画案や予算書は、どうしても1つの部局が中心となってつくらざるをえないので、他の部局はその分、楽ができる。この予算関係業務は外部経済というより、「ただ乗り」が可能な「公共財」に近い（公共財は究極の外部経済をもつ財とも定義できる）。

さらにそのあとも、予算書を作成した部局が中心となって、財政部局との予算折衝や市長査定、議会対策を乗り越えなければならない。他の部局はその責任やリスクからも免れやすくなる。このため、多部局間会議を行うと、しばしば壮絶な仕事と責任の押しつけ合いが始まり、なかなか話がまとまらないのである。

また、多部局間で行うプロジェクトは、各局の貢献度が明確に区別できず、首長からみて業績評価がむずかしいという問題もある。それよりも、成果をすべて自分たちのものにできる自局プロジェクトに注力するほうが、各局にとっては割がよい。このため、多部局間プロジェクトは避けられ、自局プロジェクトばかりが優先される。これを経済学では「マルチタスク問題」と呼ぶ。

この2つの問題への対処方法の1つは、組織再編を行い、関係部局を統合することだ。ただし、あまり大きな部局に再編してしまっては、各部局が専門分野に特化できず、質が低下したり意思決定に時間がかかる非効率が発生してしまう。

また、ある程度、各部局の縄張り範囲がはっきりしていないと共有地の悲劇のような無責任が生じる。縦割り行政とは、各局の縄張りに所有権を与えて、責任範囲を明確化するための制度とも解釈できる。縦割り行政のほうが効率的な場合もあり、組織再編の成否はそのバランス次第である。

もっとも、西成特区構想の多部局間プロジェクトの場合には、まとめ役が特別顧問であるから、各局の仕事をつぶさに観察し、それぞれの貢献度を市長に伝えるという対処ができるのである。

（注1）当時のいい加減な対応をした担当者は誰なのか、あとで私はその名前を突き止めようと試みた。しかし、どの部局にいって話を聞いても、「さぁて、誰でしたかなぁ」などと、おたがいに守り合われてしまい、結局、うやむやにされてしまった。

（注2）じつは、プレーパーク実施と西成区への自立援助ホーム設置をこども青少年局から引き出すために、保育バウチャーの交渉カードを切った。すなわち、保育バウチャー実施を棚上げするかわりに、この2つの事業の予算化を優先してもらった。自立援助ホームについては、2016年度から、公募ののち、こどもの里が受託して実施することになった。

（注3）大阪市立大学・都市研究プラザの稲田七海特別研究員が中心となって行った調査（2014年度ひと花プロジェクト調査報告）でも、利用者の健康面、精神面の改善が示されており、「ひきこもりがなくなった」「地域の人々と声をかけ合う関係ができた」「生きていく意義ができた」といった声が利用者から寄せられている。

（注4）横関副区長は2015年度末、臣永区長とともにいったん定年退職したが、吉村洋文新市長のたっての願いで、2016年度からは西成区長をつとめている。雇用延長制度を使った異例の人事で、まさに「余人をもって代え難し」ということである。

第15章 まちづくり合同会社

西成特区構想・有識者座談会の報告書では、不法投棄ゴミの回収やその見回りをホームレスの仕事にして、彼らの生活安定と地域の環境改善を同時に図る「一石二鳥」の方針を打ち出した。それによってホームレスの生活が安定すれば、公園や道路に暮らす必要もなくなるから、あいりん地域のテント・小屋掛け問題は、行政代執行を行わなくても平和的に解決できるとした。

言うは易し、行うは難し

しかし、何ごとも「言うは易し、行うは難し」である。

その一石二鳥のアイディアを実務に落とし込んでいくためには、①市役所の環境局が行っている不法投棄ゴミの回収業務を民間に切り出し、アウトソーシングする、②ホームレスを雇って不法投棄ゴミの回収や見回りを行う業者を選び、そこに業務委託を行う、③道路や公園のテント・小屋掛けに住んでいるホームレス1人ひとりに声をかけて、新しくできた仕事を紹介したり、生活保護の申請をしてもらうなどして、平和的に路上生活からの脱却を促すという具体的作業が必要となる。これらは、役人たちに任せておけば、自動的に進むほど甘いものではない。

まず第1に、福祉局、建設局（ゆとりとみどり振興局から担当部局ごと移った）、環境局、西成区役所にまたがる多部局間調整が必要である。極度の縦割り組織となっている大阪市役所では、これはきわめて高いハードルである。第2に、こんな特殊な業務委託が受けられる既存業者はまず存在しないから、その受け皿を地域内でつくり上げる必要がある。

第3に、道路や公園内のホームレスを説得するには、地域の人々の理解や協力が不可欠である。これまでさんざん行政代執行などの強硬策をやってきた役人を信用するホームレスはまずいない。間に入って彼らと対話できるのは、こども夜回りや民間支援で顔馴染みとなっている支援団体や労働団体、福祉施設の人々であるから、彼らの協力を得ることが業務遂行上、不可欠である。

住民と団体との大きな温度差

しかしながら、これはなかなか一朝一夕にはいかない。やはり、過去の行政代執行がトラウマとなっており、地域の人々のなかには行政に対する根強い不信感がある。また、公園問題に対する認識は、町内会と支援団体・労働団体の間で大きな温度差があった。

町内会にとっては、公園からホームレスがいなくなり、ふたたび住民や子どもたちが集える場になることが長年の悲願である。

一方で、支援団体・労働団体は公園の開放自体にはあまり関心がない。むしろホームレスの生活のほうを心配し、公園から無理に追い出すことは避けたいと考えている。支援団体・労働団体の納得を得るには、まず、公園から出たあとのホームレスの行き先や、就労・福祉などの支援策を、きちんと決めておかなくてはならない。

さらに、この件を進める過程において、町内会と支援団体・労働団体の間の溝が深まらないように、細心の注意が必要である。両者は公園問題だけではなく、これからまちづくりのさまざまな局面で協力していかなければならないのだから、公園問題でつまずくわけにはいかない（おそらく、それだからこそ、これまでも公園問題の議論は、あと回しにされてきたのであろう）。一般に、こうしたまちづくりの合意形成は、驚くほど時間がかかるものであり、忍耐強く一歩一歩前に進めなければならない。

総論賛成

まず、私が最初に手をつけたのは、福祉局（施設担当、自立支援担当）、建設局（道路管理担当、公園管理担当、施設管理担当）、環境局、西成区役所を一堂に集めた多部局間の行政会議である。これらの担当者たちには、エリアマネジメント協議会の環境福祉専門部会にも参加してもらっているが、そのまま行政部局だけで残ったり、別の日に集まったりして、対内調整を図ることにした。

しかしながら、この多部局間会議が何度集まっても遅々として進まない。

総論としては全部局が賛成なのである。たとえば、環境局はあいりん地域の不法投棄ゴミ回収を自局の職員に行わせているが、できれば民間業者に業務委託したいと考えている。(注1)

ただ、環境局職員は公務員なので、ゴミ回収にくる時間がとても遅く回収頻度も少ない。そのため、三角公園ではホームレスや活動家、地元の清掃業者らが、ボランティアで不法投棄ゴミの収集・分別作業を行い、朝早くから公園を清掃して環境局の到着を待っている状態であった。

これは、環境局や建設局の公園管理担当者にとっても、地元に大きな借りができている状況であったから、一刻も早く元の民間委託に戻したいと考えていた。また、建設局の公園管理担当者や西成区役所は、その民間委託の公的就労事業によって公園のホームレスがテント・小屋掛けから脱却できるのであれば、地域からの苦情が減り、大助かりである。

この事情は、建設局の道路管理担当者も同じであり、環境局の遅い回収時間や道路上のホームレス問題が解決することは願ってもないことである。また当然、福祉局もホームレス問題の解決には前向きだ。公的就労による生活安定化で、あいりん臨時夜間緊急避難所（シェルター）の利用者数が順調に減っていけば、いずれはシェルターを閉じることができ、町内会（シェルター運営委員会）との約束を果たすことができる。

各論反対

しかし、みな、総論賛成にもかかわらず、各局の担当者が集って多部局間会議を行うと、それぞれまったく違う意見を言い合う。きわめて消極的な意見を言うか、むしろ反対意見を表明するのである。たとえば環境局は、橋下市長の方針で、環境局自体の民営化が決まっているので、いまからあいりん地域だけ特殊な業務委託を行うことはできないと主張する。建設局も、現状の制度では違法駐輪の整理は公務員にしかできないだとか、あれはできない、これはできないと、ネガティブリストしか発言しない。

福祉局も、自分たちは福祉が本業なので、環境改善に関しては他局からの提案を先に聞きたいなどという。本来、音頭をとるべき西成区役所も、仕切り役の事業調整担当課長がかわったばかりで不慣れなのか、隅のほうで忍者のように気配を消して座っている。いい加減がまんができなくなって「できない理由は聞きたくない！　できることだけ発言してくれ！」と私が叫ぶと、全員が黙りこんでしまうという繰り返しであった。

要するにみな何を考えているのかといえば、自分の部局が主導して、責任やリスクを負わされたくないということである。できれば、他局に事業計画や予算書をつくらせて、それに協力するという形で「ただ乗り」がしたい。

とくに、この事業は相当大きな予算額になるはずだから、財政局との間できびしい予算折衝となる。

そんなババを引くのは絶対にゴメンだというのが各部局の本音なのであった。このため、自分の局でこの事業を実施するのがいかにむずかしいか、できない理由、反対理由を延々と挙げて、おたがいに様子見や鞘当てを繰り返しているのである。

だったら、これは部局間の共同提案事業としてやりましょうといっても、おたがいに仕事を押しつけられるおそれがあるので、疑心暗鬼になって話がまとまらない。貴重な時間だけが空費されていくのであった。

環境改善を急がせる3校統合のプレッシャー

そうこうしているうちに、西成特区構想とは別の方面から、あいりん地域の環境改善を急がなければならない事情が生じてきた。３つの小学校（萩之茶屋小学校、弘治小学校、今宮小学校）と今宮中学校を統合するという橋下市長肝入りの「いまみや小中一貫校」設立に赤信号がともり始めたのである。

この３小学校統合は、児童数の減少からやむをえないとして、じつは橋下市長の就任前から、統合の方針がほぼ決まっていた。しかし、あいりん地域の外にある弘治小学校、今宮小学校の地域住民や保護者たちからは、猛烈な反対の声が挙がっていた。それは、３校を統合して今宮中学の敷地内に新校舎を建てるとなると、今宮小学校、弘治小学校の子どもたちが、あいりん地域のなかを約１㎞にわたって通学路として通らなければならなくなるからである。

その通学路には、登下校の時間帯にも不法投棄ゴミが散乱し、路上には児童ポルノのＤＶＤなどを売っている違法露店がたくさんある。周辺の公園にはホームレスのテント・小屋掛けが並び、子どもたちは遊ぶことができない。通学路の路上にもホームレスの小屋や荷物が積み上げられており、子どもたちがまっすぐに通れない場所もある。

これらの光景は、あいりん地域内の萩之茶屋小学校に通う子どもたちにとっては日常的なものであっても、弘治小学校、今宮小学校に通う子どもたちの親からすれば、心配で心配でたまらない状況であった。

副市長タスクフォース「地域環境改善特別チーム」結成

そこで、地域住民や保護者から構成される教育委員会の会議（今宮中学校区・通学路の安全対策連絡会）において、地元としては通学路の環境問題が解決されないかぎり、３校統合を認めないという方針が打ち出されたのである。このままでは、橋下市長が指示している「いまみや小中一貫校の２０１５年４月開校」が危ぶまれる状況である。

そこで、行政的には「背水の陣」を敷かねばならなくなった。すなわち、いまみや小中一貫校設置が決定する２０１４年４月までに（一貫校開校の1年前）、この通学路の環境問題を解決するとして、田中清剛副市長をトップとし、関係各局から構成される特別タスクフォース（今宮中学校区施設一体型小中一貫校にかかる地域環境改善特別チーム）が結成されることになったのである。

田中副市長といえば、市役所内の「武闘派」のリーダーだと聞いている。田中副市長が建設局長であった2009年当時、萩之茶屋小学校東側に軒を連ねていた路上の屋台・露店群を、行政代執行により一斉撤去したことは、いまだに語り草になっている。今回も、いざとなれば行政代執行を躊躇なく実行する可能性がある。

こうして、あいりん地域の環境改善について、同じ市役所内に、副市長指揮下の「地域環境改善特別チーム」と、われわれの「西成特区構想」（中心は、エリアマネジメント協議会の環境福祉専門部会）という2つの指揮命令系統ができてしまった。これは本来、組織マネジメント上、たいへんまずいことである。

しかしながら、私は当初、この動きを楽観的に捉えていた。西成特区構想の環境改善のほうは、各局の腹の探り合い、鞘当てでなかなか動けずにいる。うまくいけば、この3校統合のプレッシャーがテコとなり、各局が動き出すことになるのではないかと期待した。

行政代執行を打ち出した建設局の強硬方針

しかしながら、どうやら私の考えは甘すぎたようである。ふたたび、西成特区構想のほうで多部局間会議を開くと、開口一番、建設局の道路管理担当者が、「われわれとしては、路上のホームレス問題を解決するために、行政代執行、もしくは裁判所命令をとっての司法的措置を行う方針です」と言い始めたのである。

「ちょっ、ちょっと待ってください。行政代執行をして問題が解決するんですか？　1998年の行政代執行でホームレスが花園公園に移ったように、道路上の行政代執行を行えば、ホームレスは公園に移ったり、通学路以外の道路に拡散するだけです。また、今回はホームレスの人数が少ないから、代執行の許可をとることはむずかしいかもしれない。その場合、裁判所命令でただ立ち退きを言い渡すだけですが、それでホームレスやその支援者たちが本当に言うことを聞くと思いますか？」

「……いずれにせよ、行政代執行や司法的措置は、あいりん地域の支援団体や労働団体が猛反発します。やっぱり西成特区構想は弱者排除が目的だった、スラム・クリアランスだ、われわれはだまされたなどとみな、怒り狂うでしょう。せっかく彼らの理解と協力を得て、平和裏に物ごとを解決しようとしているのに、建設局が行政代執行をすれば、これまでの努力がすべて水の泡です。そのことが理解できないのですか」

と私が問うと、建設局の担当者は、

「大した効果がないことはわかっています。問題が解決できるとも思っていません。しかし、われわれの立場としては、法的手段に訴えざるをえない。われわれができることはこれしかないのです。やらなければ、うちが責任をとらされてしまう」

と言う。これが役人の生きる世界の現実である。

部分最適が全体最適を押しやる

ある意味で正直な担当者のこの発言に、役所という縦割り組織の問題点が集約されているように思う。抜本的な問題解決のためには、部局横断的、包括的に物ごとに当たらなければならないが、部局の保身のためには、たとえ無意味とわかっていても、なんらかの手を打たざるをえないのだ。それはむしろ、全体でまとめようとしている動き、あるいは西成特区構想全体の動きを台無しにしかねない選択なのだが、それはこの部局の管轄ではないから、知ったことではないというわけだ。ここでも縦割り組織における多部局間調整のむずかしさが露呈してしまった。

このような縦割り行動の結果を、経済学では「部分最適」と呼び、「全体最適」と区別する。要するに、その部局にとってだけ都合のよい行動をとり、全体としてベストな行動からはずれてしまうことが、役所の縦割り組織の現実であり問題点なのである。そして、とくに大阪市役所のように図体がでかく、歴史の長い強固な縦割り組織ほど、その病理は深刻である。

役人は、いわば、異なるスポーツに興じている

あいりん地域の支援団体のなかには、役人たちのこうした行動を、役人たちの人間性や個人の資質の問題として捉え人格批判を行う人が多い。「せっかく、あの役人を信じていたのに、また裏切られた」というわけである。

しかし、これは個人の人格や資質の問題ではない。役人たちが生きる世界のルールが、行政代執行という部分最適を選ばせているのである。私は別の機会に、1998年の行政代執行当時、現場にいた職員の1人から「ボクらかて、ホンマはやりたくなかったんです。でも、ボクら兵隊ですから、意味がないと思うことでもやらざるをえんかったんですわ」と、当時の話を聞いたことがある。

個人としてはバカバカしい、ホームレスが可哀そうだから嫌だなと思っていても、組織の論理のなかで生きる役人たちには、ほかに選択肢はないのである。もし、支援団体の活動家たちがこうした現状を変えたいのであれば、いくら人格批判をしても始まらない。役人たちが生きる世界のルールを理解し、そのルールのなかで方針を変更させる手立てを考え出すべきである。

たとえていうならば、支援団体と、役人たちは別のスポーツをしているようなものなのだ。支援団体はサッカーをしているが、役人たちはじつはバレーボールをしている。支援団体からみると、役人たちがやっていることは「なんや、お前ら。ハンドやないかい！」ということになる。しかし、役人たちからは、「支援者たちは、ボールを手で受けんと、蹴っとるで。下品なやつらやなぁ」とみえるのだ。そして、じつは民間の側 —— 支援団体、労働団体、町内会、簡宿組合、商店街、各種施設の間でも、やっているスポーツは少しずつ違う。

おたがいに違うスポーツをやっていることに早く気づくこと、そしておたがいのスポーツのルールを理解することが、まちづくりで協力し合うための出発点である。

行政代執行を撤回させた副市長への直談判

さて、今回の場合は、トップに権限と責任が集中している特別タスクフォース内の問題なので解決が比較的容易である。トップに全体最適を選んでもらい、リーダーシップを発揮してもらえばよいからである。早速、私は横関副区長を通じて、田中副市長への直談判を申し込んだ。地域環境改善特別チームが立ちあがってすぐの2013年9月はじめのことである。

とにかく、西成特区構想のほうで、環境改善の公的就労プログラムを必ず立ちあげ、公園・道路のホームレス問題も地域の人々の協力で解決に導くから、行政代執行だけは思いとどまってくれと頼みこんだ。田中副市長といえば武闘派で強面のイメージであったが、実際に会ってみると柔軟な考え方の持ち主で、幸いなことに、全体最適の視点から判断ができる優れたリーダーであった。

私の依頼を了解してくれ、建設局の方針を撤回させ西成特区側とよく連携してことを進めていくことを約束してくれた。しかし、「もし西成特区構想の平和的な解決手法がうまくいかなかった場合には、ギリギリのタイミングまで待つが、最後は行政代執行などの強硬策をとらざるをえない。それは鈴木顧問も了解してください」ということであった。私も、「きれいごとだけで世の中すむとは思っていないので、われわれの努力が最後まで実らなかった場合には、あとはお任せするつもりです」と答えた。

背水の陣で受け皿機関づくりに集中する

これでなんとか2013年度末まで、約半年間の時間的猶予が確保された。この半年で環境改善策を一気に決め、進めていかなければならない。少なくとも、年度末までに「今宮中学校区・通学路の安全対策連絡会」の地域住民や保護者たちが納得するだけの「対策が決まっている状態」にする必要がある。西成特区構想の側も、まさに「背水の陣」である。

まず、これまでの作戦の練り直しが必要だ。もはや、時間ばかりかかる多部局間会議を、これ以上開いても無駄である。とりあえず、どこの局が予算をつくるかという問題はいったん棚上げにして、環境改善の公的就労を業務委託できる「受け皿機関」づくりに集中する。地域内に具体的な受け皿機関ができてしまえば、事業の実現性がグッと高まる。それをテコに各局を説得する（ねじ伏せる）戦略である。

幸い、この地域の公園を管轄する建設局の公園管理担当課長が、非常に前向きで熱意があったから、彼と私と西成区役所の事業調整担当課長の3人だけで、いろいろな根回しを進めることにした。やはりこの件は最終的に、私が橋下市長に直談判して、トップの決断を頼むしかないだろう。役所組織で下から積み上げられない事案は、上から落としていくしかない。そのためにも、橋下市長のご聖断が下ったときに、ただちに事業が動き出せるよう実施体制を準備万端に整えておく必要がある。

地域の人々がオーナーとなるまちづくり合同会社

3人で寺川先生のいる近畿大学のキャンパスを訪ねて、寺川研究室で長時間の作戦会議を行った。具体的な受け皿機関としては、寺川先生が第12回の有識者座談会で提案した「まちづくり合同会社」がベストだというのが全員の一致した意見だ。

これは、あいりん地域内の住民代表や各団体代表が、一緒に設立者（オーナー）となってつくる法人で、まちづくりのさまざまな事業を担うための会社となる。この場合、貧困対策と環境改善というミッションをもって「環境改善のための公的就労事業」を行政から委託される。支援団体や労働団体の代表者たちがオーナーのなかに入れば、ホームレスの雇用やそのケアがスムーズにいく。

また、この受け皿機関は一般企業ではうまくいかない理由があった。それは、「事業がうまくいけばうまくいくほど、商売にならなくなる」という特性があるからである。つまり、不法投棄ゴミ対策がうまくいって、不法投棄ゴミが順調に減少していけば、この会社はいずれ発展的解消を余儀なくされる。

一般企業は利潤が増えたり、事業が継続できることを願うはずであるから、不法投棄ゴミの処理や見回りを行う一方で、不法投棄ゴミが減少しないように裏工作を行うかもしれない。コンピューターウィルス対策のソフトをつくっている会社が、裏でウィルスを開発するハッカーたちを支援するようなインセンティブ（動機づけ）が存在してしまうのである（本当にそんなことが起きているのかどうかは知らないが）。

そうならないためには、もともと不法投棄ゴミがなくなることを願っている、あいりん地域の人々自身がオーナーとなる必要があった。

清掃業者探し

そのために、エリアマネジメント協議会の環境福祉専門部会や（仮称）萩之茶屋まちづくり拡大会議の場で、まちのリーダーたちに会社設立を根回ししていくことにした。もともと商売人や経営者の多いまちであるから、会社を設立すること自体にはあまり抵抗感がないだろう。しかし、行政から業務委託を受けるとなると、行政リスクや心理的抵抗は感じざるをえないから、説得には少し時間がかかる。私と公園管理担当課長は、毎回、拡大会議に出席してことあるごとに説明し、忍耐強く待ち続けることにした。

もう1つの問題は、まちの人々を中心にまちづくり合同会社を設立できたとしても、ゴミ収集の業務は免許制度になっているので、既存の清掃業者と組まなければ、事業がスタートできないことである。

そこで、私と公園管理担当課長、事業調整担当課長で、地元の清掃業者を回って、①まちづくり合同会社の傘下として事業に参加しその指示に従う、②ホームレスをきちんと雇用する、という2つの条件を受け入れてくれる業者を探し回った。真夏の暑い最中である。あまりの暑さに倒れそうだったので、三角公園にたむろする活動家のみなさんからもらった麦茶が、とてもうまかったことをよく覚えている（このときはじめて彼らと親しく話し、この事業を受け入れてもらえるように挨拶しておいた）。幸いにも、もっとも適切な業者と前記2つの条件で折り合いがついた。そこで、まちづくり合同会社が設立され次第、業務提携を行う予定で、行政内の調整や事業計画づくりに着手することにした。

ただ、橋下市長になってから「大阪市のすべての事業は一般競争入札で」というルールになっている。ここまで準備を進めていても、果たしてまちづくり合同会社が無事に応札できるかどうか、そこは不確実だった。もし、応札できなければ、そのために設立した会社であるから、私は彼らの「梯子をはずす」ことになってしまう。

そうなれば、まちのリーダーたちからこの件の協力を仰げなくなるだけではなく、西成特区構想自体の協力関係にもヒビが入る。また、依然として、予算をどの局がつくるのか、誰が財政局を説得するのかという点も不透明である。われわれにとっても、地域の人々にとっても、まだいろいろとリスクの大きい状況であった。

橋下市長を激怒させた「新報道2001」事件

「待つ者にこそ幸いあれ（All things come to those who wait.）」というが、突然、思わぬ福音がもたらされた。ある日、橋下市長が怒り狂ってあいりん地域の不法投棄ゴミ対策に乗り出したのである。

それは2013年11月10日、日曜日の朝放映された「新報道2001」というフジテレビ系の報道番組であった。橋下市長が生出演しているなか、あいりん地域内に不法投棄ゴミがあふれている様子や、不法投棄が行われる瞬間の隠し撮り映像が放映されたのである。

きわめつけは、3校統合であいりん地域外から「いまみや小中一貫校」に子どもを通わせることになる保護者たちが、通学路を街歩きする映像であった。壁や商店のシャッターに書かれている落書き、氾濫する路上の自転車、酔っ払いの立ち小便姿、児童ポルノなど違法DVDを売る露店、ホームレスのテント、不法投棄ゴミの山、それに群がるホームレスなどを、オドロオドロシイ音楽つきで映し出す。

挙句に、その保護者たちに「よその国みたい」「ほんま、日本とちゃうやん」「(不法投棄ゴミのなかを通学する子どもをみながら)子どもの慣れはホンマ、コワイわ」「小学校入学と同時に、学区を出ていく方向でみんな考えている」などと言わせていた。

コメントを求められた橋下市長は、さすがにこのセンセーショナルな編集の仕方に対して「注意しないといけないのは、現に通っている子どもたちがいるわけで、とんでもない学校だと思われるのは可哀そう。そこは注意すべき」と冷静にたしなめていたが、内心はよほどハラワタが煮えくりかえっていたのであろう。

ちょうど番組をみていた私も、あまりの偏向報道ぶりに腹を立てていたが、もっと激怒していたのはほかならぬ橋下市長であった。番組が終わるとすぐに、環境局長や建設局長などの担当局トップと政策企画室長、私に、怒りのEメールを発信し、現状の報告とその対策を急ぎまとめるようにとの指示を出した。すべて自分が決断するので、あいりん地域の不法投棄ゴミをいますぐ最優先で一掃するようにとの命令である。

「すわ桶狭間」とばかりに矢継ぎ早に提案する

こういうときは、桶狭間の戦いで織田信長が単騎で駆け出したようなものであるから、側近はとにかく、手ぶらでもすぐに走り出して追いつかなければならない。環境局や建設局がモゴモゴいいわけを考え、モタモタ会議をして対策を練るよりも早く、私がドンドン情報を上げて、その対策をバンバン提案した。

私と橋下市長の間で、Eメールが目まぐるしく往復し、そこでほぼ市長の方針が決まった。週明けに、環境局、建設局との会議が開かれたときには、すでに橋下市長の考えは完全にまとまっており、具体的な指示が下ったのである。

第1に、西成特区構想で進めているまちづくり合同会社にできるかぎり早く予算をつけて、不法投棄ゴミの早朝回収業務や不法投棄スポットへの24時間監視、巡回による24時間の見回りを行う。

第2に、橋下行革の原則を崩すことになるが、スピード優先なので、まちづくり合同会社に対しては一般競争入札ではなく、随意契約の業務委託を許可する。

第3に、それまでの間は、環境局と建設局が不法投棄ゴミ対策を担う。すなわち、環境局はいますぐ、朝遅い時間にしか行っていないゴミ回収業務を改め、小学生の登校前に回収を終えるようにする。とくに不法投棄ゴミが集中するエリアは1日何度も回収業務を行う「ディズニーランド方式」を採用する（つまり、捨てられたら、すぐにその場で回収すること）。一方、建設局は不法投棄スポットの監視業務を行う。

まさに「災い転じて福となす」というやつで、長年進まなかった具体的な施策が、電光石火のごとく決まった。

往生際の悪い環境局

環境局は伝統的に職員労組が強いため、早朝回収には職員たちの相当の抵抗があったようである。はじめ、7時半以前には始業時間を早められないので、回収開始はどんなに早くても8時からであり、回収が終わるのは8時半から9時近くになるなどと、じつに中途半端な回答をしてきた。しかし、そうなると、パッカー車（塵芥収集車）でゴミ回収が行われている、まさにその最中に小学生たちが登校することになり、かえって危ない。また、不法投棄の回収場所も、数を限定しようとしてきた。

西口宗宏さん
（Voice of Nishinari撮影）

私はエリアマネジメント協議会の環境福祉専門部会を急きょ開催し、町内会長たちや子育て団体を前に、環境局に直接説明を行ってもらった。まちの人々の意見は、「そんな遅い時間の回収では間に合わ

まちづくり合同会社の活動：左から不法投棄ゴミ回収、24時間体制の不法投棄防止の巡回（西成区役所撮影）

ない」「不法投棄場所は環境局が把握しているよりもはるかに多くある」ということで、朝7時半までには、地域の人々が指定したすべての不法投棄場所について回収業務を終えるように改めてもらった。

もちろん、橋下市長にも逐次報告している。その結果、市長が環境局に早朝出勤の残業代をきちんとつけると決断したため、環境局の職員たちも早朝回収を飲まざるをえなくなったのである。これも、官民協働の小さな成功体験の1つにさせてもらった。

そうこうするうちに環境局も建設局もこの時間外業務がずっと続くのはタマランということで、まちづくり合同会社への業務委託に急に積極的になった。結局、「あいりん地域環境整備事業」という名前で、各局と西成区役所による予算案の共同提出を行うことができた。

まちづくり合同会社の代表は、キーパーソン西口宗広さん

ところで、このまちづくり合同会社の代表（社員代表）になっ

てもらったのは、（仮称）萩之茶屋まちづくり拡大会議や釜ヶ崎のまち再生フォーラムの中心メンバーの1人である西口宗宏さんである。西口さんは親の代から続く簡宿の経営者であり、サポーティブハウスおはなのオーナー（サポーティブハウス連絡協議会の副代表）、萩之茶屋第6町会の町会長という具合に、まちのさまざまなつながりのハブとなっているキーパーソン中のキーパーソンである。もちろん、有識者座談会にも何度もゲストスピーカー、オブザーバーとして出席してもらっていたし、エリアマネジメント協議会のすべての専門部会に地域委員として参加してもらっていた。それは行政の事情も含めて、西成特区構想のすべての動きを把握しているまちのキーパーソンが必要だと思ったからである。西口さんには、ありむらさんや寺川先生とともに、みなで無理をいってなんとか代表を引き受けてもらった。

正式名称は、「萩之茶屋地域周辺まちづくり合同会社」とした。共同設立者（社員）は、NPO法人釜ヶ崎支援機構理事長の山田實さんやこどもの里の荘保共子さん、再生フォーラム代表理事の織田隆之さん、簡宿組合理事長、萩之茶屋地区社会福祉協議会会長などにお願いした。あいりん地域の活動家のなかには、まちづくり合同会社のオーナーたちが行政から利権を得ているなどと非難している者がいるが、行政からの業務委託費はすべて、ホームレスたちの賃金に回るようにしているため、彼らはまったくの無報酬である。非難ははなはだしい誤解だ。

天の配剤、松繁さんという適任者

ただ、西口さんをはじめ、まちづくり合同会社のオーナーたちは、このまちのリーダーたちであり、それぞれの本業に忙しい。別途、現場を切り盛りする有能な責任者（環境整備事業責任者）が必要であった。しばらくはみなで、誰にしようか、若手に思い切って任せてみるかなどといろいろ悩んでいたが、最終的にはなんと、釜ヶ崎資料センターの松繁逸夫さんが引き受けてくれることになり、これ以上ないほど適任の人材に運営を任せられることになった。

松繁さんは、早速、西成労働福祉センターにまちづくり合同会社を登録し、特掃と同様、センターを通じての輪番体制で、ホームレスを集められる仕組みを整えた。また、むずかしい現場の実務・差配をすべて見ごとに行っている。現在、環境局時代にはありえなかった朝5時からの不法投棄ゴミ回収を行っており、土日休日にも業務を実施できている。

さらに、不法投棄防止のための24時間体制の見回り業務や、地域に対する啓発活動（掲示板設置、啓発ビラ配付など）、不法投棄の監視調査（不法投棄車両把握、定点観測による排出の記録など）も行っており、もはやあいりん地域内では、不法投棄ゴミはほとんどみかけることがなくなった。驚くべき変わり様である。

最近は、迷惑駐輪対策や、露店対策、落書き対策などにも仕事の範囲を広げて、さらに多くのホームレスの仕事をつくり出している。ひと花事業と同様、結局はこの地域の民間人材の高い資質に頼り切りなわけであるが、このまちづくり合同会社が設立されたことは、官民協働のクライマックスといえるほどの「大きな成功体験」となった。

ホームレスの込み入った、複雑な事情

ところで、このまちづくり合同会社による環境改善の公的就労や、高齢者特別就労事業（特掃）のメニュー拡大、特掃の対象年齢引き下げといった仕事づくりだけでは、残念ながら公園や道路のテント・小屋掛け問題を全面的に解決することはむずかしかった。それは、公的就労の拡大は公園や道路にいるホームレスだけにターゲットを絞るわけにはいかず、特掃登録者やシェルター利用者など、広義のホームレスを対象とせざるをえなかったからである。

また、じつは公園にいるホームレスのなかには、生活保護を受給している者や他に収入を得ている者がいて、公的就労拡大にあまり興味を示さない場合もあった。彼らがホームレスでいる理由は、必ずしも仕事がない、収入がないということではなく、もっと込み入った、複雑な事情があったのである。

そこで、まちづくり合同会社による公的就労だけではなく、福祉局が生活保護、就労支援、生活支援などのさまざまなメニューを用意した「包括的な自立支援プログラム」をつくったうえで、社会福祉法人大阪自彊館（自彊館）による巡回相談や、市役所職員による巡回（建設局・公園担当、福祉局自立支援課および西成区役所の職員たち）、そしてまちづくり合同会社による調査などを通じて、1

人ひとりのホームレスに声かけをして、個別に問題を解決していくことにした。重要なことは、この官民協働の対策が、支援団体や労働団体、町内会を含む、この地域の多くの人の理解のうえで行われていることである。

そのために、エリアマネジメント協議会の環境福祉専門部会や拡大会議で、みなが納得するまで福祉局の「包括的な自立支援プログラム」を練りに練った。福祉局のホームレス自立支援担当課長は、拡大会議に毎回出席して説明を尽くし、労働団体や支援団体を個別に訪ねて根回しを行い、忍耐強く官民協働の自立支援プログラムをつくり上げてくれた。

いまみや小中一貫校は人気校

さて、懸案の3小学校統合に反対していた地域住民や保護者たち（今宮中学校区・通学路の安全対策連絡会）のその後の話である。2014年4月時点ではまだ、通学路の問題が完全解決したとはいえなかったものの、①不法投棄ゴミの問題がほぼ解決したこと、②公園や道路のテント・小屋掛けの平和的解決に向けて支援プログラムが決まったこと、③警察が覚せい剤や不法投棄ゴミの取り締まり、露店対策に乗り出し、「あいりん地域を中心とする環境整備の取り組み5カ年計画」を策定したこと（次章参照）などにより、われわれの努力が大いに認められるところとなった。さらに、スクールバスの運行や、警察による学校支援員の配置、防犯カメラの重点設置などにも好感をいだいてもらい、最終的に、いまみや小中一貫校の設立を認めるに至った。

いまみや小中一貫校の教育環境については、さすがに橋下市長肝入りの重点校だけあって、①小学校1年生からの英語教育実施、②大量のパソコン、タブレット端末を備え、電子黒板などのＩＣＴ機器を充実させた情報教育、③西成区内に拠点を置く大阪フィルハーモニー交響楽団と連携した吹奏楽部設立をはじめとし、小学校からの充実した部活動、④自校調理の給食設備など、私立校並みの充実ぶりである。

そして、単に学力重視のスーパー校というだけではなく、有識者座談会で議論した「たくましい生活力をつけるための教育」「道徳心・社会性の育成」「地域人権学習」（釜ヶ崎学習）などにもきちんと取り組んでいる。結局、蓋を開けてみると、旧３小学校の校区内の児童がほとんど入学しただけではなく、校区外から（学校選択制にしたため、校区外や他区からも通学できる）なんと約１００名もの新たな学生を集める人気校となった。あいりん地域内の評判も上々である。

［コラム 15］

まちづくり合同会社の可能性

不法投棄ゴミの回収や見回りなどの「あいりん地域環境整備事業」を市から委託されるため、地域のリーダーたちによって「萩之茶屋地域周辺まちづくり合同会社」が設立されたことはすでに述べた。

現在、このまちづくり合同会社は、市の委託業務だけではなく、国際ゲストハウスが立ち並ぶエリアで外国人観光客向けのパブを経営している。和洋さまざまな料理と全国の日本酒をそろえ、スタッフが英語で対応し、名物の西成ジャズを聞かせるなど、連日、外国人たちで大にぎわいだ。

このように、まちづくり合同会社は地域活性化のために、さまざまな活動を行える可能性を秘めている。今後の事業展開としていくつかの可能性を挙げてみよう。

第1に、シャッター通り化している国際ゲストハウス周辺の商店街活性化である。高齢の店主たちから店舗を借り上げ、外国人観光客が喜ぶ飲食店やお土産店を展開できれば、成功間違いなしのうえに、国際ゲストハウスエリア全体の活性化につながる。

問題は、高齢の店主たちとここで商売の機会を得たいと思っている若手経営者たちのマッチングがむずかしいことである。しかし、まちのリーダーたちがオーナーをつとめるまちづくり合同会社が仲介すれば、その信用力によって両者のマッチングが進む可能性が高い。さらに、定期借家権を利用して再開発を進めた高松市丸亀町商店街のまちづくり会社の例なども参考になるだろう。国際ゲストハウスエリア内にある立枯れた簡宿や福祉マンションも、同じ手を使って国際ゲストハウス化、店舗化することが考えられる。

第2は、屋台村構想の運営主体として、屋台を募集してその管理やエリア整備を行うことだ。まちのリーダーたちがオーナーであるから、警察や府、市との調整もスムーズであるし、周辺地区の人々も安心できる。

第3は、駅前の活性化などで民間投資を呼び込む際に、ＪＶ（ジョイントベンチャー）に入り、地域の利害調整や合意形成を担うことである。労働団体や支援団体など、地域のさまざまなリーダーが入っているまちづくり合同会社がＪＶに入れば、民間投資主体も安心できる。高齢の日雇い労働者や生活保護の若者などにも仕事が提供できる。ジェントリフィケーション対策にもなるだろう。

（注1）あいりん地域内の不法投棄ゴミ回収は、地域内にある清掃業者にずっと随意契約が行われてきた。橋下市政下で一般競争入札が導入され、あいりん地域外から応札した地域の事情に詳しくない業者が回収を始めたところ、三角公園にたむろする人々ともめてしまい、その業者がゴミをとりにいけなくなるという事件が発生した。そのため、やむなく環境局の職員たちがあいりん地域に入ってゴミ回収を行っている状況であった。

第16章

西成警察署の変身

まちづくり合同会社の活躍によって、あいりん地域の環境は大きく改善したが、まだ、まったく手つかずの課題が残っていた。それは、治安問題である。とりわけ、白昼堂々と覚せい剤が路上で売られている状況は深刻であった。

せっかく外国人旅行客でにぎわっている国際ゲストハウスだが、もし薬物犯罪が外国人旅行客におよべば、一気に悪評がたって現在の活況を失うかもしれない。屋台村構想、新今宮駅の再開発も画餅に帰すだろう。また、子どもたちが覚せい剤犯罪に手を染める事件がもし起きようものなら、橋下市長肝入りの「いまみや小中一貫校」の評判はガタ落ちで、生徒集めがむずしくなる。

覚せい剤の密売は、国際ゲストハウスのすぐそばでも、萩之茶屋小学校のすぐそばでも行われていたから、これは現実的な問題……というより、事件が起きるのはむしろ時間の問題のようにも思われた。

まち中にもっと光を！（Mehr Licht!）作戦

もちろん、覚せい剤犯罪に対して、われわれは何もしていなかったわけではない。たとえば、防犯灯・道路照明灯の設置台数を増やしたり、電球をＬＥＤに換えて、まち中を明るく照らし出す作戦を考えた。密売人が潜む暗い路地をなくすためである。橋下市長も、それはよいアイディアだと賛成してくれたので、建設局に２０１３年度、２０１４年度と、かなりの予算を確保して、この照明作戦を実施することにした。

もっとも、あいりん地域のことをよく知らない建設局に任せておくと、どうしても設置しやすい場所（要するに地権者が文句を言わない場所）だけを選ぶので、５メートル置きに電灯が並ぶ路地がある一方、まったく電灯がない路地ができることになる（これまでが、すでにそうであった）。このため、エリアマネジメント協議会の環境福祉専門部会を開いて、どこにＬＥＤを設置したら効果的なのかを地域の人々と話し合い、実際に担当者と地域の人々が一緒に街を歩き、設置場所を決定するようにした。

また、途中、建設局が「白熱電球の球が切れないかぎり、ＬＥＤに換えることはできない」などと杓子定規なことを言って予算確保に消極的な姿勢をみせたときには、橋下市長に直々に「球が切れなくてもＬＥＤに換えてよい」という指示を出してもらったりした。

覚せい剤撲滅キャンペーン

また、（仮称）萩之茶屋まちづくり拡大会議のメンバーや町内会が音頭をとって「萩之茶屋地域覚せい剤撲滅キャンペーン」のパレードを毎年行っている。臣永区長に代わってからは、西成区長も参加するように調整を図り、より注目されるイベントにした。そのほか、民間警備会社に業務委託して、「青色防犯パトロール（青パト）」（警備会社の青い回転灯の警備車両によるパトロール）も実施している。

しかし、それでも覚せい剤犯罪は一向に減らなかった。覚せい剤を買いにくるのは、地域外からやってくる客ばかりではない。じつは、あいりん地域のなかにも常習者が増えており、実際、検挙者の約4割、密売人の約2割が地域内に住む生活保護受給者であった。

近年の覚せい剤の末端価格低下によって、貧困地域であるはずのあいりん地域内にも、薬物犯罪は根を張っていたのである。このため、あいりん地域内の路上や側溝に注射針が落ちており、通学途中の子どもが好奇心でそれを拾うことがあった。また、萩之茶屋小学校の敷地に、注射器が投げ込まれることも1度や2度ではない。子どもの自転車のカゴに注射器が捨てられる事件も発生した。もはや薬物犯罪は、子どもたちの生活圏に迫っていた。

警察の鈍い動き

拡大会議のメンバーたちは、実際、集めた注射針を何度も西成警察署にもち込んで、対策を迫ったそうである。しかし、警察の動きはきわめて鈍く、対策が強化される気配がない。薬物犯罪の検挙件数も毎年横ばいの状態で、とくに増えることはなかった。

あいりん地域では、制服警官が歩いていると反感を買うため、主に私服警官がまちを歩く。私服警官といっても、まちの雰囲気とまったくマッチしていないため、警察官だと丸わかりである。不思議なことは、私服警官が歩いているすぐ近くで、売人が堂々と覚せい剤を売っているのに、まったく声をかけようとしないことであった。また、制服警官が自転車でパトロールから戻る際にも、売人たちの姿がよくみえるはずであるが、やはり無視して通り過ぎている。ひどいときなど、西成警察署のすぐ裏で覚せい剤が売られていることもあった。

さすがに、町内会の代表たちが文句を言いにいったそうであるが、警察の回答は「末端の売人を捕まえてもキリがないので、泳がせて大本の密売組織を挙げるつもりである」というものだったそうだ。また、なかに警察官が入らなくてもよいから、せめてパトカーだけでも、売人たちが集まる路地に横づけしておいてくれないかという要望を簡宿組合が行った。しかし、警察からは「売人がパトカーに慣れたら、また集まってくるので無駄だ」と言われたらしい。

あいりん地域に売人を封じ込めている？

しかし、わずか1㎞四方にも満たないせまい地域なのだから、売人たちを次々に検挙し人海戦術で監視に当たれば、あいりん地域での覚せい剤密売をあきらめるはずである。パトカーの横づけもやらないよりはマシであり、ときどきなかに人が入っていれば、カラスじゃあるまいし慣れることはなかろう。

警察としては、大本の密売組織を挙げるほうが手柄になるのかもしれないが、地域の人々にとってはそんなことはどうでもよく、売人たちが現に目の前に立っていて、日々、覚せい剤を売っていること自体が問題なのである。しかも、警察が大本の組織を挙げたという話もあまり聞かない。かんたんにやれることすらやろうとしない西成警察署へ、まちの人々の不信感は高まるばかりであった。

なぜ、西成警察署の動きはこれほど鈍いのか？　その理由として、まちの人々の間で語り継がれている西成警察署の副署長の言葉がある。西成警察署が定期的に開いている地域の代表たちとの会合で、もう何代も前の副署長が、何かの拍子にポロっと「覚せい剤の売人をあいりん地域にとどめておくことによって、難波や天王寺の繁華街や住宅街に売人が広がることを防いでいる」と口を滑らせたというのである。

なるほど。これは大いに納得である。あいりん地域を犠牲にして、他の地域を守る「封じ込め策」をとっているというのはいかにもありそうなことだ。しかし、いくらなんでも副署長ともあろう者がそんな安易な発言をするだろうか。

いまとなっては、この発言の真偽は確かめようもない。しかし、真偽よりも、むしろ西成警察署がそう言ったとまちの人々が信じていること自体が重要である。西成警察署の鈍い動きは、その噂を信じさせるに足る十分な証拠となっていた。

鋼鉄製の地獄の門のなかで警察署長と会う

じつは、私も以前、西成警察署を訪ねて、西成特区構想への協力を署長に依頼したことがある。西成特区構想・有識者座談会開催中の2012年8月のことであった。

要塞のような西成警察署の正面玄関には、大きな警杖を持った2人の警官が常に仁王立ちし、周りをいき交う人々を睥睨《へいげい》している。頑丈で巨大な鋼鉄製の門は、まるで『神曲』の地獄の門のようである。「この門をくぐる者はいっさいの希望を捨てよ（Abandon all hope ye who enter here.）」という覚悟でなかに入ると、署長は意外に気さくな老紳士でホッとした。

私と当時の西嶋区長は西成特区構想を説明し、覚せい剤や不法投棄ゴミへの取り締まり強化をお願いした。その受け答えは主に副署長が行い、現場の詳しい状況を説明してくれた。署長はそのやりとりを終始穏やかに聞いていたが、最後に「西成署としても西成特区構想に最大限の協力をいたします。なんでも気軽におっしゃってください」と言ってくれたのである。

これは、よかった。勇気を出して警察署を訪問した甲斐があったなどと思っていたが、どういうわけか、その後、なんの音沙汰もない。西成区役所と西成警察署の間で、定期的に会合を開くようにしてもらったが、具体的な対策はなかなか進まないようである。これはおかしい。もう一度、署長に会って話をしなければなどと考えていたら、署長はまもなく退職して交代してしまった。

無事退職することが大切な1年交代の西成署長

古くからこの地に住んでいる町内会長たちに事情を聞くと、歴代の西成署長は退職間際の警視正(大幹部で、他の警察署よりもワンランク高い階級)がくるポストで、大昔から1年交代が慣例になっているという。着任した署長には現場のことがよくわからないのだ。副署長以下は、その警視正さまをご無事に退職させるために、任期中、大過なく過ごさせることを第1の使命としているのだという。困ったもんだ!

署長がお飾りだとすると、やはり、長くいる副署長以下との日々のおつき合いや、地道な貸し借り関係づくりが大事なのかもしれない。年度が変わってからは、臣永区長、横関副区長に頼んで、西成区役所と西成警察署が交流する機会をなるべく多く増やしてもらい、区長自身にも署長、副署長に定期的に会ってもらうようにした。

その場で、エリアマネジメント協議会の環境福祉専門部会で挙がった住民たちの意見や要望を伝える。一方、逆に警察からも地域にさまざまな要請があるだろうから、それを専門部会や拡大会議に伝えて、地域の人々に警察への協力を呼びかける。

たとえば、警察が望んでいる「地域安全センター」（地域の防犯拠点）の設置へ向けて、西成区民大会を開いて地域の理解を促したり、薬物犯罪の捜査員がこっそり常駐できる立ち寄り所を、地域から警察に供出する提案を行ったりした。また、あいりん地域の環境改善見回りの指導員として、まちづくり合同会社に警察ＯＢを雇用する計画も打診した。

まったく見つからない西成警察署を動かすツボ

しかし、他の行政では有効なはずのこうした関係づくりの手段が、西成警察署にはどういうわけか通用しない。地域からの提案や西成区役所からの打診にも乗ってこない。相変わらず「暖簾に腕押し」という感じで、まったく手ごたえがないのである。もちろん、覚せい剤の取り締まりを強化する気配も感じられない。

それなら直接、あいりん地域の人々の意見を聞いてもらおうと思って、エリアマネジメント協議会に西成警察署員の出席を要請したり、エリアマネジメント協議会が開く区民向けシンポジウムへの参加を呼びかけたりするのだが、まったく相手にしてもらえない。まさに、にべなく断られてしまうのである。

普通、地域住民の意見・要望を聞いたり、地域の人々の満足度が高まるような行政を行うことは、区役所や市役所にとっては「手柄」となるのであるが、どうやら警察組織はそうではないようだ。これをすれば警察が動くという「西成警察署のツボ」は、なかなかみつけられない。貧困、環境、衛生の対策は進みつつあるのに、治安対策だけが取り残されるという悩ましい日々が続いた。

そんなある日、ある新聞社のインタビューを受け終わって雑談していると、その記者は以前、大阪府警の記者クラブに長く所属していたという。早速、地域との交流を増やしてなんとか西成警察署を動かしたいと思っているのだが、まったく反応がなくて困っているという話をした。

知事の一言で府警本部長を動かせ

すると、その記者は呆れ顔で、

「鈴木先生、そら無理ですわ。あいつら、地域住民の満足度なんてまったく関係あれへん。警察組織は軍隊ですから、みな、ただ上だけを向いて生きとるんですわ。上官の言うことに絶対服従です」

「……西成署を動かそうと思たら、府警本部を動かさんとなぁ。府警本部を動かすのは府警本部長ですわ。でも、本部長は東京でいうたら警視総監みたいなもんや。お山の大将を動かせる人間はそうかんたんにおりませんからなぁ……そうやっ！　知事ですわ。府知事は府警予算を承認する権限をもっとりますから、そこで松井さんに『言うこと聞かんと予算を承認せぇへん』と、ゴネてもらったらエエのと違いますか」

これはいい話を聞いた。うまくいくかどうかはわからないが、駄目で元々である。松井知事のほかに、予算案を議会に通す際には、大阪維新の会の浅田議員が府議会議長（当時）をやっているから、これもプレッシャーになるかもしれない。

もっとも、この勝負を仕掛けるのは、ベストなタイミングを選ばなければならない。大阪府警が予算案をつくり終え、もう後戻りできないギリギリのタイミングで最後通牒を出す。また、そもそも松井知事や浅田議員が本気で勝負する気になってくれないと始まらない。選挙などの政局が迫っている時期がよいだろう。松井知事だけではなく、橋下市長もやる気になってもらって、府市共同で府警にプレッシャーをかければ、さらに効果的である。

大阪都構想をめぐる政局の追い風

絶妙のタイミングが2013年11月末にやってきた。まず、前章で説明したように、11月はじめに不法投棄ゴミの件で、橋下市長が激怒して急速に物ごとが動き出した。しかし、不法投棄ゴミ対策を抜本的に行うためには、市の回収業務や見回りだけでは完結せず、不法投棄を行った人々を警察に逮捕してもらう必要がある。

逆にいえば、これまで西成警察署がゴミの不法投棄をみてみぬふりをしてきたからこそ、ここまで不法投棄ゴミがあふれかえる惨状となったのである。橋下市長には、西成警察署と連動した対策の必要性を、事前によく説明しておいた。

一方、大阪維新の会が進める大阪都構想も、この時期、行き詰まりをみせ、政局が揺れ始めていた。9月末に行われた堺市長選挙では、大阪維新の会の公認候補がはじめて敗北する事態となった。大阪都構想は堺市抜きで計画せざるをえず、大幅な戦線縮小を余儀なくされたのである。その後、都構想反対派として当選した堺市長は、府議会に反転攻勢をかけ、泉北高速鉄道の民営化をめぐって府議会は大荒れの模様となった（注1）。

また、大阪都構想の青写真を描く法定協議会において、公明・自民・民主・共産の4会派があからさまな時間稼ぎを行い、大阪都構想を時間切れ廃案に追い込む作戦をとっている。もし、法定協議会が決裂すれば、橋下市長と松井知事は、選挙などの大勝負に打って出るだろう。実際、翌年1月に法定協議会が実質的に決裂し、2月には橋下市長が出直し市長選を表明、3月に選挙が実施された。

熱血漢知事の怒り

大阪府の予算編成も大詰めを迎えている。いまこそ、勝負を仕掛けるタイミングである。まず、松井知事と橋下市長、浅田府議会議長に、あいりん地域における覚せい剤犯罪や不法投棄の惨状、それに対する大阪府警や西成警察署の鈍い動きなどを詳しく伝え、この件について知事が府警本部長に直談判し、緊急対策を迫るようにとお願いした。

松井知事は、よく知られているように正義感の強い「熱血漢」であり、こういうことにはがまんのならない性格である。しかも、学生時代、釜ヶ崎で日雇労働をした経験があり、この地域への思い入れもあった。政局も迫っており、これは選挙の際の得点になるという判断も働いたのであろう。即座に、ぜひやりましょうということになった。

具体的には、あいりん地域のほぼすべての団体、施設、町内会が署名した陳情書を松井知事宛に提出するので、それをマスコミの前で賑々しく受け取り、あいりん地域の人々から直接、現状報告と要望を聞き、知事が府警本部に対策をとらせるとしっかり約束する。そのうえで、府警本部長を訪ねて緊急会談を行い、府警と府庁で一緒に抜本対策を打ち出して、記者会見を行うという段取りを考えた。

地元陳情団との会談は、橋下市長からの指示で、市役所の大会議室に市長・知事がそろったところでマスコミを入れて行うことに決まった。また、陳情団を受けつける窓口は、大阪維新の会の地元選出議員と市会議員団長が行い、彼女たちが陳情団を引率して市長室に迎え入れる運びとなった。

トップからの電撃作戦

この作戦のポイントは、西成警察署や西成区役所にいっさい知らせず（区役所に話を通せば、西成署に漏らさないわけにはいかなくなる）、市長・知事から府警本部長に、いきなり話を落とすことである。

顔をつぶされた府警本部長は、おそらく西成警察署や府警本部の担当部局をきびしく叱責するだろう。下から詰めさせては、途中で不都合な者たちの必死の抵抗に遭うに違いない。こういうものは絶対に下から調整させてはいけない。上からの電撃作戦しかない。

地域の人々には、まず、拡大会議で根回しを行った。私が陳情書の文案を考えて、寺川先生に修正・加筆してもらい、そのうえで拡大会議のメンバーたちに諮《はか》ったところ、こどもの里の荘保共子さんや第6町会長の西口宗宏さんたちから意外な注文がついた。覚せい剤の取り締まりだけではなく、依存症患者への医療やメンタルケアサポートも要望したいというのである。

これがこの地域の懐の深さ、温かさである。犯罪者の行く末までも心配する支援者たちがいる。また実際、薬物犯罪で検挙された者は再犯を繰り返すケースが多いから、最終的な覚せい剤撲滅のためにも、医療サポートは必要な措置だといえる。

西成は犯罪の巣窟じゃない

2013年12月6日、予定どおり、町内会長や支援団体、労働団体、簡宿組合などのメンバーからなる地元陳情団が、中之島の大阪市役所に集まった。事前にマスコミにも声をかけておいたので、多くのテレビ局や新聞社が集まっており、町内会長たちはやや緊張気味である。市役所1階のロビーで彼らと打ち合わせて緊張感をやわらげ、エレベーターホールまで見送って、大阪維新の会の議員たちにあとを託した。

実際のところ、松井知事、橋下市長、大阪維新の会の議員たちがどのような調整を府警本部との間でやってくれたのかは知らない。ただ事実として、5日後の12月11日、松井知事と府警本部長との会談が行われ、①覚せい剤対策の専門チームを府警・府・市が合同で立ち上げる、②来年4月から5年をかけて薬物犯罪対策に重点的に取り組む、③不法投棄ゴミ問題についても重点対策を行う、ということが記者会見で発表された。

松井知事は、記者団の取材に対して、「『西成は犯罪の巣窟じゃない』と伝える組織を徹底してつくる」と宣言し、地元陳情団の要望に応える形であいりん地域をみずから視察するほどの熱意を示した。翌年1月には、あいりん地域の治安対策として、府から府警本部へ2億円の新規予算が計上された。

会談の翌日から即座に動き出した西成警察署

驚くべきことに、松井知事と府警本部長の会談直後から、目覚ましい効果が現れた。5年計画は翌年4月からスタートということであったが、翌日から西成警察署の警察官たちが突然、目の色を変えて動き出したのである。

まず、不法投棄の検挙を猛烈に開始した。大型ゴミの不法投棄は、他区や他市、府外から車でもち込まれるケースが多かったが、翌週には、市外から車でベッドのマットレスを捨てにきた夫婦が逮捕された。夫婦はみせしめのために一晩、西成警察署のブタ箱（留置場）に泊められ、一晩中「不法投棄がこんな重い罪とは知らなかったぁー！」とオイオイ泣いていたという。たしかに、つい1週間前ならば逮捕されることはなかったのだから、ちょっと気の毒な気もしたが、犯罪は犯罪だ。

その後も、次々とゴミの不法投棄で逮捕者が出た。地域内に住んでいる教会の牧師まで逮捕されたのには驚いたが、じつは不法投棄ゴミは地域外からではなく、地域内からも発生していた。簡易宿泊所（簡宿）から転用した福祉マンション、福祉アパートのなかには、ゴミの収集場所を設置していない施設が少なくない。こうした簡宿転用住宅の住民のなかには、捨て場所がないためにやむなく不法投棄をしている人々もいた。

また、長年、ゴミの不法投棄が公然と行われていたために、地域住民は不法投棄スポットを「ゴミを捨ててもよい場所」と勘違いしているという事情もあった。逮捕者ばかりが出ても仕方がないので、西成区役所の側で、不法投棄スポットに「ここはゴミの収集場所ではありません」と書いた看板を出したり、見回りで注意をしたりして、啓蒙活動を警察と連携しながら行うことにした。

こうした啓蒙活動と、みせしめの逮捕者が相次いだことから、地域内では瞬く間に「不法投棄はヤバイ」という情報が駆けめぐり、不法投棄ゴミは目にみえて少なくなっていった。

他区・他市の応援も得て24時間体制の人海戦術を実施

一方、覚せい剤取り締まりも、目覚ましい展開をみせた。検挙者や密売組織の摘発が集中的に行われただけではない。西成警察署に加えて、他区や他市の警察署や府警本部から大量の制服警察官が動員され、覚せい剤の売人がいる路地という路地に、連日、朝から晩まで警察官が配置された。

主要な道路には、警察の大型車両が横づけされ、赤色灯を24時間回転させている。まちは警察官だらけだ。これでは到底、売人や客は近づくことができない。はじめのうちは、警察官がいない路地を探して売買していたようであるが、すぐに新たな警察官が駆けつけて常駐する。3カ月ほどそういうことが続くと、もう売人の姿も客の姿も完全に雲散霧消してしまった。現在、警察の人海戦術はもう終わっているが、あいりん地域では、もはや売人の姿をみかけることは完全になくなった。

ズレはあったものの大前進した環境整備の取り組み

出直し市長選が終わり、2014年4月になると、松井知事、府警本部長、橋下市長の3人がそろい踏みの記者会見を行い、正式に「あいりん地域を中心とする環境整備の取り組み5カ年計画」を発表した。今後5年間で約5億円もの予算をつけて、あいりん地域の環境改善を図る諸事業を集中的に実施する。

ただ、詳しい中身をみると、①防犯カメラを62台も増設することや、②あまりに容赦ない露店取締まりが盛り込まれていること、③依存症患者への医療・メンタルケアの予算規模が小さいことなど、地元陳情団の当初の要求とは明らかにズレている面があった。

この点に、釜ヶ崎キリスト教協友会（協友会）のメンバーが怒って反対声明を出したり、こどもの里の荘保さんが区政会議で「自分たちはこんなものを要望していない」と抗議する一幕があった。しかし、総じてみれば、覚せい剤犯罪対策、不法投棄ゴミ対策で大前進する計画になっており、多少のズレは容認範囲と思われた。

現実の政策決定にはさまざまなプレーヤーのさまざまな思惑が入り込む。とくに今回の場合、地元陳情団の政治力で物ごとが動いたわけではなく、それはあくまできっかけのひとつとして機能したにすぎない。

現実には、大阪都構想の行き詰まりや出直し市長選などの政局がらみの動きや、いまみや小中一貫校の通学路の環境整備を要求している人々（あいりん地域の人々よりも、よほど政治力がある）、警察が以前から実施したいと思っていた事柄などがいろいろ作用して、タイミングよく政策が実現できたのである。むしろ、この程度のズレですんでよかったと考えるべきかもしれない。

警察は動き出したら止まらない

もっとも大阪府警、西成警察署とは、5年計画の進め方について、やっかいな調整作業に追われることになった。警察が猛烈にやってくれるのはよいのであるが、地域の実情からズレたことを行ったり、無用な摩擦を生むなどしていたからである。地域の人々と警察を結ぶパイプ役が存在しないことが問題の根源であった。

まず、大量の防犯カメラ設置について、ある日突然、府警本部から西成区役所の担当課長に対し「設置場所を決めたので、明日から地元の説明に回る」という通告があった。防犯カメラについて、協友会や労働団体などが反発している矢先である。また、地元町内会にも「西成特区構想はすべて地域と相談しながら進める」と言っている以上、いくら警察ではあっても、こういう「いきなり調整方式」は地元の大反発を招く可能性がある。

早速、横関副区長から私へご注進があって、なぜか私が、府警本部に抗議の電話を入れることになった。エリアマネジメント協議会の環境福祉専門部会を急きょ開くので、そこに府警本部の担当者が出席し、この防犯カメラの配置計画をあくまで「案」として説明し、地元の人々の意見を聞きながら配置場所を最終決定してほしいと要望した。

すると、その担当者は、われわれは上にやれと言われたのですぐに設置しなければならず、地元の意見など聞く余地も時間もないと言って、エリアマネジメント協議会への出席を拒否したのである。

やはり警察組織は「上向け上」の組織のようだ。私は「わかりました。それではこの件は、私から松井知事にいますぐ電話をしまして、府警本部長経由で、そちらに西成区役所の会議へ出席するように指示してもらいます」と言ってみた。

すると、その若いキャリアは急に、「エッ！　それは、松井知事にうちの本部長がまた怒られちゃうってことですか！　ぶっ、部内でちょっと検討しますので、待っててください」とあわて出した。

実際には、私は松井知事の携帯番号なんて知らないから、そんなことはできないのだが、まったく、松井大明神さまさまである。結局、府警本部は無事、エリアマネジメント協議会に出席してくれて、地域の人々と相談しながら防犯カメラの設置場所を決定してくれた。

地域の声を聞き始め大変身した西成警察署

また、エリアマネジメント協議会には府警本部と一緒に西成警察署の生活安全課長も出席してくれて、5カ年計画で実施しつつある警察の動きについて、詳しい説明と意見交換をしてくれた。じつは、この間の警察の急な動きによって、サポーティブハウス（サポハウス：簡宿転用型アパート）などの入所者たちは、自分たちの使っている自転車も違法駐輪として取り締まられるのではないかと、あわてふためいていた。

　また、あいりん総合センターのなかではなく、周辺の道路で日雇労働者の手配をしている会社の求人担当者たちが、警察に違法駐車を指摘されたとして、もう路上手配ができなくなるのではないかと騒ぎ出していた。

　どちらも過剰反応の噂話であったが、西成警察署の課長がしっかりとそういう事実はないと言ってくれたので、一同、安心することができた。また、府警本部と西成警察署は6月の区政会議にも出席して、そこでふたたび地域の人々に対して詳しい説明を行い、意見交換をしてくれた。警察が西成区役所の区政会議にくることなど、まったく前代未聞のできごとである。

あいりんクリーンロードキャンペーンの様子
（西成警察署撮影）

　これを機に、警察は地域の人々の意見を聞きながら、地元の実情に沿った現実的な取り締まり策を行うように、少しずつ軌道修正を図ってくれるようになった。また、西成警察署はやる気満々の新署長の下、地域重視の姿勢に大きく方針転換を行った。地域住民と一緒に三角公園からスタートする「あいりんクリーンロードキャンペーン」を実施したり、ありむら潜さん（釜ヶ崎のまち再生フォーラム事務局長）や水内俊雄先生（大阪市立大学）をはじめとする有識者との意見交換会を定期的に実施したりした。これ以降、この有識者たちが警察と地域の間を結ぶパイプ役をつとめている。

そして現在、驚くべきことに、西成警察署は拡大会議にも常に出席している。居酒屋での「第2会議」にも参加し、地域のリーダーたちと打ち解けた話をしている。ようやく、西成特区構想の動きに、警察がしっかりリンクするようになってきた。むしろ、自分たちが動きやすいように、市役所にさまざまな条例改正を迫ったりするなど、市の関係局以上に積極的な動きをみせている。西成警察署は大変身を遂げた。

［コラム 16］

先達への尊敬とサンクコスト

改革に批判的な支援団体や労働団体を訪問すると、二言目には「お前はこの地域の先達への尊敬が足りない。もっと、この地域の運動の歴史について学んでこい！」と言われる。

そこで一生懸命勉強していくと「どうだ。われわれの先輩たちがどれほど苦労して、いまある諸事業を勝ち取ってきたかがわかったか。その莫大な犠牲を考えれば、かんたんに事業を変えようなどと、とても言えないはずだ」となる。

じつはこの考え方は、経済学的には合理的ではない。過去、いくら犠牲を払ったとしても、それはすでに終わったことである。今後のまちづくりのためにどのような事業を行うべきかは、純粋に今後発生する費用と便益とを比較して、もっとも効果的な事業を選ぶべきである。

経済学では、先達の犠牲のようにすでに支払われていてもはや取り戻すことができない費用を、「サンクコスト（埋没費用）」と呼ぶ。サンクコストは今後の意思決定に考慮すべきではない。ただ、リスペクトするのみである。

（注1）結局、この問題に端を発した所属議員の造反により、２０１３年12月、大阪維新の会は大阪府議会において、単独過半数を保てなくなった。これは、数の力で強力な改革を推し進めてきた松井知事にとって大きな打撃となった。

第17章 府市合わせの現場

ひと花事業、まちづくり合同会社、西成警察署などの活躍により、あいりん地域の環境問題、治安問題は一気に解決した。また、行政とまちの人々の間の信頼関係も徐々に築かれてきた。そろそろ、西成特区構想・第1の矢である「短期集中型の課題解決」はひと区切りつけ、第2の矢である「将来にむけての経済活性化策・人口流入策」に着手すべきときである。

機運が熟さぬ第2の矢

しかしながら、第2の矢の目玉である①新今宮駅前の再開発、②あいりん総合センターの建て替え、③屋台村構想、④国際ゲストハウスエリアのゾーニング、⑤大学（分校）誘致と大規模留学生会館設置、⑥市有地を利用した子育て世帯向け住宅建設などの諸施策に入るには、正直、まだまだ射程距離が遠すぎるように思われた。

これらは、何十億円という単位のまとまった予算を確保したうえで、数年計画で取り組むべき大型投資プロジェクトである。投資を行う行政や民間の側としても、それなりの覚悟と準備が必要である。また、それを迎える地域の側も、まだ十分に心の準備ができているとは言い難かった。まず、町内会や商店街、簡宿組合などは、この地域が将来に向かって変化することには前向きであるが、どこか行政任せなところがあり、改革を行う当事者であるという意識がやや希薄であった。

一方、支援団体や労働団体のなかには、まちが変化していくことに対して消極的か、むしろ反対しているところがあった。この地域の生活困窮者は、貧しいながらもさまざまな行政施策、各団体の支援によってなんとか食いつないでいる。労働団体や支援団体も、依然として存在意義、果たすべき役割が大きい。

おたがいに寄り添い、助け合って生きている現状を維持することで十分ではないか。いまのままでわれわれは十分満足だというわけである。むしろ西成特区構想の進展で、現在の「低位安定」の仕組みが壊れてしまうのではないかということを彼らは懸念していた。

ジェントリフィケーションの誘発を唱える活動家たち

とくに、橋下謀略説を唱えている活動家たちが主張しているのは、西成特区構想によって「ジェントリフィケーション」が起きるという批判である。ジェントリフィケーション（Gentlification）とは、欧米の諸都市で実際に起きた現象で、開発による地価上昇によって、元からいた貧困層がその地域に住めなくなることを意味する。

たとえば、ニューヨークにソーホー（SoHo）というブティックや高級レストランが立ち並ぶおしゃれな地区があるが、あそこはもともと、ホームレスなどの貧困層が数多く居住する倉庫街であった。しかし、その低家賃を目当てに、多くのアーティストたちが住みつくようになり、やがてカルチャーの一大発信地となって観光客を集めた。そして、観光客向けのレストランやブティックなどが次々と進出するようになったのである。

すると、今度はそれを目当てに若い富裕層（yuppieと呼ばれる層）も移り住むようになり、ソーホー地区の地価、家賃が高騰した。結局、元からいた貧困層や、アーティストたちまでもが住めなくなってしまい、他の地区に移らざるをえなくなったのである。その途中では、放水車を使ってホームレスを追い出すようなスラム・クリアランスも行われたと聞く。

アーティストたちが集まるだけではなく、都市中心部の再開発による地価上昇でも同じような現象が起きる可能性がある。西成特区構想に反対する活動家たちにいわせれば、橋下市長や私は、あいりん地域の再開発で莫大な利益を得ようとする「独占資本」の手先である。ジェントリフィケーションを起こして、いまいる地域の貧しい人々を排除することこそが、西成特区構想の本当のねらいだというのであった。

荒唐無稽な独占資本のレッテル

しかし、いくらなんでも、これはあまりに荒唐無稽な話である。第一、ニューヨークのソーホーと大阪のあいりん地域では、前提となる条件が違いすぎる。ソーホーが盛況となった1970年代、80年代のニューヨークは、中心部がどんどん拡大している全盛期であったのに対し、現在の大阪市は衰退の真っただなかである。「うめきた」(橋下市政下で行われた梅田駅北側の再開発)ならともかく、こんなにせまいあいりん地域をクリアランスしたところで、大した利益にはならない。

それでももし、私がその「独占資本の手先」とやらであれば、活動家らが猛烈な反対運動をするなかで、わざわざ再開発に着手するような中途半端な真似はしない。そのかわりに、何もせず放置する。10年くらい対策を何もせず、公費投入もストップし、まち全体がカラカラに干上がるのを待つのである。

そして、反対派もいなくなり、地価が二束三文の底値になったところで、札束で頬をひっぱたいて簡易宿泊所(簡宿)街を買い占め、再開発を行うだろう。投資する側の利益だけを考えるのであれば、そのほうがはるかに効率的で容易なやり方だ。しかし、もちろん私は独占資本の手先ではないし、そもそも独占資本なんてものは現代の日本に実在しないから、そんなことは起きない。

西成特区構想による改革を行っているのは、まさに、これから起きる地域経済の大衰退を食い止めるためであり、いまいる生活困窮者や地域の人々のためなのである。反対する活動家たちの主張は、放っておけばどんどん衰退していくこの地域の現実を完全に無視しており、西成特区構想に代わる「対案」をまったく示さないところに問題がある。

実際、改革を行わなければ現状を維持できるという考えは間違いである。すでに述べたように、急速な少子高齢化、人口減少、それによる公費急減に直面するこの地域は「動く歩道」を逆向きに乗っているようなものだ。何もせず止まっていれば、どんどんうしろに下がっていく。『鏡の国のアリス』の赤の女王ではないが、「その場にとどまるためには、全力で走り続けなければならない（It takes all the running you can do, to keep in the same place.)」。前に進むためには、さらに全力を振り絞る必要がある。

地域への「権限移譲」でジェントリフィケーションを防ぐ

しかし、私はこのジェントリフィケーション批判を、決して軽視すべきではないと考えた。一部の活動家や支援団体だけではなく、地域の人々も多かれ少なかれ、そのような懸念をもっていると感じていたからである。

批判が起きる背景には、今後、どのような改革が行われるのかよくわからない、具体像がよくみえないという漠然とした不安感がある。また、改革を行う行政手法についても大いに懸念がある。これらの不安感を払しょくして、まちのすべての人々が、あいりん地域の将来に向かって一丸となって歩み出すためには、どのような手立てを講ずればよいのだろうか。

第1に重要なことは、この地域の人々に、今後の施策の立案権、決定権を譲ってしまうことである。一種の「権限移譲」である。行政は、地域の人々の意向と意思決定に基づいて施策を実施するようにする。

地域の人々は、まさか自分たちの多くの首を絞めることになるジェントリフィケーションを起こそうとは思わないだろう。つまり、地域の人々がみずから政策立案・政策決定できるのであれば、ジェントリフィケーションなど起こるわけがない。ジェントリフィケーション批判も、橋下謀略説も意味をなさなくなる。

そして、自分たちが考える施策が実現するのであるから、すべての人々が無関心ではいられなくなる。当事者意識や責任感が芽生え、西成特区構想・第2の矢に真剣に取り組み始めることだろう。(注1)

大論争をエネルギーに

しかし、これだけでは何かが足りない。改革にとって第2に重要なことは、人々が興奮し、突き動かされる圧倒的なエネルギーである。改革へのエネルギーは「このままではこの地域の将来がない。将来のためにさまざまな改革を行う必要性がある」という程度の「シラフの論理」からは生まれない。地域の人々が、一種酩酊するような何かが必要だ。

目前に迫った危機感、圧倒的な不安感、魅力的なイデオロギー、カリスマの登場、まちを真っ二つにするような大論争など、なんでもよい。とにかく、論理を超えたエネルギーの起爆剤をつくり出す必要がある。

そこで、まちのなかの積極派も消極派も反対派も、すべての人々にヒラバ（平場）に集まってきてもらって、全員で大議論を行うことを考えた。このまちの将来はどうあるべきか、そのためにはどんな施策が必要か、どう具体化していくのか、おたがいによく話し合ってもらう。おそらく、侃々諤々《かんかんがくがく》の大論争になるであろう。そうしてぶつかり合い、ののしり合い、熱い議論を行うなかから、新しい時代に歩み出すための「運動エネルギー」が生まれるのである。

また、大論争を行うなかで、おたがいの考えを理解し、おたがいに譲れる部分は譲り合うなどして、合意形成や利害調整を、まちの人々みずからにやってもらうことも重要だ。いままで、（仮称）萩之茶屋まちづくり拡大会議や釜ヶ崎のまち再生フォーラムの定例まちづくりひろばがやってきたことを、もっと盛大に、もっと大規模にまち中で開催するのである。

これはズバリ、「まちづくりのアゴラ」である。アゴラとは、古代ギリシアの都市国家（ポリス）において、政治や市民生活の中心となった広場であり、市民たちはアゴラに集まってポリスの政策を論じ合い、直接民主制が行われたとされる。

アゴラの必要性

ここはもう一度、民主主義の原点に戻って、あいりん地域にいるすべての人々で、アゴラによる大議論を行う。そして、政治家や行政への「おまかせ民主主義」を改め、みなが当事者として責任をもち、一丸となって難局に立ち向かうのである。

じつは、そのアゴラによって、まちの人々全員の合意形成ができあがることは、大型投資プロジェクトを進めるうえでも必要不可欠の条件である。私はすでに、環境・治安問題が一段落した2013年12月くらいから、市長やほかの特別顧問たちの協力を得つつ、大学関係者や産業界に対して、第2の矢の諸施策の打診を始めていた。また、行政内部でも、大型投資プロジェクトへの根回しをトップレベルから開始していた。

しかしながら、それぞれいちばんのネックとなっていたのは、地元の合意形成、利害調整が本当に可能なのかという点であった。地域のなかの意見が十分にまとまらないうちに、これらの大型投資プロジェクトに手をつけては、結局、反対運動で途中でとん挫することになりかねない。そして、そのおそれがあるかぎり、行政も民間も危なくて手が出せないというのであった。

ボウリングのセンターピン

さて、アゴラ開催を呼びかけるためのテーマとしては、第2の矢の施策全体でもよいが、それではあまりにテーマが幅広く、議論が散漫になってしまうおそれがある。散漫なテーマでは、人々が興奮するような大論争は起きないから、改革の運動エネルギーは生まれない。また、そもそも反対している活動家たちは、同じテーブルに着かないかもしれない。

こういうときは、何か1つ、全員が参加でき、かつ議論しやすいテーマに焦点を絞るべきだ。そし

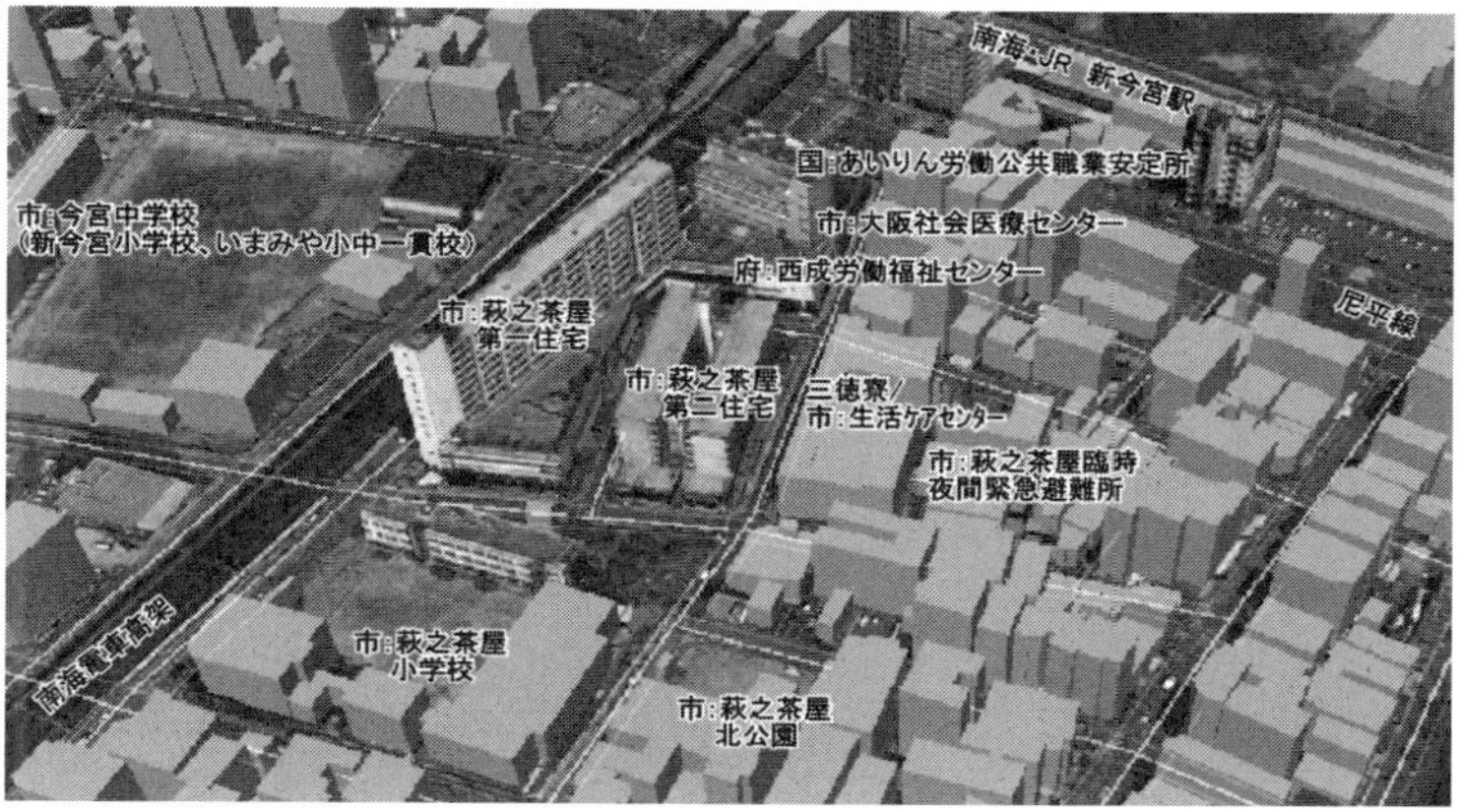

あいりん総合センターとその周辺の鳥瞰図（水内俊雄先生作成）

て、その1つをみなで協力して乗り越える成功体験をつくれば、残りのテーマはそれにならってどんどん進められる。「ボウリングのセンターピンを探せ」とは、これも竹中平蔵先生の口癖であるが、センターピンを倒せば、うしろにあるピンも次々に倒れていく。西成特区構想・第2の矢にとって、どのテーマがボウリングのセンターピンに成りうるのだろうか。

　その答えは簡単で、間違いなく「あいりん総合センターの建て替え問題」だ。すでに述べたように、あいりん総合センターは新今宮駅前に広がる巨大な複合施設である。日雇労働市場（寄せ場）、西成労働福祉センター、あいりん労働公共職業安定所（あいりん職安）、市営住宅である萩之茶屋第1住宅、大阪社会医療センター付属病院（社医セン）が同じ建物内に入っている。

待ったなしの建て替え問題。締め切り効果が期待できる

なぜ、あいりん総合センターの建て替え問題が、ボウリングのセンターピンなのか。

その第1の理由は、建設から45年ほどの月日を経て、老朽化と耐震性の問題が「待ったなし」の状態にあるからだ。とくに耐震性には大きな問題があり、国土交通省が「地震の震動および衝撃に対して倒壊し、または崩壊する危険性が高い」と判定する危険レベルであった。建物として完全にレッドカードである。

第2の矢のほかの事業は、中長期的な課題なのでゆっくり進められるものが多いが、あいりん総合センターの建て替え問題だけは、いますぐに着手しなければならない。つまり、8月31日に残っている夏休みの宿題のように、先送り不可能な状態にある。この「締め切り効果」が働くことが、センターピンとして望ましい第1条件である。

第2に、いまみや小中一貫校の設立にともなって、2015年4月から、あいりん総合センターの南側にある萩之茶屋小学校が廃校になる。あいりん総合センターを構成する各施設をどう建て替えるにせよ、仮移転先、本移転先が必要であるから、近隣にポッカリ大きな跡地が空くことは、まさに建て替え論議を行う絶好のタイミングである。逆に、時間が空いてしまえば、この市有地はほかの用途に使われてしまう可能性が高いから、これも一種の締め切り効果になっている。

民間投資を呼び込むカウベル効果への期待

第3に、あいりん総合センターの建て替えは、仮移転先や本移転先などで、その周辺にも大きな影響がおよぶため、計画が具体的に決まらなければ、第2の矢のほかの大型プロジェクトの検討が進められない。とくに、新今宮駅再開発や市有地を利用した子育て世帯向け住宅建設などは、あいりん総合センター建て替えが決まらなければ、物理的に進展不能である。その意味で、第2の矢のほかの施策を望む人々にとっても、あいりん総合センターの建て替えは避けて通れない課題である。

また、経済学では「カウベル効果」と呼ぶが、公的なプロジェクトがうまくいくことが、民間のプロジェクトを呼び込む効果をもたらす。まず、この行政の大型プロジェクトがしっかり進むことを示すことができれば、この地域で民間プロジェクトを進めても安心だという「信用」につながる。リスクを軽減し、この地域に民間投資を呼び込むためにも、まずは、あいりん総合センターの建て替えをしっかり成功させることが大切である。

第4に、あいりん総合センターは、寄せ場、労働施設、住宅、病院からなる複合施設であり、ホームレスの人々の昼間の居場所でもあることから、まちのなかにステークホルダー（利害関係者）が非常に多い。各労組を含む労働団体、医療関係者、町内会、福祉施設、支援団体、簡宿、簡宿転用アパート、商店街などがみな、なんらかのかかわりをもっている。

つまり、あいりん総合センターの建て替えは、この地域のほとんどすべての人々にとって身近でかかわりの深いテーマであり、立場の異なる多くの人々が、議論のために同じテーブルに着こうとする絶好のテーマである。

この地域のほぼ全員がステークホルダー

ただ、一般に、ステークホルダーが多いということは、その分、調整がむずかしくなるということだ。

このあいりん総合センターの建て替え問題に至っては、この地域のほぼ全員がステークホルダーであるから、ちょっと数が多すぎるようである。また、各ステークホルダーたちは、利害がおたがいにぶつかり合っていたり、複雑に絡み合っている。今後、壮絶な論争、きわめて難易度の高い利害調整となることは必至であった。

とりわけ、日雇労働者の労働団体や支援団体のなかには、あいりん総合センターは一種の「聖地」と考えている団体があり、建て替えを議論することすら許さない雰囲気がある。

難攻不落のセンターピン

さらに、行政内でも多くの担当部局が関係しており、部局間調整が困難を極めることが予想された。まず、西成労働福祉センターは大阪府庁の所管であり、あいりん職安は国（厚生労働省・大阪労働局）の管轄である。それ以外は市役所の管轄であるが、社医センは福祉局、市営住宅は都市整備局と担当が分かれている。仮移転先、本移転先として、萩之茶屋小学校跡地や周辺の公園、市有地を使ったり、道路のつけ替えなどを行うのであれば、教育委員会や建設局、都市計画局なども関係する。

また、建物の権利関係も、府・市・国に分かれており、底地は府と市の所有だが、図面上の線引きがなされていない。最終的に権利関係の処理にも一苦労であろう。すると、契約管財局にも頑張ってもらわなければならない。さらに、公益財団法人としての西成労働福祉センター、社会福祉法人としての社医センは、それぞれ行政とは独立組織であるから、彼らへの調整も必要になる。

通常、ボウリングのセンターピンは、改革全体の重心となる中心テーマであるとともに、解決が比較的容易なものを選ぶべきである。しかし、あいりん総合センターの建て替え問題は、明らかに最も困難なテーマであった。まるで、地面に杭を打って突き立っているような「難攻不落のセンターピン」である。いくら建物が老朽化し、耐震強度の問題が深刻化していても、歴代の市長や知事、あるいは行政が、長年この問題に手をつけようとしなかったわけである。

補強工事で問題を先送りする密室案

じつは、西成特区構想が始まる前、府・市・国の三者は密室で進めていた行政会議において「あいりん総合センターは耐震補強を行って延命させる」という方針でまとまっていたようだ。私が特別顧問に就任した直後、2012年4月終わりに、一度だけその三者による行政会議に呼ばれたことがある。西成特区構想で、私に勝手なことを言われては困るので、先に釘をさしておこうという意図だったと思われる。

しかし、詳しく話を聞いてみると、第1住宅は約3分の1の戸数を閉鎖して、柱や筋交いを入れる補強専用の部屋につくり替える必要があるという。また、耐震補強工事がすべて終わるまで3年程度の工期がかかるため、第1住宅の住民や病院の入院患者は仮移転先に転居してもらう必要がある。寄せ場や労働施設も仮移転となる可能性が高い。その仮移転にかかる費用などを考慮すると、耐震補強工事には、少なくとも数十億円の予算が必要となるが、建物自体の老朽化が進んでいるため、せいぜい10年から15年程度の延命効果しか期待ができないということだ。これでは対費用効果の面できわめて問題であるし、結局、最後は建て替えが必要なのである。

私の眼には、自分たちの任期中だけ問題を先送りできればよいという無責任で近視眼的な官僚行動にみえたので、この三者会議の説明を諒としなかった。

三者会議の暴露から始めた有識者座談会報告書

私の発言や様子から、これはとんだ「やぶ蛇」だと思われたのであろう。それ以来、私はこの会議からはずされて、二度と出席できなくなってしまった。密室で勝手に物ごとが決められては困るので、私も三者会議に出たいと再三言ったのだが「これは西成特区構想ではないので、特別顧問はちょっと……」「府と国が鈴木顧問の出席を拒んでおりますので……」などと言われて、役人たちに完全にブロックされてしまっていた。

そこで、2012年10月にまとめた有識者座談会の報告書では、まず、行政による三者会議で既定方針化されている「耐震補強」は、対費用効果上の問題が大きいとの暴露から始めた。そのうえで、①仮移転先を用意して、あいりん総合センターを丸ごと現地で建て替える「現地建て替え案」か、②住宅と病院を近隣の土地に移転建て替えしたうえで、残る労働施設と寄せ場を現地で建て替える（もしくは耐震補強する）という「部分的移転案」の2案を提示した。

そして、部分移転案のほうが有力であるという意見を述べたうえで、耐震補強も含めた3案をきちんと検討する行政会議を設置すべきと結論づけた。

三者会議の運営を任される

橋下市長がこの報告書の方針を了承し、松井知事も環境整備5カ年計画などで西成特区構想に乗り出してきたため、府市双方の役人たちは耐震補強の既定方針を維持することができなくなったようである。また、西成特区構想では、すべての事業を地域の人々と相談しながら立案するという方針をとっているので、たとえ密室会議で秘密裏に話を進めていても、仮移転先を決定する際に地元調整で立ち往生することがやっとわかったのかもしれない。

府や国からは、あいりん総合センターの建て替えを含めた議論でよいので、「新たな三者会議」を開催してくれないかという要請がきた。そして、市の関係部局と協議した結果、今度は一転して、鈴木顧問に「三者会議」の運営をお願いしたいという申し入れとなったのである。

要は、この問題の最終責任と、面倒な地元調整を、私に押しつけようという腹なのであろう。しかし、どういう形ではあれ、この問題に対して私が主導権を発揮できることは望ましいことだ。行政三者は、この件から私を締め出すことができなくなった。

はるかに効率的な自律分散的情報処理

そこでまず、2013年12月はじめに、私とありむら潜さん（釜ヶ崎のまち再生フォーラム事務局長）、寺川政司先生（近畿大学）と西成区役所の事務局で集まって、あいりん総合センターの建て替え問題について、どのように議論を進めていくべきか、その作戦会議を行った。最終的には、まちのすべてのステークホルダーと府・市・国の行政が一堂に会して、「アゴラ」による大議論を行うしかないという点で、みなの意見は一致した。

これだけ多くのステークホルダーが存在するなか、これまでのように、行政が中央集権的に物ごとを進めることはまず不可能である。いまの行政には、財政的な余裕がまったくないので、各ステークホルダーの個別の要求に、すべて応えることは不可能だ。一方の要求に応えることは、一方の要求を却下することであり、テーマごとに壮絶な利害調整をしなければならない。

各団体に各担当の行政部局が対応している現行の縦割り制度では、行政間の調整回数、行政と各団体間の調整回数が膨大な数となり、それにかかる手間暇からいって、期限内に物ごとを決め切ることは不可能だ。まったく新たな仕組みが必要である。

こういうときの経済学の教えは、「中央集権的な情報処理ではなく、市場を使って自律分散的な情報処理を行いなさい」ということだ。経済学では、１９３０年代から40年代にかけて行われた「社会主義経済計算論争」を経て、中央集権よりも市場を使った自律分散を行うほうが、資源配分がはるかに効率的にできることが証明されてきた。これは、20世紀末のソビエト連邦や東欧諸国の経済崩壊によって、現実にも証明されたところである。

ステークホルダー間の利害調整の場を一種の「市場」と考えれば、(注2)縦割り行政を通さず、直接、ステークホルダー同士で交渉ができる自律分散的な仕組みのほうがうまくいくに違いない。つまりはアゴラである。

困難を分割して準備体操から始める

しかし、市場のようにすでに整った制度・仕組みがあるわけではないので、いきなりアゴラを行ってもカオス状態に陥り、まとまるものもまとまらないだろう。ここは、何段階かに分けて、グループ別に準備体操をしておかなければならない。(注3)「困難は分割せよ（Divide each difficulty into as many parts as is feasible and necessary to resolve it.）」である。

まずは、府・市・国の行政であるが、建て替えということになると三者の意見の隔たりは大きく、三者間の調整は一苦労である。おたがいに責任の押しつけ合い、仕事の押しつけ合いが始まることは火をみるより明らかだから、これは別途、行政だけで準備体操の会議をしておく必要がある。

ただし、府や国から要請があったように、行政だけで密室の三者会議を行うと、地域の意見を無視した「行政だけに都合のよい案」にまとまってしまうおそれもある。またしても部分最適が起きてしまうという懸念だ。

これでは、最終的に地元調整が不可能であるし、そんな代物の地元調整だけを、私に押しつけられては堪らない。そこで、座長の私以外に、寺川先生と水内俊雄先生（大阪市立大学）に、有識者委員として会議に入ってもらうことにした。2人には地域の人々の意見を代弁してもらい、行政だけでまとまろうとする動きをけん制してもらう。

ユーロトンネル方式

そして、各行政部局には、①この三者会議は行政内部で最終決定するための会議ではない、②最終的に地域の全関係者が入ったアゴラでの議論を行うために、そこに供する提案を何案かつくるための会議である、③最終的な案の決定は行政ではなく、アゴラにおいて地域の人々が行う、④アゴラでの議論は、行政会議でつくった案からはずれる可能性も十分にある、という諸条件を飲んでもらって、私が座長を引き受けることにした。

一方、地域の人々のほうであるが、これもはじめから全員を集めた集会を行ってはカオスになってしまう。まずは、（仮称）萩之茶屋まちづくり拡大会議や釜ヶ崎のまち再生フォーラムの定例まちづくりひろばで何回か、あいりん総合センターの建て替えをテーマに議論を行ってもらい、準備体操をすることにした。

とくに、拡大会議のメンバーは、あいりん地域の主だったリーダーたちが集まっており、おたがいに異なった立場を理解し合ったり、譲り合ったりする信頼関係がすでに築かれている。ここでの議論を先行しておいて、ある程度の形がみえてくれば、それが一種の「相場」や「気配値」(落としどころの暫定目標)になる。相場ができれば、全体のアゴラで議論しても混乱が避けられそうである。拡大会議や定例まちづくりひろばでの議論のリード役は、寺川先生、ありむらさんにそれぞれ任せることにした。

問題は、行政の三者会議の案と、拡大会議や定例まちづくりひろばで議論している案が近づいていくのかということであるが、これはもうやってみるしかない。英仏海峡トンネル(ユーロトンネル)をイギリス側とフランス側から掘り進めたように、最終的におたがいの案がピタッと一致すれば万々歳であるが、実際はなかなかむずかしいだろう。とにかく、離れていかずに、少しでも近づきさえすればヨシとする。私と寺川先生、ありむらさん、水内先生で密接に連絡を取り合って、たがいのトンネルの方向を確認し合いながら進むことにした。

そもそも論で紛糾する聞きしに勝る府市合わせ

府・市・国の三者会議(あいりん総合センターのあり方検討会議)は、2013年の12月末から、およそ月1回のペースで開催された。大阪府と大阪市の仲の悪さは、世間ではよく府市合わせ(ふしあわせ）などと揶揄されているが、実際にも、まさに聞きしに勝る犬猿の仲であった。はじめから両者はほとんどケンカ腰であり、われわれ有識者が何度も仲裁に入らなければ、まともに話し合いを続けられないほどである。

まず問題となったのは、この三者会議の主催者は誰なのかということである。常識的に考えて、府・市・国の三者で共同開催すればよいだろうと思うわけであるが、府の主張は異なる。あいりん総合センターの耐震対策を、既定方針だった耐震補強ではなく、建て替えの方針を含めるように変えたのは市の判断であり、府は市から頼まれてやむなくこの会議につき合っている。まずは、府と国に対して、市長名でこの会議に参加してほしい旨の依頼状を書けというのである。

実態は依頼状というより詫び状だ。この会議の運営責任や仕事負担を全部、市に押しつけようとする意図がありありと感じられる。また、自分たちに有利に議論が進まなければ、いつでもこの三者会議を降りるぞという宣言でもある。市の各局も戦略的劣位に立ちたくないし、府や国に対するメンツもあるから、そんなものは書けないと大紛糾である。結局、第1回目の会議は、この入口問題で立ち往生して、ほとんど中身の議論に入れなかった。

会議は踊る、されど進まず

最終的に、「府（担当の商工労働部）のみなさんも、市からの依頼状を使って府内調整を行う必要があるのでしょう。今回は市が折れてやってください」と私が仲裁し、橋下市長ではなく、西成区長から府への依頼状を書くことにした。

三者会議の座長は、府・市・国のどの部局にも有利になりすぎないように、微妙なバランスを保たなければならない。とくに、私は大阪市の特別顧問であるから、府も国も、市側に有利に話を進めるのではないかと、私の中立性に対する疑いをもっている。国と府をこの会議から絶対に降りさせないためにも、以降、私は若干ながら府と国の肩をもつような発言を増やさざるをえなかった。

第2回目以降も、なかなか具体的な中身の議論が進まない。まずは、建て替えに当たって、①それぞれの部局の考え方や要望、②施設に必要な床面積や場所の条件などを提示してほしいと依頼していた。しかし、各部局とも様子見のにらめっこで、なかなか具体的な話をしようとしない。ようやく口を開いたと思ったら、形式的な入り口論や、瑣末な問題点の指摘、おたがいに対する些細な質問などを、とうとうと長口上する。発言は意味不明で、実質的に内容ゼロである。ただ時間を空費して、腹の探り合いや鞘当てを行っているだけだ。

これは「あいりん地域環境整備事業」（まちづくり合同会社に業務委託している環境改善事業）をつくったとき、市役所内の多部局間会議で何度も経験していることなので、「ああまたこれか」と私はすぐに思い当たった。この調子で続けていると、いくら時間があっても足りなくなる。二度とその轍を踏みたくない。

袋競りにも似た個別ヒアリングが突破口

そこで、やり方をちょっと工夫した。まず、1つひとつの部局を個別に呼び出して、私が直接会談を行い、全体会議で言えない要望や計画を密室で聞くことにした。三者会議の場では、漠然としたことや意味不明の内容しか言わない各部局であったが、個別ヒアリングを行うと、驚くほど、それぞれの具体的な考え、要望、計画を言ってくる。座長だけがそれを聞き置くという形にすると、どんどん意見が出てくるのには正直驚いた。

要するに、これは「せり」なのである。それも、フグのせりに使う「袋競り」だ。下関のせり人は手に袋をもっていて、買い手はその袋のなかでせり人の手を握って値段を知らせる。ほかの買い手にはその様子はみえない。密室のなかで私にだけに本音を話し、他の部局にそれが聞かれないことが肝心なのである。

次に、こうして各部局から出てきた具体的な意見をもとに、寺川先生に頼んで、あいりん総合センター周辺の地図のなかに、具体的な建て替え案や移転案を落とし込んでもらった。寺川先生は建築が専門なので、各施設の配置イメージや床面積なども正確に図面に描くことができる。実際に動かすことが可能な3Dの模型までつくってくれた。これはいわば市場における「相場」や「気配値」にあたる。

寺川先生が独自に考えたさまざまな案も登場し（そのなかには、拡大会議や定例まちづくりひろばから出てきた意見もちゃんと含まれている)、これらをもとに、各部局が「これは困る」とか「ここはこうしてほしい」などと意見を出すやり方にした。

この方法は大当たりで、どんどん議論が進んでいく。そのたびに図面を変更したり、肉づけを行いながら、会議をうまく進めることができた。ただ、気の毒なのは寺川先生で、こんなに専門的で膨大な業務をお願いしているのに、行政には謝礼を支払う仕組みがなく、全部タダ働きをさせてしまった。

ミドルマンとしての特別顧問の有効性

こうして多部局間の議論が急に進み出したことは、官僚組織の構造、力学を考えるうえで誠に興味深いものがある。強固な縦割り組織を、多部局間で束ねて動かすためには、中立的な立場の「せり人」、もっと一般的な言葉でいえば、ミドルマン(仲介者)の存在が、どうやら不可欠のようである。

ミドルマンのところに各部局の意見や情報を集め、それをミドルマンがまとめて「相場」の形で発表すれば、各部局とも他の部局に知られたくない本音を隠すことができる。また、ミドルマンが各部局の意見を調整したうえで、最終的に「調停案」を提示すると、各部局はその案に対する責任からも逃れられる(ミドルマンがつくった案なのでミドルマンの責任)。

さらに、各部局から信頼を得たミドルマンが各部局の間に立ってバランスを保つことにより、どこかの部局だけに過度な責任や仕事が押しつけられる心配もなくなる。これらの保障があるから、多部局間の調整が進むのである。

ただ、ミドルマンとしては、単なる外部有識者では駄目であり、守秘義務もあり、最後は市長や知事に直訴して決断を迫れる特別顧問という立場が不可欠のようであった。特別顧問は単なる外部の大学教授ではなく、市役所の役人（無給の非常勤職員）でもあるから、行政内部において責任をとることができる立場なのである。

リスクと責任を引き受ける

このように、特別顧問がリスクと責任を、各部局にかわってとることができることは、じつに重要な要素である。私にとってリスクや責任をとることは、特別顧問を引責辞任するだけのことであるから、じつに容易なことである（むしろ、早く辞めたいくらいだ！）。

一方、終身雇用の世界を生きる役人たちにとっては、まさに人生のすべてをかけた一大事である。とくに最終ステージ近くにいる幹部官僚にとっては、下手をすると退職金や天下り先がパーになる。若い役人たちも、減点主義で、なおかつその減点が長く尾を引く役所組織では、失敗はかなりの命取りである。

このため、リスクと責任を極力避けようとして、いがみ合ったり、微動だにしない役人たちから、それを私が引き受けるだけで、急に物ごとが動きやすくなる。各部局とも「特別顧問に指示されたから仕方がない」などといいわけをしながら、責任を回避して動けるのである（本当は、私に各部局に命令する権限はないので、おかしな話である）。逆にいえば、有限責任制度にしてやれば、事なかれ主義の役人たちも、ある程度、リスクをとることが可能になるということである。

情報の集中は権限の集中

不思議なもので、ひとたび、そのようなミドルマンになると、「個別にもっと話を聞いてくれ」と次々と各部局から情報が集まり、どの部局にも勝る絶対的な情報優位の立場に立つことができる。つまりは、調停案をつくるに当たって、各部局に対して強い立場で交渉できるのであった。

各部局とも、もっとも情報を多くもつ者に判断をゆだねようとするので（逆にいえば、判断をゆだねようとするからこそ、各部局から情報が集まる）、行政組織において、情報が集中するということは、実質的な権限も集中するということである。いくら特別顧問というポジションが、形式的にはなんの権限もない無力なポストであっても、こういう形で実質的な権限をもつことができるのである。

これは私にとって大発見であった。ただ、各部局から幅広く情報を得続けるためには、完全に中立の立場を貫き、常に鋭敏なバランス感覚で公平性を保っていなければならない。微妙なバランスの上に成立している実質権限だということを忘れるわけにはいかない。

個別にもっていた全体最適の解

また、調整過程の個別ヒアリングを通じて、各部局の役人たちは、「他の部局に対してこうしたほうがうまくいく」「おたがいにちょっと譲れば両方うまくいく」という全体最適のアイディアをもっている場合が多いことに気づかされた。

よく考えれば、役所はローテーションが激しいから、役人たちは多くの部署を経験しており、じつは、他部局の立場に立って物ごとを考えられる人が多いのである。個人としては、全体最適の立場から物ごとを考えられる人も多いのに、表舞台では、所属部局の組織の論理に従って、縦割りの部分均衡の物言いしかできない。他部局に物を言うと、他部局からも物を言われる関係にあるから、決して他人のシマに口出ししようとはしないのである。

しかし、個別ヒアリングという舞台裏をうまく活用して、各部局からこっそり全体均衡のアイディアを集めてみると、あれほどいがみ合っている各部局が、じつは、同じアイディアをもっていたりする。彼らにかわって、私が調停案を出しさえすれば、表舞台でもしぶしぶそこに落ち着けるのである。

アゴラに向けた準備完了

こうして膨大な時間が費やされたが、半年もするとだいたい、各部局の意見は収束に向かってきた。ただ、気をつけなければならないことは、この場にいない第4の部局である「地域の人々」のことをまったく考慮せずに、行政三者の案がまとまろうとすることであった。

たとえば、物理的に萩之茶屋小学校の跡地が空いているので、ちょっと油断していると、住宅も病院も労働施設も寄せ場も、全部小学校跡地に移転したいなどと言い出す。そして、よくぞここまでと思うような芸術的ぎゅうぎゅう詰め案を、部局間で協力し合ってつくってくるのであった。

そういうときは、私と寺川先生、水内先生で、「萩小跡地をすべて使う案など地元調整はまったく不可能で、問題外である。とくに、労働施設や寄せ場が萩小跡地にくることは、全町内会が大反対するから絶対無理だ」などといなさなければならない。市も府も国も、地元調整はわれわれ有識者に任せるしかないので、おとなしく従わざるをえない。

さて、こんなことを繰り返しているうちに、なんとか、実現可能性の高い案が3案、4案ほどできた。また、それ以外にも、地域の人々から出そうな提案をいくつか考え、あとはその組み合わせで、だいたいどんな案が出てきても対応できるようにした。すなわち、どんな案がアゴラで出てきても、その実現可能性や必要な行政的措置について情報を提供できる準備が整った。そこで、行政会議はいったん終わり、今度はアゴラ開催に向けての準備を行うことにした。

[コラム 17]

有識者が機能する経済学的理由

西成特区構想をめぐる一連の改革では、有識者たちの活躍が顕著であった。実際、まちづくり検討会議や府・市・国の三者会議をはじめとする各種重要会議は、有識者の存在なしには成立不可能だった。

有識者が果たしたもっとも重要な役割は、人と人、組織と組織をつなぐ結節点（ハブ）となったことである。たとえ、おたがいに仲が悪い団体間でも、有識者が間に入ることでつながることができる。おたがいに不信感をもっている行政と地域の人々との間も見ごとにつないだ。

そして、行政内部でも有識者が間に入ることによって、多部局間の調整や府市間の調整が可能となった。有識者はまるでベアリングのようであった。おたがいにぶつかり合いきしみ合う人々や組織が、有識者が間に入ることで驚くほど円滑に動いた。

それではなぜ、有識者はハブやベアリングになれたのだろうか。理由の1つはその「中立性」である。どの団体、組織とも利害関係がない。どこにも与《くみ》しないからこそ、人々は安心して仲介役を頼める。

もう1つの理由は、この地域に長く「コミット」しているということだ。長年、この地域で調査を行い、この先も長く研究を続ける。かんたんに地域の人々や行政を裏切ることができない。だからこそ、みなが信頼する。

逆にいえば、2年くらいのローテーションでコロコロ異動する役人や、選挙のたびに入れ替わる政治家は信用されにくい。地域の人々が改革のために時間や労力を投じても、途中で梯子をはずされる可能性が高いからだ。実際、役人や政治家は着任した途端、前任者の約束を反故《ほご》にすることが多い。

経済学では、これを「ホールド・アップ問題」という。話に乗って費用を投じた途端、うしろから拳銃を突きつけられ「手を挙げろ（hold up）」と言われる様からできた言葉である。そんな危ない話にはとても乗れない。

そして、じつはホールド・アップをもっともおそれているのは役人自身である。現職市長が進める改革のために一生懸命頑張ると、ある日突然、その反対派の市長が誕生してリベンジされるかもしれない。改革のリーダー役が有識者であれば、いざというとき、責任を押しつけられるので安心だ。有識者は、地域内、行政内のホールド・アップ問題の解決策にもなっているのである。

（注1）地域に一種の権限移譲を行い、当事者意識と一定の自己責任をもってもらうという方針に対して、役人たちのなかには懐疑的、あるいは反対するものが少なくなかった。西成区役所の

ある幹部は「そんなことはできるわけないし、当事者として責任をもたせると、地域の人々がかえって気の毒である。施策が失敗した際にその人たちが地域のなかで追い詰められてしまう。だからこそ、われわれが地域にかわって当事者となり、責任者となっているのである」というのであった。たしかに、それも一面の真実であるだろう。しかし、これまで役人たちが地域の人々の意向を正しく反映する「代理人（エージェント）」として機能してこなかったからこそ、「依頼者（プリンシパル）」本人が登場せざるをえなくなったのである。こうした行政のこれまでの失策を完全に棚上げしているところに、この「役人代理論」の大きな問題がある。また、「区民は何も知らないほうが幸せ」「寝た子は起こすな」「無知な区民にかわってエリートたる役人が政策を担う」という一種の愚民思想が感じられる。これは、霞が関の官僚たちとも共通する悪弊である。これからの役人はもっと地域の人々を信じるべきだ。

（注2）利害調整にありがちな駆け引きや取引、譲歩などは、各ステークホルダーがもつ有形無形の資産（たとえば、貸し借り関係の蓄積など）を、一種の「値段」をつけて取引していると解釈できる。

（注3）魚市場や青物市場などの市場取引では、取引をスムーズに誘導する「せり人」が重要な役割を果たす（経済学ではこのせり人を、ワルラシアン・オークショナー（Walrusian Auctioneer）という）。まちづくりのアゴラでは、価格というわかりやすいシグナルなしに、利害調整の取引を誘導していかなければならないから、さらに熟達した「せり人」が必要になる。つまりは、われわれ、地域の実情に明るい有識者が頑張るしかない。

第18章 アゴラのススメ

いよいよ、あいりん地域のあらゆる人々を巻き込んで、「アゴラ」に着手すべきときがきた。会議の名称は、西成区役所の事務局の発案で「あいりん地域のまちづくり検討会議（以下、まちづくり検討会議）」と決まった。

第1に決めなければならないことは、どんな人々に委員就任をお願いするかである。このまちづくり検討会議の委員は、地域内のさまざまな団体や組織の代表として議論に参加する。この人選が会議の行く末を左右するから、慎重に選ぶ必要がある。

しかし、これは役所が考えるよりも、地域の人々自身に選んでもらったほうがよいと考えた。地域重視の姿勢はこういうディテール（細部）から伝わるものである。寺川政司先生（近畿大学）を通じて、（仮称）萩之茶屋まちづくり拡大会議に人選を依頼し、その案に私が若干のメンバーを加えて、みなで手分けして声をかけていくことにした。

町内会長全員に参加を要請する

まず、拡大会議のメンバー、エリアマネジメント協議会の各地域委員たちは、そもそもこの地域のリーダーたちであるから、当然、声をかける。しかし、今回はもっと拡大してすべてのグループの代表者たちに声をかけなければならない。アゴラで大論戦を行うためには、これまで西成特区構想の動きに無関心であった人々や、むしろ反対をしている人々にこそ、積極的な参加を呼びかけたい。

最初に声かけすべきグループとしては、町内会長たちが挙げられる。拡大会議に参加している意識の高い3、4名の町内会長だけではなく、もっと普通の町内会長たちにも幅広く参加を呼びかけたい。

はじめは、あいりん総合センターに近い町内会だけで線引きすることも考えたが、第6町会長の西口宗宏さんのアドバイスもあり、萩之茶屋地区の全町内会長に参加依頼を行った。各町内会長は各地区の住民の代表だからである。また、会議慣れしている支援団体や労働団体にくらべて、町内会は発言力が小さいので、委員の数で圧倒するくらいがちょうどよいと考えた。

すべての労働団体に参加を促す

もう1つ、声かけすべき新しいグループは労働団体、とくに日雇労働者の各労働組合である。これまで西成特区構想は、どちらかといえば、まちづくりの話が中心であったため、じつは労働関係者がかかわる部分は少なかった。

西成特区構想・有識者座談会のゲストスピーカーとして、釜ヶ崎反失業連絡会（反失連）や釜ヶ崎日雇労働組合（釜日労）のメンバーを呼んだのも、もはや2年前の話である。しかし、今回は労働者の「聖地」、あいりん総合センターの建て替えを議論するのだから、主だった労働団体にはすべて声をかけるべきだ。むしろ主役の役割を果たしてもらわなければならない。

反失連共同代表の本田哲郎神父のほか、釜日労委員長の山中秀俊さん、全日本港湾労働組合（全港湾）建設支部西成分会代表の野崎健さん、釜ヶ崎地域合同労働組合（釜合労）執行委員長の稲垣浩さんに声をかけた。そのほか、労働関係者としては、NPO釜ヶ崎支援機構理事長の山田實さん、西成労働福祉センター業務執行理事の辻本秀也さん、ご自身が日雇労働者でもある釜ヶ崎キリスト教協友会（協友会）共同代表の吉岡基さん、日本寄せ場学会の水野阿修羅さん、まちづくり合同会社の松繁逸夫さんにも入ってもらった。

もちろん、なかには西成特区構想に懐疑的だったり批判的な人もいる。全港湾には私がまた単身で訪ねていって、代表2名とひざ詰めでお話をして、参加を依頼した。また、釜合労の稲垣さんには市立更生相談所（市更相）にわざわざきていただき、やはり私と1対1で長時間のお話をして参加をお願いした。あいりん総合センターや日雇労働者の話だけではなく、ホームレスへの支援策や生活保護受給者の待遇改善などの諸課題について、真摯な意見交換を行うことができた。

反対の立場の人とも折り合う着地点を探す

じつは、すべての労働団体に声をかけることに対しては、行政内から躊躇する声が上がっていた。当然である。行政との訴訟問題を抱える団体もあったし、明らかに反対運動をすると思われる団体もあったからだ。会議の内側から議事進行を妨害される可能性もある。西成区役所の事務局からは、最後の最後まで、「鈴木顧問、本当にいいんですか?」と何度も尋ねられた。しかし、私はありむら潜さん（釜ヶ崎のまち再生フォーラム事務局長）とも相談のうえで、腹をくくって、すべての団体に声をかけましょうと答えた。

そもそも反対する立場の人たちの意見を包摂して、彼らとも折り合える着地点を探すのが、このアゴラの目的である。安全第一で彼らに声をかけずにおいて、結局、ヒラバの外から反対運動を起こされたのでは元も子もない。

果たして、声をかけたすべての労働団体、労働関係者から、まちづくり検討会議に参加する旨の回答があり、事務局も覚悟を決めざるをえなくなった。訴訟問題を抱えている各行政部局に対しても、私が事前に説明に回って了解をとりつけておいた。

不手際もあり、残念ながら医療連は不参加

さて、最後に新しく声かけすべきグループは、（こどもの里を除いて）これまで西成特区構想から

距離を置いてきた協友会所属の各団体である。協友会の一部には、橋下謀略説を唱えて、西成特区構想に対して反対運動を行っている活動家たちもいる。

なるべく多くの協友会の団体を包摂するために、協友会自体に声をかけるだけではなく、別途、協友会のなかの主だった団体にも声をかけることにした。すなわち、釜ヶ崎医療連絡会議（医療連）に声をかけたり、こどもの里の荘保共子さんに声をかけたり、ふるさとの家の本田神父に声をかけたりした。

しかし、医療連の代表は、当時、協友会の共同代表（2人いるうちの1人）をつとめるリーダーであったが、行政の不手際もあり、残念ながら会議への参加を断わられてしまった。

のちに、この医療連代表が傍聴席から大声を張り上げて、会議進行の障害になったことは、おたがいにとって不幸なことであった。もっとも、この代表を含め、医療連のメンバーはだいたい、まちづくり検討会議の傍聴席にいて、質問したり、大声で何かを要求したりしていたので「議論に参加してもらって意見を包摂する」というねらいは、図らずも達成できたように思われる。

協友会のもう1人の共同代表である吉岡さんは、じつに苦しい立場であったに違いないが、委員として最後までまちづくり検討会議に参加し、積極的かつ建設的な発言をしてくれた。

釜ヶ崎の奇跡と驚かれた35人の委員たち

結局、表のように35名もの委員でまちづくり検討会議はスタートすることになった。これだけ多く

あいりん地域のまちづくり検討会議委員（西成区役所作成）

役職	氏名
萩之茶屋連合振興町会長　第5町会長	角田　昇
萩之茶屋　第1町会長	西村　保英
萩之茶屋　第2町会長	川村　晋
萩之茶屋　第3町会長	大倉　康弘
萩之茶屋　第4町会長	吉田　実三
萩之茶屋　第6町会長	西口　宗宏
萩之茶屋　第7町会長	良元　晃栄
萩之茶屋　第8町会長	松本　巌
萩之茶屋　第9町会長	茂山　武雄
萩之茶屋　第10町会長	山本　喜一
萩之茶屋　女性部長	福永　明代
萩之茶屋社会福祉協議会　会長	田中　康夫
市営萩之茶屋第1住宅　自治会長	郡　政夫
今宮社会福祉協議会　会長	住谷　誠次
NPO法人まちづくり今宮　理事長	眞田實千代
萩之茶屋地域周辺まちづくり合同会社　環境整備事業責任者	松繁　逸夫
大阪府簡易宿所生活衛生同業組合　理事長	山田　純範
NPO法人釜ヶ崎支援機構　理事長	山田　實
社会福祉法人　大阪自彊館　第二事業部長	山田　幸人
西成区商店会連盟　会長	村井　康夫
NPO法人サポーティブハウス連絡協議会　代表理事	山田　尚実
公益財団法人　西成労働福祉センター　業務執行理事	辻本　秀也
社会福祉法人大阪社会医療センター　事務局次長兼事務長	西川　勝也
わが町にしなり子育てネット　代表	荘保　共子
釜ヶ崎キリスト教協友会　共同代表	吉岡　基
釜ヶ崎反失業連絡会　共同代表	本田　哲郎
釜ヶ崎日雇労働組合　委員長	山中　秀俊
全日本港湾労働組合関西地方本部建設支部　西成分会代表	野崎　健
釜ヶ崎地域合同労働組合　執行委員長	稲垣　浩
日本寄せ場学会　運営委員	水野阿修羅
学習院大学　経済学部教授　大阪市特別顧問	鈴木　亘
大阪市立大学　都市研究プラザ教授	水内　俊雄
近畿大学建築学部　建築学科准教授	寺川　政司
阪南大学　国際観光学部教授	松村　嘉久
釜ヶ崎のまち再生フォーラム　事務局長	ありむら　潜

の異なる立場のリーダーたちが一堂に会するのは、ありむらさんによれば、釜ヶ崎史上はじめてのことであり、これは「釜ヶ崎史に残る奇跡や！」ということであった。

でも、これは決して偶然に起きた奇跡ではない。その前史として、拡大会議や再生フォーラムの定例まちづくりひろばの努力が営々とあり、有識者座談会やエリアマネジメント協議会、さまざまな官民協働事業などを経て、徐々にまちの人々との信頼関係を築き上げてきたことの上に、ようやくこのまちづくり検討会議が花開いたのである。

萩之茶屋小学校の体育館開催にこだわる

まちづくり検討会議に関し、第2に考えるべきことは、会議を行う場所や時間をどうするかということである。場所については当初、事務局から西成区役所の会議室はどうかという提案があったが、私は、萩之茶屋小学校の講堂（体育館）で実施することに固執した。西成区役所は地下鉄四つ橋線の岸里駅にあるので、あいりん地域の中心からは約2㎞離れており、あいりん地域の人々の徒歩圏内ではない。なるべく多くの地域住民や日雇労働者、生活保護受給者、ホームレスの人々などが立ち寄って傍聴し意見を言えるようにするには、どうしてもあいりん地域のなかで開催する必要がある。

時間も、仕事帰りの時間に会議に参加できるように、平日夜7時からとし、予定されている6回のうち、少なくとも1回は土曜日に開催して、平日に参加できなかった人々の意見も汲み取れるようにした。

1人でも多くの人がかかわれるように徹底的に情報公開

第3に決めるべきことは、どの程度の情報公開を実施するかである。役所的にはきわめてハードルの高いことであったが、橋下市長とも事前に相談のうえで、前例のないほど徹底的な完全公開を行うことに決めた。

まず、大量の一般傍聴者が入れる座席を用意する。体育館であるから、傍聴者は150人くらいは楽に入ることができる。また、有識者座談会同様、Voice of Nishinari の協力を得て、YouTube などによる動画配信も行った。もちろん、すべてのマスコミに対しても完全オープンである。資料や議事録も区役所のホームページにすぐに掲載する。一般傍聴者からの質問、意見は私がすべて読んでホームページに回答する。現代のアゴラは、インターネットもフル活用である。

とにかく、できることはすべて実施し、みたり、聞いたり、読んだり、直接参加するなどして、1人でも多くの人がこの会議にかかわれるように最大限の努力を行った。そのうえで、反対する者たちは反対すればよいが、密室で勝手に議論を行ったとか、情報を秘密にしているとか、参加したかったのにその機会が与えられなかったとだけは絶対に言わせない。反対論をぶちたいのであれば、参加の機会を与えているのであるから、アゴラにきてみなの前で堂々と発言すべきである。

アゴラによる議論とその完全情報公開は、運営する行政にとっても、集まった委員たちにとっても本当に苦しいことである。しかし、陰に隠れて反対活動を行う者たちを、白日のもとに引きずり出すためには、この方法しかないと思った。ひとたび、白日のもとに出てきてもらえさえすれば、なるべく彼らの意見をとり入れて包摂していく戦略である。

白日のもとにさらされる勇気のない活動家は、陰から出ないかわりに、反論の機会も失う。組織内の下からの突き上げや支持者から見放されて、陰のなかで自滅せざるをえなくなるだろう。われわれにとって、情報公開とは単なる行政サービスではなく真剣勝負の手法である。中途半端なことはしない。

想定される妨害活動とその対策

当然予想されることであるが、完全オープンのまちづくり検討会議では、多くの妨害工作が行われることであろう。まちづくり検討会議自体をつぶしてしまえば、あいりん総合センターの建て替えはとん挫させられるし、西成特区構想自体にも大打撃を与えることができる。信頼関係が築かれつつある行政と地域の人々、あるいは町内会と労働団体・支援団体間のきずなも引き裂くことができる。反対派の活動家たちにとっては大チャンス到来だ。

まず、予想されることはドラを叩いたり、拡声器を使って大声でデモを行うことである。ビラを配ったり、プラカードを提示したり、ノボリを立てるなどの行為がありうるだろう。ひょっとすると危険物のもち込みもあるかもしれない。こうしたことを防ぐために、傍聴のルールをきちんと定め、事前に紙を配って徹底させることにした。ルールに違反する者には退場を迫る。

ただ、問題はどうやって退場させるかである。行政側が実力行使を行い「事件」にされてしまえば、それは会議をつぶそうとする活動家たちの思うツボである。絶対に行政側が手を出すわけにはいかない。また、退場を迫られた者が暴力を使ってくる可能性もある。さすがに、危険物をもち込むほど愚かではないとは思うが、その可能性もゼロではない。

私は「警官に入ってもらえばいいじゃないですか。西成警察署に頼みましょう」と言ったのだが、すかさずありむらさんに「このまちでは、それだけは絶対止めたほうがいいです。警官をみただけで、委員も含めてみんなムカっとしますので、話し合いにならなくなってしまいます」と止められた。それもそうだ。結局、退場は最後の最後の手段にすることにして、何度も警告を出して、なるべく手を出さずに耐えることに決まった。

議論が市政に反映されることを担保する

さて、まちづくり検討会議に先立って準備しておかなければならないことがいくつかある。まず、いちばん大事なことは、「これからまちづくり検討会議で話し合って決める内容がしっかり市政に反映される」ということを、きちんと担保することである。

また、ほぼ全委員が、「じつは、行政は勝手な方針を先に決めていて、このまちづくり検討会議をいつものようにガス抜きに使うつもりだろう。議論は茶番劇なのではないか」との疑いの目でみている。府・市・国でやっていた三者会議でも何も決めてはおらず、このまちづくり検討会議での議論がすべてだということを、なんとかみなに信用してもらわなければならない。そうしないかぎり、35人の委員たちが真剣に大議論を繰り広げる可能性はゼロである。

ただ、そうかといって、まったく1から白紙の状態で議論を始められては、いくら時間があっても結論まではたどり着けない。少なくとも、2年前の西成特区構想・有識者座談会報告書で打ち出した方針くらいは、今後の議論の出発点としておきたい。

区政会議の市長5原則

そこで、私は一計を案じ、橋下市長に西成区役所の区政会議に出席してもらい、まちづくり検討会議を始めるに当たっての約束事や、ある程度の議論の方向性を先に打ち出してもらうことにした。

ちなみに、区役所の区政会議に市長が直々に出席することは、大阪市の歴史上、はじめてのことだそうである。橋下市長が西成区の区政会議に出席するとなると、「すわ何ごとか！」とズラッとマスコミがついてくるので、新聞やテレビがまちの人々に情報を広めてくれるだろう。

2014年8月18日、橋下市長が出席して区政会議が始まった。予想どおり、たいへんな数の報道陣がついてきた。そこで橋下市長が発表したのは、次のような内容である。これは後のちに、「市長5原則」と呼ばれるようになる。

(1)このまちづくり検討会議で行われる地域の議論を最優先に、市長が方針を決め、知事とともに実行する。

(2)日雇労働市場（寄せ場）は、あいりん地域からなくさない。

(3)寄せ場の機能は縮小しないが、時代に合わせて規模は縮小する。その分、あいりん地域の将来のために、戦略的に空いたスペースを活用する。

(4)しかし、日雇労働者はもちろん、生活保護受給者やホームレス、低所得の住民などの弱者を、この地域からクリアランスすることは絶対に行わない。

(5)市営住宅、大阪社会医療センター付属病院（社医セン）もあいりん地域外には移転しない。

不参加を通告してきた国と府。市はどうなるのか

橋下市長に乗り出してもらったもう1つの理由は、本庁の関係各局の課長たちを、このまちづくり検討会議につなぎ止めるためであった。じつは、夏前に行われた最後の行政三者会議において、府と国は最終的に、このまちづくり検討会議に出席しないことを通告してきた。

府や国が出席すると、労働団体が団体交渉を行ってくるというのが直接の理由である。また、あいりん職安は訴訟問題を抱えていたので、この場でその議論をされたくないということであった。

しかし、市役所の各局にとってみれば、これは面白くない。自分たちだって訴訟は起こされているし、団交も行われている。府や国は、面倒な地元調整を市に押しつけて、自分たちは高みの見物を決め込むつもりなのだと受け止めていた。そのため、市役所本庁のいくつかの局も、府や国が出ないの

であれば、われわれの部局も出る義務がないのではないかと言い出していた。

しかし、本庁の各局が現場にいなくては、まちづくり検討会議の議論がきちんと市政に反映されるようには到底みえないだろう。また、委員たちの議論が進んできた段階で、各局にはさまざまな質問が出てくる可能性がある。質問に答えるためにも、ぜひ、現場にいてくれと言って、なんとか各局をつなぎ止めることにした。

謝罪から始まった準備会合

これでようやく準備が整ったので、まずは、完全オープンの本会議を始める前に、初顔合わせの準備会合を非公式に行うことにした。２０１４年9月10日の夜、西成区役所に、35人もの委員たちが勢ぞろいした。壮観な光景である。

冒頭、私はまず、大阪市役所の代表として、長年の無為無策、これまでの現状放置に対する謝罪を行った。お詫びの言葉を私が述べ、臣永区長と一緒に深々と頭を下げた。

謝罪の言葉から始めた理由は、西成特区構想を代表する者として、日ごろから大阪市の施策はあまりにひどいと思い続けてきたことが1つだが、もう1つは、謝罪をしないことには到底これからの議論が始まらないだろうという現実的目算があったからである。まちの人々の記憶は、ローテーションでくるくる変わる役人たちの記憶よりもはるかに長い。

役人たちは想像もしていないだろうが、このままでは、あいりん総合センターの建て替えの議論は、そもそも45年前になぜ、あいりん総合センターをここに建てたのかというところから、振りかえらざるをえなくなるだろう。その積もり積もった長年の恨み節から議論をスタートさせては、将来に向けての建設的な議論に転換するまで、相当の時間が費やされることになる。本来ならば、そういうプロセスもまちづくりには必要なのかもしれないが、ここでそれを行う時間的な余裕はない。

幸いにして何人かの委員、とくに町内会長たちに、私の気持ち、意図が伝わったようである。謝罪の言葉によって少しは溜飲が下がったとか、頭を切り替えて将来の話をする気になったという意見が聞かれた。そのあと、この会議の目的や議論のテーマ、市長5原則などを次々に説明した。

準備会合でみえてきた反省点

この日、35人が一堂に会してみて、1つはっきりとわかったことは、35人が「ロ」の字型に座る座席配置では、到底議論が進みそうにないということである。たがいの距離がありすぎて、お見合い状態となってしまう。実際、この日、準備会議で発言した委員はわずかであった。

また、本番では、マスコミに完全公開を行うので、どの委員がどんな発言をしたのかが特定されてしまう。これも、自由闊達な議論をするうえで、きわめて大きな障害であることが改めてわかった。まず、町内会長たちは、自分の発言によって、活動家たちから攻撃を受けることをおそれていた。また、こうしたオープンな場では話し慣れていないので、発言することそのものに相当勇気がいるということであった。

「ロ」の字型に居並ぶ委員たち：この写真は、まちづくり検討会議の準備会合ではなく、
その約1年後にひらかれた「第4回まちづくり会議」のもの。
委員たちの構成はほぼ同じである（西成区役所撮影）

一方、労働団体や支援団体の代表たちも、それぞれの組織を背負っている。発言者と発言内容が特定されるということになると、個人の立場で自由に話しにくい。下手なことをいうと、外からだけではなく、組織内からも突き上げを食らってしまうからである。

結果として立場を背負った建前の発言（ポジショントーク）しかできず、本質的な討論ができなくなるおそれがあった。また、重要な決断をする際には、まずは、組織内で検討してからということになる。したがって、彼らには、毎回、会議の議論をもち帰って内部でよく検討する時間が必要だということもよくわかった。

ワークショップ方式で活発なやりとりを促す

そこで、本番でわれわれが採用したのは、「ワー

第1回まちづくり検討会議の様子（Voice of Nishinari 撮影）

クショップ方式」である。35名の委員たちを4つのグループに分け、それぞれの班ごとに議論を進めることにした。それぞれの班には、町内会長、労働団体、支援団体、有識者、その他委員をバランスよく配置し、ファシリテーターという議論の進行役をつけた。

ファシリテーターをつとめたのは、水内俊雄先生（大阪市立大学）、永橋爲介先生（立命館大学）、天野弘章さん（CASEまちづくり研究所）、山本延行さん（同）である。そのほか、ありむらさん、松村嘉久先生（阪南大学）は有識者委員として班のなかに入っているが、ファシリテーターの補佐的な役割も担う。

班ごとに真ん中に大きなテーブルを置いて、そこに大きな模造紙を用意した。その模造紙に各委員が言った発言の要旨を素早く、大判のふせんに書き込み、張りつけていく。ふせんに発言要旨を書くのは、学生ボランティアと西成区役所の職員たちである。

こうして、さまざまな発言を見える化していくと、それをテーマ別に整理して、カテゴリー別に張り替えることができる。類似する意見をまとめて重要な論点を浮き彫りにしたり、対立点を際立たせたりしながら、さらに議論を深めるのである。市役所の各局に事実関係の確認をしたいときには、各班の脇に控えている職員が、横に居並ぶ各局の課長たちを連れてきて説明を求めることにした。

匿名性を確保し自由に発言しやすく

そして、各班の議論が一区切りしたところで、全体討論に移る。ここでは、4人のファシリテーターが、その日、各班で出た意見を要約して、傍聴者を含めた全員に対して報告する。大判のふせんを張りつけた模造紙も、白板に張って参加者にみえるようにする。

各班の要旨発表が終わったら、全体を通じてのまとめや、類似点・対立点の明確化、次回議論すべき論点の洗い出しなどを、全体のコーディネーターが総括する。そして、それに対して言い足りなかった意見などは、適宜、各班にいる委員たちがマイクをもって補足発言するのである。全体をまとめるコーディネーターは、もちろん、まちづくりのプロである寺川先生にお願いした。

このワークショップ方式をとっているかぎり、各班のなかで侃々諤々、入り乱れての議論となるので、誰が何を言ったか特定しようがない。ファシリテーターが最後にまとめて発表する際にも、誰の発言であるかは言わないことにした。

傍聴席・マスコミ席と、各班の距離もだいぶ離しておいた。これで、傍聴者やマスコミは誰が何を言ったかわからないし、委員たちも、そちらを気にすることなく議論に集中できる。ファシリテーターたちには、発言力の弱い町内会長たちにとくに話を振って、発言を促すようにお願いしておいた。これで、だいぶ自由闊達な議論が期待できるはずである。

ワークショップ中、傍聴席ではミニレクチャー

ただ、問題は、ファシリテーターの総括や全体議論が始まるまでの間（つまり、各班のなかで議論している間）、傍聴席の人々は何もすることがないということである。何もすることがないというのははなはだ危険な状態である。

そこで、第1回会議では、4班の議論がまとまるまで、私が傍聴席に対してミニレクチャーを行うことにした。この会議の趣旨や目標、これまでの有識者座談会の議論抜粋、市長5原則などをわかりやすく説明し、質問があれば適宜答えることにした。質問票、アンケートも、全体会合が始まる前の時間に書いてもらう。

要は、傍聴席にいる活動家たちの攻撃対象をなるべく私に引きつけておいて、4班のワークショップに向かわせないようにした。また、地域内にはびこっているさまざまな噂話、誤解を解いておき、傍聴者と委員の間の情報格差を少しでも解消しておきたいという意図もあった。

『毎日新聞』の大誤報

さて、2014年9月22日の夜7時、いよいよ第1回まちづくり検討会議の本番がやってきた。その冒頭の様子は、すでに、第1章で紹介したとおりである。予想どおり、傍聴席にいる活動家たちからの怒号や罵声、ヤジが飛び交い、騒然とした雰囲気のなかで会議が始まった。

しかし、これはいわば、われわれにとって織り込みずみの反応であるから、それほど動ずるものではない。それよりも、じつはこの日最大のテロ攻撃は、まちづくり検討会議が始まる直前に起きていた。それは、予想もしていなかった行政内部からの攻撃であった。

会議が開かれる3時間ほど前、『毎日新聞』の夕刊が発刊されると、そこに「あいりん地域の要、隣に移転　総合センター萩之茶屋小敷地へ　大阪市が方針」というタイトルがデカデカと躍っていたのである。

町内会長の1人が見つけ、瞬く間にまち中にニュースが広がり、萩之茶屋地区の各町内会に激震が走った。早速、各町内会長からは、西成区役所の事務局に「また裏切られた！　もうまちづくり検討会議には出席しない!!」との抗議が殺到し、事務局が「鈴木顧問がきちんと説明しますので、なんとか会議にだけは出てください」と、必死の対応を行っていた。

記事には、「大阪市が日本最大の日雇い労働者の街・あいりん地域（通称・釜ヶ崎）にある労働者支援施設『あいりん総合センター』（大阪市西成区）の移転先について、隣接する市立萩之茶屋小の敷地とする案を固めたことが、22日分かった」、「市の案は、萩之茶屋小の敷地に仕事紹介関連各施設と市営住宅を別々の建物として移す。病院は近隣に置く」と、詳細かつ明確に書かれている。

用意周到な内部リーク

これから、まちづくり検討会議でまっさらな議論を始めようというのに、もうすでに市が方針を固めたとは何ごとか。やはり、このまちづくり検討会議は単にガス抜きにすぎず、結局は、市が先に決めたことを地元に押しつけてくる腹なのだと、全委員が確信したであろう。

また、萩之茶屋小学校跡地に寄せ場を移すということであるから、これはこともあろうに、町内会がもっとも嫌がっている案である。じつは有識者座談会を行っていた2年前にも、別の大手新聞に同じような誤報を打たれたことがあり、長い時間をかけて誤解を解いてきたところであった。

いわば、その古傷となっている地元調整不可能な案をわざわざ選び出している。ヘリコプターを使って、上空からあいりん総合センターと萩之茶屋小学校を撮った写真もつけられており、じつに用意周到である。前々から用意されていて、わざわざ、まちづくり検討会議が始まる直前のタイミングにぶつけてきたことは明らかであった。大誤報というよりは、まさに最悪の「テロ攻撃」である。残念なことに、記事の内容と書きぶりから、行政内部からのリークであることが明白であった。

たしかに、この『毎日新聞』が書いた内容の案は、行政の三者会議をやっていたときに、1つの可能性として議論したことがある。しかし、それは何案もあるうちの1つにすぎず、しかも、地元調整がむずかしいことから無理であると結論づけた案であった。

テロのねらいは闇の中

行政内部のテロリストのねらいは何か。普通に考えれば、このまちづくり会議をつぶそうということである。まさに、絶妙のタイミングを図っている。夕刊を読んだ委員たちが怒って集まらず、初回の会議が開けなければ、そこでこのまちづくり検討会議は一巻の終わりである。もう、二度と開けまい。

あとは、もう一度、行政だけの三者会議にもどって、行政に都合のよい話し合いが始まると思っているのだろう。そのときには、この『毎日新聞』に書かれた案が、既成事実として1歩リードする可能性が高い。労働施設と寄せ場を小学校跡地に移せていちばん得をするのは府である。犯人は府なのだろうか。

一方で、この記事が出ることによって、地元の猛反発が起きることくらいは当然、役人たちにも予想ができるはずである。地元が紛糾すれば、労働施設と寄せ場を小学校跡地に移すことは不可能となる。そのかわりに移せる可能性が高まるのは、市の施設である。そう考えると、やっぱり犯人は市のどこかの局なのだろうか。

ひょっとしたら、周到な戦略のもとにリークしたのではなく、現場から離れている市か府の大幹部が、甘い読みで、いつもどおりの観測気球を打ち上げてしまったのかもしれない。新聞リークで既成事実をつくろうとするのは、じつは役人たちの常套手段である。真相はまったく闇の中であった。

被害を最小限に食い止める

とにかく、いまからできることは被害を最小限に食い止めることだけである。頭を抱えて立ち止まっている暇はない。逆境に陥ったときは、とにかく素早くがむしゃらに行動することである。敵が予想もできぬスピードで、予想範囲を超えた手を打ち続けることによってのみ、突破口を開くことができる。

まず、私は夕刊が出てすぐに、橋下市長、松井知事、政策企画室に連絡をして、毎日新聞社への抗議や翌日のぶら下がり記者会見で市長に何を言ってほしいかなど、迅速な対処を手配した。

次に、まちづくり検討会議の冒頭で、「これは単なる誤報であり、真実ではない。橋下市長の区政会議での発言のとおり、あくまでこの会議でこれから議論することがすべてである」と、改めて誠意を尽くして委員たちの前で演説した。そして、毎日新聞社に対して厳重な抗議を行って記事を撤回させること、橋下市長、松井知事からもこれが誤報であるという証明の文書を出させることを約束した。

さらに、「みなさん、こういう行政内部のリークが出た以上、絶対にこの案に決めないことにしましょう。このまちづくり検討会議では、意地でもこの『毎日新聞社案』を選んではいけません！」と宣言した。これは行政内部のテロリストに対する宣戦布告だ。

その必死の演説に、全町内会を束ねる連合町内会長が「小学校跡地のことは絶対に誤報であるということ、今回ばかりは鈴木先生を信用したいと思います」と、ようやく言ってくれた。これで、他の町内会長たちも、不承不承、半信半疑ながら、なんとかこの先に議論を進めてもよいということになった。とりあえず虎口を脱することができたのである。

もちろん、連合町内会長も含め、全委員がまだまだ疑っていることはよくわかっている。しかし少なくとも、この日の会議が進行でき、そして、次回までにこの件の汚名を返上するチャンスを手に入れることができた。

活動家の間近でレクチャーするという陽動作戦

しかし、この日はまるでトラブルの波状攻撃であり、まだまだ危機は続く。一難去ってまた一難とはこのことである。

全体説明が終わり、4班に分かれてのワークショップが始まると、今度は傍聴席の後方に陣取っていた活動家の集団が、いっせいに、

「オイ！　わしらにもしゃべらセイ！」

「オゥ！　お前らの説明はアカン。アカンて！」

「ゴルルァ！　どこが公開討論会なんじゃ、ワレ！」

「ヤメロ、ヤメロ！」

傍聴席でのミニレクチャー（Voice of Nishinari 撮影）

などとワーワーいっせいに喚き始めた。冒頭、区長挨拶を止めた男とはまた別の活動家たちで、会議をつぶそうとしている。それにしても、小学校の体育館は本当に声がよく響く。怒号や罵声が飛び交うなか、委員たちはなかなか議論に入れずに呆然としている。

こういうときには、私が彼らを引きつける作戦である。私が傍聴席にいって、ミニレクチャーとしていろいろ説明したり、質問に答える一方、4班のワークショップの進行は寺川先生に任せる。活動家たちはどっちを攻撃のターゲットにしてよいのかわからなくなり、おそらくは私のほうに向かってくるであろう。私が特別顧問、座長としてこの会議をリードする立場だと思っているから、当然である。しかし、じつはワークショップは私抜きで進む手はずとなっていた。

私は、大騒ぎの傍聴席に進んでいき、そのちょうど真ん中に立ってマイクで説明を始めた。大声で喚いている活動家集団のすぐ目と鼻の先である。後ろに陣取った活動家たちは、遠くからヤジを飛ばすことはできても、目の前に現れた人間に向かって、直接罵声を浴びせることは意外にむずかしいものである。ややひるんだのか、騒ぎのボリュームが下がり、説明がしやすくなった。

騒ぎ続けた見知らぬ労働者風の若者

すると、次に飛び出してきたのは、日雇労働者風の1人の若者である。何かの運動の印なのか、腕に赤いスカーフを巻きつけている。突然立ちあがって、傍聴席のなかを駆け回って大声で喚き散らし始めた。

「センセイって言うたな。オマエラ、なにさまのつもりじゃ！　何が先生じゃ！」

「何が説明じゃ、ワレ！　何もわからんやんけ！」

「お前らにアンコウ（日雇労働者を指す隠語）の気持ちがわかるんかい！　お前ら、寄り場にきたことあるんかい！」

「資料のカンジが読めませーん！　日雇労働者には漢字がむずかしすぎるやろ！　オイ！　ちゃんと説明せんかい！」

「オイ！　役人ども！　近づくなっていうてるやろ！　暑苦しいんじゃい！」

「特別顧問は、大阪市からいくら給料をもろうとるんじゃい！　わしらの税金から出てるんやろ！

オイ！　給料がいくらか言うてみぃ！」

「学習院のおぼっちゃーん！　近大のおぼっちゃーん！」

「鈴木くーん、ちゃんとボクに説明してー！　待ってるよー！」

まったく、元気一杯である。

ただ、発言内容は意味不明のイチャモンで、何か主張があるわけではない。単に騒動を起こして会議をつぶそうとしているだけである。また、一生懸命に行政職員を挑発して、手を出させて事件化することをねらっている。しかし、こちらも先方の手の内はよくわかっているから、絶対に挑発には乗らない。

おかしいのは、「特別顧問の給料がいくらか言うてみぃ！」というから、「無給だよ！」と答えると、予想外だったのか、しばらく二の句が継げず、黙り込んでしまったことである（正確に言うと、正式の行政会議に出席するときのみ、市の規定のわずかな謝礼が出た）。

この若者について不思議なことは、日雇労働者風の格好をして、アンコウなどと日雇労働者風の言葉をしゃべるものの、過去にこの若者を寄せ場でみたことがあるという人はまったくいなかったことである。あとで、ありむらさんや労働関係の委員たちが調べたのだが、誰一人としてこの男が誰なのか知っている者はいなかった。そして、この日以降、二度とこの若者の姿をみることはなかった。活動家たちがカネで外部から雇った「騒動屋」だったのかもしれない。

騒動から生まれた委員たちの一体感

結局、この若者は1時間以上にわたってずっと大暴れしており、それに同調して活動家らの怒号や罵声も会議が終わるまで断続的に続いた。私が彼らを傍聴席で引きつけていたとはいえ、よくぞこんな状況下で、35人の委員たちは議論ができたものだと、いまさらながらに感心する。

あとで何人かの委員たちから感想を聞いたところ、会議をつぶそうとする活動家たちのやり方があまりに度を越していたので、その反発心から委員間にかえって一体感が生まれたということであった。けがの功名である。

この日は、労働施設、社医セン、寄せ場、市営住宅、小学校跡地、全体のまちづくりなど、それぞれテーマごとに、とにかく各委員の思いや意見をたくさん出してもらうことに専念した。それぞれの班ごとに、模造紙いっぱいの意見が集まり、全体会合の議論はなかなかの盛況となった。

心配していた町内会長たちも、ある程度、意見を言えたようである。まずは、はじめて顔を合わせた者同士、おたがいにどんなことを考え、どんな意見をもっているのか、それを共有するところからがスタートである。また、これまで西成特区構想の諸活動に参加してきた委員と、今回はじめて参加した委員の間の圧倒的な情報格差も、徐々に縮めていかなければならない。

修羅場で問われる真価

それにしても、こういう修羅場に直面したときこそ、人間の真価がわかるものである。西成区役所の職員のなかでも、普段、体が大きく偉そうにしている男性幹部が、隅のほうで小さくなって震えている一方、普段あまりめだたぬ職員たちのほうが、活動家たちに毅然と立ち向かっていた。そのなかには女性職員たちの姿もあった。

私がとくに感心したのは、西成区役所の藤井恭枝部長の肝の据わり方であった。本当に体の小さな女性であるが、この日雇労働者風の若者の前に立って、体を張って危険行為を止めようとする。小突かれても、突き飛ばされても、まったく挑発に乗らずに、毅然と注意を与えていた。さすがは、西成区約3万人の生活保護受給者の管理責任を負っている保健福祉担当部長である。

また、この騒動屋の若者はじつにしつこく、会議が終わってからもずっと私につきまとって、小学校の外に出ても私を攻撃し続けていた。そうしたなか、西成区役所の課長代理の若手2人が、私の帰路をずっとガードしてくれたことはじつにありがたかった。もはや、西成区役所の職員たちは、誰かに命令されて義務的に仕事をやっているのではなく、それぞれが自分で判断し、行動している。地域のために一丸となって、この修羅場を乗り越えようとしてくれていた。

［コラム 18］

エージェンシー問題とアゴラ

本来、地域の人々の望む施策を行うことが、市役所の役人たちの仕事である。経済学では、こうした頼み頼まれる関係を「エージェンシー関係」と呼ぶ。そして、依頼者側（地域）をプリンシパル、依頼される側（役人）をエージェントという。

問題は、しばしばプリンシパルの望むとおりにエージェントが行動しないことである。この問題が起きる背景には、①プリンシパルとエージェントの間に情報の非対称性があること、②両者の利害が一致していないことの2つがあることが知られている。

したがって、この2つの問題を解消することが解決策だ。その意味で、「あいりん地域のまちづくり検討会議」をつくった意義は、①行政の行動を地域がモニタリングしやすくして、情報の非対称性を解消したこと、②地域が合意しないかぎり施策が進められないようにして、行政が地域の意向に沿わざるをえなくしたことに求められる。アゴラはエージェンシー問題の解決策にもなっているのである。

第19章 綱渡りのまちづくり会議

それにしても、第1回のまちづくり検討会議は、内外からの会議つぶしの総攻撃に耐え、よくぞ乗り越えられたものだと思う。まさに前門の虎、後門の狼であったが、修羅場のなかをみなで必死に動き回っているうちに、なんとか最後までたどり着くことができた。これが、なんの覚悟もなく、途中で立ち止まるような隙をみせていれば、もうそこで終わりだったに違いない。

しかしながら次回は、先方もこちらの打った手を学んで、対策してくるであろう。となれば、第1回と同じ手は効かない。今度は、まったく違うやり方で立ち向かわなければならない。

基本方針を確認した「第2会議」の反省会

早速、第1回まちづくり検討会議終了後に、いつもの「第2会議」に使っている居酒屋に集まり、ビール片手に反省会を行った。私がみるかぎり、傍聴席で騒動を起こしていた人たちは3つのグループにわけられる。

1つは騒動屋の集団で、これは会議つぶしが目的なので主張はゼロである。この活動家グループとは、挑発に乗って事件を起こさないように気をつけながら、徹底的に対峙するしかないだろう。

もう1つは、釜ヶ崎医療連絡会議（医療連）をはじめ、この地域で長年支援活動を行ってきた団体であり、いわば「主張をもった活動家たち」である。なかには、橋下謀略説を唱える者がいたり、誤解に基づく不勉強な発言も多いが、彼らはなるべく包摂していく。彼らの誤解を解く努力を行う一方で、妥当な主張を行った場合には、それに対して真摯に応えていく。こうした努力を延々と続けていけば、いつかおたがいに折り合える部分がみえてくるだろう。

最後は、ホームレスや高齢の日雇労働者、生活保護受給者など、情報過疎の状態にある人々である。西成特区構想のことは何もわからないようだが、活動家らが流す無責任な噂を信じて不安に思ったり、敵意を感じたりしている。これらの人々に対しては、誤解を解くために極力ていねいでわかりやすい説明を行い、そして、彼らの話にしっかりと耳を傾けながら、これも包摂していく。これがわれわれの基本方針である。

素晴らしいアイディア、傍聴者ワークショップ

第2会議に出席していた労働関係の委員の1人が、素晴らしいアイディアを出してくれた。傍聴席にいる人々は、主張や要求をもっている人が多いのだから、傍聴席でもワークショップを開いたらど

傍聴者ワークショップの様子。右端が永橋先生（Voice of Nishinari 撮影）

うかというのである。

彼らの主張を拾い上げるルートを正式につくれば、少なくとも彼らは大声で叫ぶ必要がなくなる。これはナイスアイディアであるが、問題は、誰がファシリテーター（ワークショップの主導役）を行うかである。相当の技量と胆力が必要になることはいうまでもない。「しょうがないなぁ。じゃ、僕がやりますよ」とこともなげに言ったのは、「タメちゃん」こと、立命館大学の永橋爲介先生である。学生時代からこの地域で活躍するまちづくりの専門家で、ワークショップの達人でもある。サバティカル（長期休暇）などでしばらくこの地を離れていたが、まちづくり検討会議でワークショップを実施することが決まり、急きょ助力をお願いしていた。第1回の会議でも、1つの班のファシリテーターをすでにつとめてもらっている。

委員たちのワークショップと同様、大判のふせんに自分の意見を書いて、壁に張り出した模造紙の上にテーマ別に貼っていく。自分で意見を書けない人は、西成区役所の職員や学生（近畿大学寺川ゼミ、立命館大学永橋ゼミ）などが、聴きとりをして代筆する。

帰ってきたシャケたち

ただ、傍聴者は100人くらいいるから、永橋先生1人ではとても意見をまとめきれないだろう。また、第1回の会議で永橋先生が担当していた班も、ファシリテーターの欠員を埋めなければならない。ファシリテーターやその補佐ができる研究者などが、あと5人くらいは必要である。

そこで、ありむらさん（釜ヶ崎のまち再生フォーラム事務局長）から、かつてこの釜ヶ崎に学び（とくに、再生フォーラムで学び）、全国に巣立っていった若手研究者たちに対して、「ここが天王山です。みなさん助けてください！」との檄《げき》が飛んだ（もちろん、Eメールで）。

この呼びかけに応じて集まったのは、阪東美智子さん（国立保健医療科学院）、白波瀬達也さん（関西学院大学）、丸山里美さん（立命館大学）、富永哲雄さん（一般社団法人インクルーシブ・シティ・ネットワーク）、平川隆啓さん（地域・研究アシスト事務所）らの若手・中堅研究者たちである。みな、釜ヶ崎にシャケ（鮭）のように戻ってきた。彼らのほかに、織田隆之さん（再生フォーラム代表理事）や西野伸一さん（今池こどもの家）たちにも、傍聴者ワークショップを手伝ってもらった。

翌週、西成区職員も入って入念な準備会合を行い、まちづくり検討会議の1、2時間前にもファシリテーターや補佐する学生、職員らとの予行演習の事前打ち合わせを行った。

最大限の努力で対応した第2回会議

第2回のまちづくり検討会議は、2014年10月6日に開催された。はじめに、例の『毎日新聞』の大誤報について、橋下市長が翌日の記者会見で、『毎日新聞』の記者を名指しして「なんでこんな卑怯な誤報をやるのか！」とこき下ろす映像をスクリーンに流した。

そして、橋下市長、松井知事の連名で、毎日新聞社に謝罪と訂正を求めた正式文書をみなにみせ、本日づけで、毎日新聞社が謝罪の訂正記事を出したことを報告すると、一同は大いに納得してくれた。橋下市長、松井知事と連携した素早い対応の勝利である。これで、行政内部から爆弾リークを行ったテロリストたちも、今後の身動きがとれなくなったはずである。

さて、この第2回では、第1回のアンケートや質問で寄せられた意見、大声を上げていた活動家らの主張をとり入れて、①全資料の漢字に「ルビ」を振ったり、②委員席の後ろに名前を書いた紙を張って傍聴者から名前がわかるようにしたり、③「先生」と呼び合うことを止めたり、④傍聴規則を現実的に改めたり、⑤資料を読めない人には職員が側について読み上げたりするなど、とにかくケチがつけられないように最大限の努力を行った。

また、やはり傍聴者ワークショップは、活動家らにとって予想外の対応だったのであろう。今度は、前回の日雇労働者風の若者とは異なる「騒動屋」が送り込まれており、はじめは職員を罵倒するなど怪気炎を上げていたが、傍聴者ワークショップが始まるや否や調子が狂い、所在なく途中で帰っていった。

「もうこんでエエ」と疎まれた飛び込み作戦

傍聴席後方に陣取る活動家たちは相変わらず、大声でヤジを飛ばしていたが、私が彼らのなかに飛び込んで入って意見を聞いたり批判に答えたりして、彼らのペースを乱すので、「もう、お前はこんでエエ」「座長！　早く会議に戻りーや」などと、じつにやりにくそうな様子であった。

一方、「主張ある活動家たち」のほうについては、委員に対してビラを事前配布することを容認したり、彼らの主張をとり入れて会場運営の工夫を図るなどの懐柔策をとった。しかし、この日の最後に、医療連の代表がビラを配ってアジ演説を始めようとしたため、私は「それはルール違反なので止めてくれ」と即座に断り、彼の発言の途中で止めて会議終了を宣言した。

ビラの内容自体はそれほど問題のあるものではなかったが、このルール違反を認めては、今後、会議の運営ができなくなってしまう。活動家たちは「オイ！　鈴木！　覚えていろよ‼」などといっせいに怒号や罵声を浴びせてきたが、逆に町内会の委員たちからは拍手が起きた。

古いやり方から抜け出せない住民たち

こうした会場運営の努力で、本体の議論はまたしても、なんとか無事に終えることができた。もちろん、相変わらず騒々しい会場ではあったが、さまざまなテーマごとに膨大な数の意見が出て、寺川政司先生（近畿大学）と永橋爲介先生（立命館大学）がそれらをじつに手際よくまとめるので、次々と重要な論点、対立点が浮き彫りになってきた。また、全体会合を通じて、異なる立場の者同士の情報共有や相互理解がますます深まった。

じつは冒頭、第1住宅の自治会長が、「わしは、まちづくりの議論など関心ない。第1住宅の建替え方針だけを市役所から聞きたい。それが聞けないならば帰る」と言って帰ろうとする一幕があった。古いやり方から抜け出せないのは、何も行政だけではない。

しかし、私が、「第1住宅のみなさんが、たとえば萩之茶屋小学校の跡地に移転建て替えをしたいと希望すると、小学校跡地を防災拠点や公園にしようと思っている周辺町内会のみなさんと衝突するかもしれません。ひょっとすると小学校跡地を労働施設や病院の仮移転先にしたいと思っている人もいるかもしれませんが、そのときにも希望がバッティングするでしょう。そうならないために、おたがいが譲り合い、理解し合って優先順位を決めていく、まちづくりの議論が必要なのではありませんか」

「これからはまちのみなさんの合意なしに、市役所が勝手に方針を立てたり、決めることはできません。ここで帰ってしまって、まちづくりの議論から降りてしまうことは、第1住宅の住民にとって取り返しのつかないことになるかもしれません」と説明すると、ようやくこの会議の趣旨を理解し、その場に残ってくれた。ここから先、最終回まで、この自治会長は忍耐強く、まちづくりの議論に参加してくれた。

行政に一方的に要求するのではない当事者意識の芽生え

これまでのように、自分の関係する範囲の利害だけを行政に一方的に要求するだけでは駄目であり、全体のまちづくり計画のなかで、おたがいの合意形成、利害調整をしなければならないと、ようやく全委員たちが気づき出してくれたようである。

心配していた新規参加の労組委員たちも、労働者の権利や利害だけを主張するのではなく、だんだんとまちづくり全体の議論に乗ってきてくれるようになった。はじめは、西口宗宏さん（第6町会長）が、「労組委員は何もしゃべれず、かわいそうや」などと心配していたが、この第2回くらいからは、生活保護受給者やホームレスに対する施策、市営住宅の建て替え方針、新しい病院のあり方などに対して、積極的な発言を行うようになった。このまちの将来に対して、当事者意識が芽生えてきたようである。

ワークショップのなかから出てくる意見も、「耐震性の問題で戦々恐々としている第1住宅の住民たちが気の毒なので、ここだけは切り分けて先に移転をしてあげてはどうか」とか「いつまでも労働施設・住宅・病院をセットで議論するのではなく、1つひとつバラバラに考えてもよいのではないか」などと、だんだんと現実的になってきた。

また、傍聴者のほうも、会議冒頭に行ったありむらさんの漫画入りの説明（これまでのまちづくり運動の流れや、西成特区構想の経過をダイジェストで説明)、寺川先生の前回の議論の振り返り、そして傍聴者ワークショップへの参加などを通じて、正しい理解が一段と進んだ様子である。

静かで集中できる環境を奇策で実現した第3回会議

第3回会議は2014年10月20日に開催された。これまでの2回の会議でウォーミングアップは十分であり、ここからはいよいよ、あいりん総合センターの建て替え方針について、より焦点を絞った議論を行うつもりである。

まず、行政の三者会議で検討してきた内容を、少しずつ議論のための材料として提供していった。まちの人々にどのような選択肢があるのか、それぞれどんなメリットとデメリットがあるのか、しっかりと自分の頭で考えてもらう。みなで侃々諤々議論をしながら、まず、望ましくない選択肢を消去していき、残る選択肢のなかからおたがいに納得できる案を選び出すという展開を考えた。

ただ、建て替えについてさまざまな選択肢を理解するには、工法や耐震性などの技術的な話が避けられない。また、それぞれの選択肢がどのようなスケジュールで進行し、どの施設をいつどこに配置するかなど、相当、想像力をたくましくしなければイメージができない。これまでのように怒号や罵声が飛び交うなかでは、委員たちが集中して考えることがむずかしい。今回ばかりはなんとか傍聴席の活動家らの動きを封じて、静かな環境のなかで議論したい。

そこで活動家らの裏をかく奇策を用意した。第1の奇策は、会場レイアウトの大変更である。当

第3回の会場レイアウト（西成区役所撮影）

日の会場写真をよくみると、壁を背にしていちばん前で説明している私に対して、前方の座席に座っているのは、傍聴者たちである。委員たちは少し間を空けて、なんと傍聴者のうしろの席に座っている。

まさに攻守交代である。活動家らは、私との距離が近すぎてヤジを飛ばしにくいし、まさか首をうしろにひねって、後方の委員たちにヤジを飛ばすわけにはいかない。これで、しばらくは静かになるだろう。

議論の材料としての4案の提示

この日の前半部は、まずは私から、あいりん総合センターの建て替え案について、大きく4つの案（耐震改修、現地建て替え、部分移転、全部移転）があることを示し、1つひとつのメリットやデメリットを説明した。その後のワークショップで、この4案のうちのどれが現実的なのか、どれを軸に今後具体化していくべきかを議論してもらうための材料提示である。誘導にならないように事実のみを淡々と説明した。

まず、①の耐震改修は、有識者座談会でも議論したとおり、対費用効果の面で問題がありすぎる。府も市も財政部局との予算折衝は困難を極めるだろう。また、納税者の理解を得ることがむずかしいことから、両議会ともまず予算案が通らない。しかも、すべての施設の仮移転先を用意しなければならないという点も、現実的に、かなり大きな障害である。

一方で、②の現地建替は費用が安くつくが、さらに長期の仮移転が必要となる。なぜ、仮移転がそれほど障害となるのだろうか。それは、第1住宅の住民はほとんどが高齢者であり、周辺になじみの病院や介護施設があって、いまさら生活圏を大きく変えることがむずかしいからである。たとえ3年程度のもっとも短い仮移転であっても、遠く離れた他の市営住宅の空き部屋にバラバラに転居することになるから、彼らは到底、現地建て替え案を受け入れられるものではない。

病院についても、仮移転としてまさかプレハブで専門病棟をつくるわけにはいかないから、そもそも仮移転ということがありえない。結局、近隣地域に候補地をみつけて、そこに恒久的な本移転を行うことが現実的である。

材料をもとに自分たちでプロセスをたどりながら議論

一方、労働施設や寄せ場については、どこかに本移転させることは理論的には可能であるが、一種の迷惑施設であるから、現実的には本移転場所を決めることはきわめてむずかしい。たかが隣の萩之

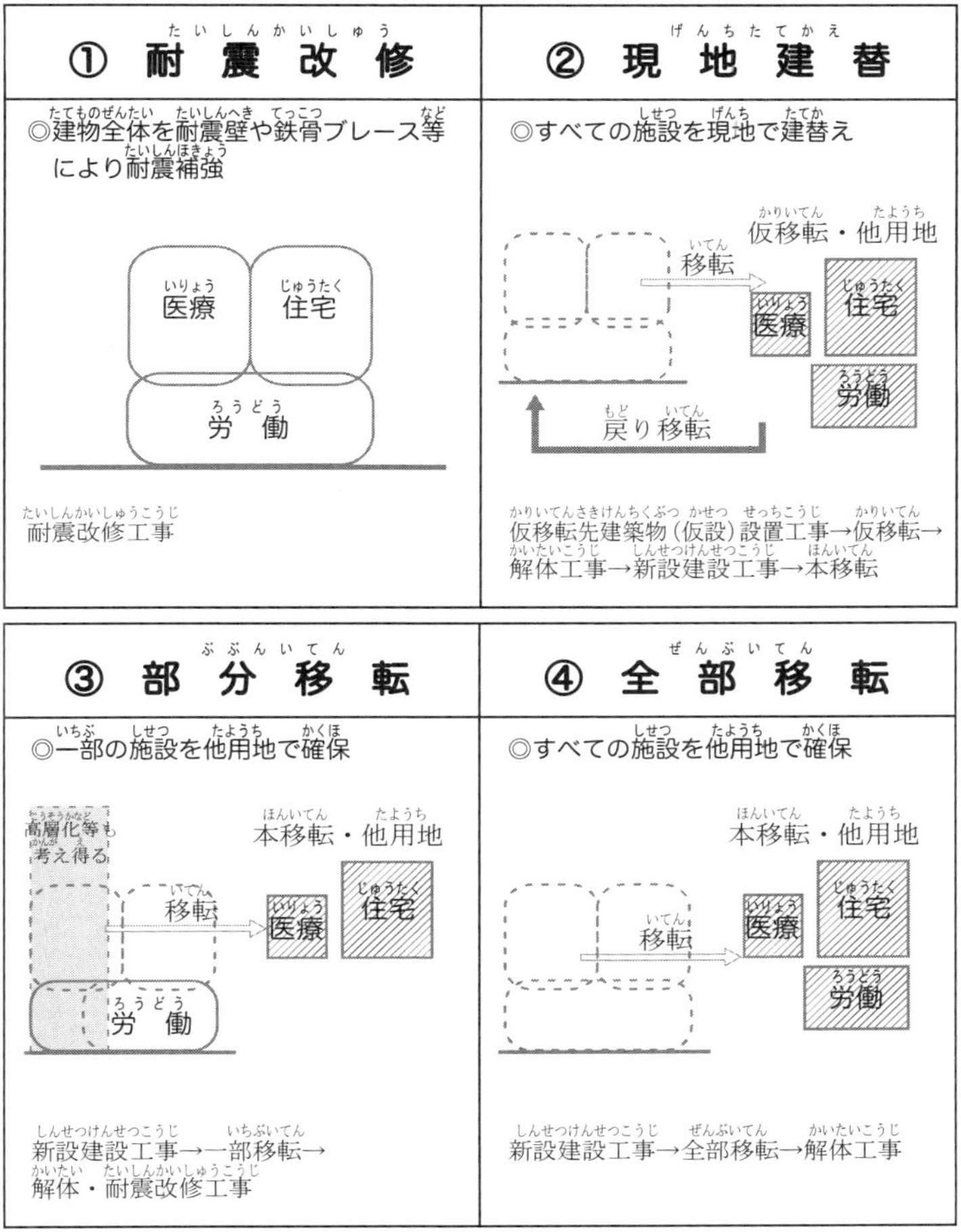

第3回会議・説明資料の一部（西成区役所ホームページより）

茶屋小学校跡地に移転するという「毎日新聞社案」に対しても、町内会からあれだけの激しいアレルギー反応が起きるのである。結局は、現地建て替えを行い、その間だけどこか近くに仮移転させてもらって、元に戻るしかないだろう。その意味で、④の全部移転は実質的に無理であり、③の部分移転案がもっとも現実的である。

じつはこれらは、2年も前に議論した西成特区構想・有識者座談会の結論である。しかし、それを私や行政の口から説明しては駄目なのである。われわれは淡々と材料提供をするだけで、あとは地域の人々が自分の頭で考え、侃々諤々と議論しながら、結論に至るプロセスが重要なのである。おそらく、2年前の有識者らと同じ思考経路をたどって、部分移転案しかないことを理解し「自分たちの案」としてそれを選び出すことであろう。

もちろん、労働団体のなかには耐震改修でよいと強硬に主張しているところがあるし、町内会の一部は、いまだに全部移転がよいと言っている。それぞれ自分たちの利益だけを考えればそういう結論になるのかもしれない。しかし、みなで議論するなかで、それでは他の委員を説得することが不可能だと気づいたり、あるいはほかの委員から、そう指摘されることが肝心なのである。

第2の奇策、別室ワークショップ

こうした込み入った議論を行うために、この日、2番目に用意した奇策は、別室でのワークショップ実施である。体育館での私の全体説明が終わったあとに、スッと委員のみ別室（体育館の隣にある理科実験室）に移動し、傍聴者がまったくいない環境下で議論を行えるようにした。

一方、傍聴者にはその間、永橋先生を中心に再度、傍聴者ワークショップを開く。私も質問などに答えるために傍聴席に残る。ここでも、4案のうちどれが現実的かという大議論に入るつもりである。そして、委員たちの議論が終わり、別室から体育館に戻ったところで、傍聴者ワークショップでの議論を含めて、全体会議でさらに討論を深めるという段取りである。

心配していたのは、委員たちが別室に移ろうとするところで、当然、活動家たちの妨害行動が行われるだろうということである。委員のなかにも別室への移動を拒否する人が出るかもしれない。

しかし、職員らが予行演習どおりサッと段取りよく誘導し、われわれも気合い一発、「さあ！　傍聴者ワークショップでも大事な議論を行いましょう！」と威勢よく準備にとりかかると、あまり邪魔をされることなく、次の展開に移ることができた。こういうときに必要なのは、隙を与えぬ「間合い」や「気合い」である。

奇策の効果てきめん、現実化する議論

ちなみに、「主張をもった活動家たち」がこれまでずっと誤解していたのは、市長5原則の「移転」という言葉が、寄せ場の移転を意味すると思っていたことであった。それが今回、有力案の「部分移転案」とは、労働施設の現地建替案のことであることがはっきりとわかり（つまり、寄せ場は移転されない。住宅と病院のみ移転という意味で部分移転案なのである）、最大の懸念材料が取り除か

れたようであった。ふるさとの家のある男性スタッフが、傍聴者ワークショップの合間に、私に繰り返しその点を確認にきて、ようやく納得した様子であった。

全体会議になると、また、活動家たちのヤジや怒号が復活したが、大勢にはもはや影響しなかった。委員たちは別室で集中的な議論が行えたので、おおむね予想どおりの展開となり、部分移転案が多くの委員の共通認識となった。第1住宅と病院移転後のあいりん総合センターについても、寄せ場と労働施設は南側で建て替えを行い、北側は商業施設や文化施設が入った総合施設にすべきではないかという意見も出てきていた。

また、第1住宅の移転場所としては、現在の場所から徒歩10分圏内という具体的な条件が出された。多くの委員が、第1住宅の移転場所決定は、第1住宅の住民たちの意向が優先されるべきで、自分たちはそれに従うつもりだと言ってくれた。

さらに、建て替え後の労働施設について、どこに移転するかという立地論だけではなく、どのような中身にするかという機能論も大事である。ただ、両方やっていては時間がいくらあっても足りないので、機能論はまちづくり検討会議が終了した後、もっと具体論を話し合う第2弾の会議に送ってはどうかという「機能と立地の切り分け論」も出てきた。

この回の奇策に対する傍聴席の活動家らの反発は大きかったが、その効果は絶大であった。ただ、次回からはやはり、この手は二度と通用しない。またまた、別の手を考える必要がある。

いよいよ週末開催のクライマックス、第4回会議

第4回会議は2014年11月1日の土曜日開催であり、15時〜18時という日中の会議である。今回は一般の傍聴者からの意見聴取や質疑応答を行うと、前々から宣言をしている。反対運動を行う活動家にとっては、表舞台に立ち、テレビカメラや聴衆に向かって、みずからの主張を訴える大チャンスとなる。

これまで平日では参加しにくかった組織や活動家も大挙してやってくるだろう。あいりん地域外の活動家らも応援に駆けつけると思われる。まさしく今回が山場であり、きびしい状況になることが予想された。また、普通の傍聴者も普段よりも多く集まり、そのなかには今回はじめて会議に参加する人も多いはずである。これまでのまちづくり検討会議の内容をまとめ、十分な説明を行わなければならない。

当日は3時間の長丁場なので前半後半の2部制とした。1部が一般傍聴者からの意見聴取や質疑応答、2部がワークショップである。まず、はじめてきた傍聴者に対して、私が、市長5原則や「よくある誤解Q&A集」をつくって説明をしたり、これまでの議論の振り返りなどをていねいに行った。その後、一般聴衆にマイクを渡して、本番スタートである。

第4回まちづくり検討会議の様子（西成区役所撮影）

手続き論で攻撃し始める初見の活動家たち

待ってました！とばかりに、血気さかんな活動家たちがマイクに飛びついた。はじめてみる顔も多い。まず多かった意見は「手続き論」で、「そもそもこの会議や35人の委員たちに法的な正当性はあるのか」「この会議で決定したことが、きちんと政策に反映される保証はあるのか」「もし会議の正当性や保証がないのであれば、この会議を続けても意味がない。即刻、止めるべきだ」という論法である。

もちろん、本物の直接民主制ではないので法的根拠はないし、まちづくり検討会議で決めたことを知事とともに実行すると言っているのは、単に橋下市長の口約束にすぎない。そう答えると、市長は以前「2万パーセント出馬しない」と言って府知事選に出馬した前科があるから、市長発言なんて信用できないと言う。

なるほど、そのとおりかもしれない。しかし、こうした新参の活動家たちにとっての誤算は、ここにいる委員や一般傍聴者は、もうすでに3回もの壮絶な議論を経験していることであった。第1回会議であれば、まだ手続き論で攻めることの効果はあったかもしれない。しかし、すでに3回もの議論が進んだあとでは、いまさら「手続きが100％整っていないから、議論を始めるべきではない」などと言われても、誰も納得するはずがない。多少の不確実性はあっても、もはや橋下市長の言葉を信じて進むしかないのである。

空振りに終わった活動家たち

次に多かったのは「行政がすでに方針を決定していて、まちづくり検討会議を単にガス抜きに使っているのではないか。そんな会議なら止めてしまえ」という論法である。それを裏づけるために、医療連のある質問者は、府・市・国が昨年12月から行っていた三者会議の存在を聴衆に暴露した。また、そのほかにも、行政の方針や私の意見を繰り返し求めて、行政の結論が先に決まっているかのように印象づけるための質問が相次いだ。

しかし、これも活動家らに誤算があった。すでに行政の三者会議については秘密でもなんでもなく、何度もこのまちづくり検討会議で私が紹介している。また、『毎日新聞』のおかげで、この会議が単なるガス抜きではないことは、逆にしっかりと証明されていたのである。この論法からの攻撃も、一向に支持を広げられない。

さらに「耐震問題で不安を感じている人々のためにも、時間のかかる建て替えを止めて、耐震補強を一刻も早く行うべきではないか。府・市・国が、西成特区構想が始まる前にやっていた秘密行政会議でそういう方針が決まっていたはずだ」などと暴露した労働関係者もいた。しかし、耐震補強は対費用効果の面で問題外であり、問題の先送りでしかないということはすでに多くの委員が理解している。結局、仮移転も必要で、他の方法と課題はあまり変わらない。むしろ行政内の予算折衝や両議会で紛糾することから、時間がもっともかかる選択となる可能性もある。

そこで「不安を感じる人々のためにも、建て替え案を一刻も早く進める必要がある」と応じた。また「耐震補強だけで、あいりん総合センターは１００年間もつはずだ」となどと荒唐無稽なことを言う労働関係者もいたが、われわれは、きちんとしたデータ資料を会議に提供して議論をしているので、もはや誰もそんな言説を信じない。

打つ手なしで「橋下出てこーい！」と騒ぐ活動家

あとは、個別の要求で「教育関係の委員を入れろ！」「ここにいる委員は俺たちの代表ではない。シェルター入所者やホームレスの意見もきけ！」「労働施設については、機能面ももっと議論しろ！」「たった6回の会議で結論を得るには短すぎるので、もっと会議の回数を増やせ！」「誰がなんと発言したのかわかるように議事録を公開しろ！」「われわれは各委員が何を発言するか監視にきているのだから、もっと近くでみせろ！」などという意見が相次いだ。

これらの要望については、①萩之茶屋小学校の前ＰＴＡ会長を、36人目の新委員として加えたり、②シェルター入所者のヒアリング調査を実施したり、(注1)③6回の会議を終えたあとで労働施設の機能論などを議論する「新たな会議」の設置を約束するなどして、すべての要求に応えることにした。

最後に打つ手がなくなったのか、「橋下出てこーい！」「わしが酒を買うたるから、橋下！　一緒に車座で議論をしようや！」「橋下！　一度シェルターに泊まって、俺たちの気持ちをわかれ！」などという発言がまた飛び出してきた。私の顔をみながら「オイ！　橋下！」などと言うのだから、もう無茶苦茶である。こういうときは、本人の気がすむまで、うんうんと聞いてあげるしかない。やがて、少しは溜飲が下がったのか、質問者はおとなしくなっていった。

テーマ別ワークショップで具体論を詰める

さて、1部で出た「どの委員が何を発言するのか知りたいので、近くでみせろ！」という要求については、この日の2部で行うワークショップから早速、応えることにした。今回は、またやり方を変えて、「テーマ別のワークショップ」を行うことにした。

①住宅・子育て・教育、②医療・介護、③駅前のにぎわいづくり・まちの将来計画、④労働施設・寄せ場の4つのテーマごとにテーブルを設置する。各委員は関心のあるテーマのテーブルにいって席に着く。前後半に分かれているので、前半と後半で着くテーブルを変える。たとえば、住宅と労働のことを論じたいという委員は、前半に「住宅・子育て・教育」のテーブル、後半に「労働施設・寄せ

テーマ別ワークショップの様子（労働施設・寄せ場のテーブル）：傍聴者が委員のテーブルを取り囲んでいる（Voice of Nishinari 撮影）

場」のテーブルを回る。

ファシリテーターや有識者は前半、後半とも同じテーブルにいて、それぞれの議論をまとめ、あとで全体報告を行う。このやり方のメリットは、テーマごとに具体的な議論を掘り下げられることである。もはや第3回会議までで主な論点は出尽くし、部分移転案もほぼ共有化されている。ここからは、各施設をまちのなかにどう配置していくか、どのような規模・機能の施設にしていくかといった具体論を展開したい。そのためには、各テーマについて、ある程度専門知識をもっている委員たちが集まって議論をリードし、具体化していくしかない。

一方、もはや議論は熟してきたので、誰が発言者なのか傍聴者にわかっても問題は少ないだろう。そこで、テーブルの周りに傍聴席を置いて、具体的に各テーブルの議論が聞こえるようにした。そして、その議論に対して傍聴者が意見を言いたいときには、大判のふせんに自分の意見を書いて、ファシリテーターを補佐している学生や西成区職員に手渡す。ファシリテーターはそのふせんの意見を模造紙に貼って、各テーブルの議論に反映させていく。

活動家たちが分散し妨害行動が弱まる

このやり方のメリットは、まず、妨害しようとする活動家たちを分散させられることにある。同時に4つのテーマの議論がスタートするために、妨害行動を目的としている活動家らはどこに的を絞ってよいかがわからない。4つのテーマごとに彼らが分散されれば、それだけ活動家の攻撃力が弱くなる。

実際にワークショップが始まると、傍聴者は大判のふせんを通さず、直接、委員たちの議論に参加するテーブルもあった。しかし、熱心な一般聴衆がいるために一定の抑制力が働き、攻撃的な発言よりも、建設的な意見のほうが多かった。

気の毒だったのは、労働施設・寄せ場をテーマとしたテーブルであり、活動家たちの怒号や罵声が集中的にこのテーブルに押し寄せた。ファシリテーターは水内俊雄先生（大阪市立大学）であったが、まさに水内先生にしかできない獅子奮迅の働きであった。有識者委員のありむらさんも一生懸命、手助けを行い、私や寺川先生もなるべくこのテーブルの議論に参加して、応援を行った。

第1住宅の移転合意がセンターピン

この日の隠れた焦点は、第1住宅の萩之茶屋小学校への移転を合意することにあった。すでに第3回会議までに、近隣地域になるべく早く移転建て替えを行うことがほぼ合意され、その場所については第1住宅の住民に意見を聞いて決めようということになっていた。そこで、第4回会議が始まる前の10月31日、私は第1住宅に赴き、住民たちに集まってもらって彼らの意見をまとめる説明会を開催した。

ここで、ほとんどの住民の希望として、①萩之茶屋小学校の跡地に移りたいこと、②従来からいる高齢の住民だけではなく、子育て世帯が新たに移ってくることは大歓迎である、という意見がとりまとめられた。

この第1住宅住民の意見をまちづくり検討会議に報告して「住宅・子育て・教育」のテーブルで討議したり、全体会議で議論することにより、第1住宅の小学校跡地への移転については、ほぼ全委員の合意ができた。これは、たいへん大きな進展である。

このあいりん総合センターの建て替えという大テーマは、住宅、病院、労働施設、寄せ場、駅前のにぎわいづくり、ホームレスの居場所づくり、小学校の跡地活用など、さまざまなトピックスが込み入っているから、なかなか全体を解きほぐすことがむずかしい。議論のための議論が延々と続く可能性がある。

しかし、ひとたび、第1住宅が小学校跡地に移転することが決まってしまえば、あとの施設の議論も現実的になり、われもわれもと一気に全体の議論が動き出す可能性が高い。その意味で、第1住宅こそは、このまちづくり検討会議のボウリングのセンターピンであった。第4回会議終了後も、西成区役所の事務局に各委員への根回しを行ってもらって、第1住宅の移転方針を確実に既成事実化していった。

罵声やヤジのない静かな第5回会議

2014年11月17日に行われた第5回会議は、これまでになく静かな始まり方をした。いつもにぎわっていた活動家たちの罵声やヤジがほとんどなくなった。彼らにとっても、やはり前回の会議が最大の山場だったのである。あれだけ攻撃のチャンスがありながら、なんら効果的な活動ができなかったことで、どうやら妨害行動は下火になった様子であった。

また、「主張をもつ活動家たち」のほうも、いつになくおとなしかった。じつは、釜ヶ崎キリスト教協友会（協友会）内部の会議でも、傍聴席で大声を張り上げる活動家らに対して、冷静な対応を諭す議論が行われたと聞く。

すなわち、「お前たちが要望したことは、すべて運営者側がていねいに応えているではないか。これ以上、お前たちは何を要求するというのだ。わしはいままで、行政がこんなにていねいな対応をしているのをみたことがない。あれ以上のことがいったい、お前たちにできるのか」という内部批判があったり、「傍聴席から大声を張り上げるのは止めて、まちづくり検討会議のなかにいる委員たちに意見を集約し、われわれの主張を会議の結論に反映させたほうが得策である」という意見が相次いだらしい。これでやっと冷静な議論が行える環境が整った。

市長、知事辞任？　政局絡みの災難が降りかかる

しかし、またしても一難去ってまた一難である。今度は、政局の側から、まちづくり検討会議の存立自体をぶち壊しにしかねない動きが飛び出してきた。

第5回会議開催直前の11月15日、大手新聞各紙に、橋下市長、松井知事が辞任して、12月に行われる衆議院選挙への出馬を検討していることが報じられたのである。彼らは、大阪都構想に他党とともに反対している公明党にプレッシャーをかけ、住民投票実施だけは認めるようにと働きかけていた。両人とも公明党の大幹部が出馬している大阪の選挙区への立候補を検討して脅しをかけ、その間に、東京の公明党本部や創価学会と交渉を重ねていたのである。その交渉の行方次第では、本当に辞任して衆院に出馬しかねない情勢であった。

しかし、そうなれば、まちづくり検討会議は致命傷を負う。市長と知事がこの会議の結論に基づいて政策を実行すると約束しているからこそ、いままで35人（この回から加わった教育関係の委員を入れると36人）の委員たちは、苦しい議論を続けてきたのである。市長、知事が辞めてしまえば、その前提条件が崩れ、せっかくここまでまとめ上げてきた内容が台無しである。もはや会議を続けても意

味がないという意見が、何人かの委員から出てくることは必至であった。

どう対応すべきか、会議直前の事前会議で大議論となった。結局、寺川先生と水内先生の発案で、会議冒頭に4つの班(今回はまた最初のワークショップの4班体制に戻した)ごとに話し合う時間を設けて、市長、知事発言を受けて以後のことをどうするか、委員たちに決めてもらおうということになった。

当事者はあくまで地域の委員たちであり、まちづくり検討会議を続けるも続けないも彼らの意思と責任によるべきである。また、班ごとに話し合うことにより、会議継続に否定的な一部の委員の発言を、班内で抑えることができるという目算もあった。

正直は最善の戦略。すべてを話して決定を委ねる

この会議で、すでに何度目かの私の真剣勝負の演説が始まった。こういうときに、底の浅い楽観論を披露して「大丈夫です」などと言っても、すぐに見透かされてしまう。とにかく「正直は最善の戦略」である。私は、自分の知っている現状を正直にすべて伝えたうえで、公明党が譲歩しなければ、市長と知事が衆院選に出馬するというもっともきびしいシナリオまで、きちんと説明した。

しかし、たとえ彼らが国政に行って、後任の市長、知事が大阪維新の会から選ばれなくても、この会議で地域の意見をまとめる意義は大きい。なぜならば、後任の市長、知事も、あいりん総合センターの建て替えというまったく同じ問題に直面しなければならないからである。そのときに、地域内

での意見が固まっていれば、それを無視するわけにはいかなくなるだろう。逆に、この時点で何も決めずに会議を解散してしまえば、主導権はふたたび行政に移り、行政だけに都合のよい「毎日新聞社案」が選ばれる可能性が高いと警告した。

各班の議論はすぐに終わった。どの班も、会議継続に賛成である。まちづくり合同会社の松繁逸夫さんが、「会議を止めるなんで、子どもみたいなことは言わない。さっさと議論を始めようや」と一声上げてくれて、早速、本題の議論に移ることができた。またしても「雨降って地固まる」「災い転じて福となす」であり、この日の議論はこのあと急速に進展し、この会議の基本方針をおおむね次のように固めることができた。

(1)第1住宅については、萩之茶屋小学校の跡地に移転建て替えを行う。第2住宅についても住民の意見がまとまるのであれば、同時に小学校跡地に移転建て替えをする。

(2)病院についても、あいりん地域内に移転建て替えを行う。

(3)労働施設と寄せ場については、現在のあいりん総合センターと第2住宅があるエリア内で現地建て替えを行う。

(4)駅前のにぎわいづくり、将来のための総合施設化についても、現在のあいりん総合センターと第2住宅があるエリア内の敷地で計画をする。

(5)ただし、労働施設の機能をどうするか、労働施設と駅前のにぎわいづくりをどう線引きするかなどは、まだまだ議論が必要である。また、新しい病院のあり方や移転場所も決定しなければならない。これらは、このまちづくり検討会議の後任の会議で、引き続き議論を行っていく。

(6)後任の会議には、市だけではなく、府と国も入る。

(7)全体として、弱者にも配慮した、排除の起きないまちづくりを行う。

粛々と進んだ第6回会議

第6回会議に先立つ11月20日、私は、第2住宅に出向いて、2回にわたる説明会を開催した。このときまでには、橋下市長から衆院選へ出馬を止めたとの連絡を受けていたので、第2住宅への根回しは自信をもって行うことができた。第1住宅の説明のときにも感じたが、西成区役所や都市整備局の職員たちが、何も言わなくてもじつに機敏に動いてくれる。われわれは完全に一体化したチームであった。

さて、2014年12月1日に開かれた第6回会議は、もはや市長に報告する「提案書」の文言調整を行うだけですんだ。もちろん、たった6回の会議ですべての方針を決め切ることはできないが、まずはこの到達点で合意事項を整理して、この会議としての結論を出すことが肝要である。

その裏では、会議開催前までに西成区役所の事務局が各委員を何度も回って、綿密な根回しをしてくれたことは言うまでもない。第5回会議終了後、すぐに私と寺川先生、ありむらさんで素案をつくり、事務局に根回し作業に入ってもらっていた。

第6回会議の様子（西成区役所撮影）

はじめは「ロジってなんですか」「根回しってどうやるんですか」などと言っていた西成区役所の職員たちだが、彼らもこのまちづくり検討会議を通じて急速に成長したようである。私が常に高いボール（というより、ビーンボール）ばかりを投げるので、西成区役所の事務局はさぞたいへんだったと思う。しかし、最終的に事務局の会議運営能力は、24区でトップレベルの実力となったのではないか。霞が関の下級官庁など、まったく目ではないレベルだろうと思う。(注2)

第6回会議当日は寺川先生の進行で、じつに静粛かつ建設的に議論が進んでいった。最初の準備会合のときのような全員集合の座席配置に戻したが、もはや、ほぼすべての委員が遠慮なく意見を言い合える。傍聴者が監視の目を光らせていようと、町内会長たちは臆することなく意見を言う。この壮絶な会議の経験は彼らをも成長させたようだ。

また、これまでつらい立場でがまん強く出席してきた協友会共同代表の吉岡基さんも、協友会内で意見集約してきた意見をどんどん言って面目躍如である。もちろん、それらの意見もすべてこの素案に反映させた。こうして、あの騒然とした第1回会議のスタート時点からは想像ができないほど、第6回の議論は粛々と進んだのである。初回を知る者にとっては、まったく信じられない光景であった。

まだ残暑のきびしい9月に始まった会議も、気がつけば、もはや肌寒い12月である。とくに萩之茶屋小学校体育館のなかは底冷えがするほどである。「明けない夜はない（The night is long that never finds the day.）」という言葉を思い出す12月の月夜であった。

［コラム 19］

アゴラが機能する経済学的理由

地域内のステークホルダー（以下、SH）が全員集合した「アゴラ」は、一見、非効率な仕組みである。しかし、本文でみたように、実際にはうまく機能した。なぜなのだろうか。

アゴラを行う前の標準的行政手法といえば、「縦割り対応」である。たとえば、支援団体には福祉局、子育て団体にはこども青少年局、医療団体には健康局、町内会には区役所という具合に、各SHに対応する担当部局が決まっていた。

このやり方は、SHの要求が他のSHの利害とバッティングしない場合にのみ、うまくいく。つまり、市役所にまだ財政的余裕があり、どのSHの要求にも、それぞれの担当部局の予算だけで応じられる時代には、この一本釣りの縦割り対応は効率的であった。また、SHたちをおたがいに連携させずに分断統治できるから、交渉力や情報力の面で、行政に有利な仕組みである。

しかし、財政が苦しくなり、SH間の利害がおたがいにぶつかり合う時代には、この仕組みは途端に機能しなくなる。行政は極度の縦割りとなっているから、担当の違うSH間の利害調整にはたいへんな取引費用が生じてしまう。2つのSH、2の部局くらいであれば、まだ調整回数もたかが知れているが、SHや部局が多数におよぶと調整不能となる。その結果、行政は機能不全に陥り、問題放置や先送りを行わざるをえない。地域の行政不信が高まり、ますます何もできなくなる。

一方、アゴラを開催すれば、SH同士が一堂に会し、直接おたがいに利害調整を図ることができる。行政はアゴラで決まった結論をもとに、調整がすぐに終わるから、取引費用を大幅に軽減できる。アゴラを一種の市場と考えれば、中央集権より自律分散のほうが効率的であることは自明だ。

また、各SHは、自分たちの要求が他のSHの利害にどう影響するのかよくわかる。全体の社会的限界費用が見える化され、おたがいにけん制し合うので、財政に対する「共有地の悲劇」（コラム6参照）も防げる。

SHたちにも利益がある。機能不全に陥った行政にかわり、自分たちで利害調整を行えば、自分の要求が少しは実現する可能性がある。また、SH同士で連携すれば、行政に対して交渉力を高められる。この縮みゆく時代において、アゴラは、行政側にも地域の側にも「得」な仕組みなのである。

（注1）11月13日に、ふるさとの家を会場に、NPO釜ヶ崎支援機構や各支援団体、私やありむらさんなどが参加して、シェルター利用者に対してまちづくり検討会議の説明会と、彼らへの聞き取り調査を実施した。釜日労の山中委員長がつくったおにぎりをほおばりながら、彼らと車座で議論し、彼らの日中の居場所の重要性、彼らの行政への要望など、貴重な意見を聞くことができた。まちづくり検討会議本体にももちろん、彼らの意見を報告し、最終報告書に

も反映させた。

（注2）また、私自身も座長として、すでに第2回会議以降、主だった委員たちとなるべく個別会合を行い、事務局が根回しできない部分について意見の集約化を図ってきた。行政の会議というものは、表の会議だけを仕切ればよいわけではない。実際には裏工作として、こうした根回し作業も、会議運営にとって欠くべからざる重要な役割を果たしている。

第20章 直接民主主義の勝利

とうとうその日がやってきた。2015年1月26日の午後1時半、あいりん地域のまちづくり検討会議に参加してきた地域の委員たちが、大阪市役所の屋上階にある大会議室（P1会議室）に集合した。まちづくり検討会議でまとめた提案書を、橋下市長と松井知事に手渡すためである。

36人の委員たち、毎回100名ほど集まった傍聴者たち、そしてファシリテーターやその補助員として手伝ってくれた研究者や学生たち、動画や議事録をみて意見を寄せてくれた市民たち、そして西成区役所の事務局をはじめとする大阪市の職員たちの汗と涙の結晶である提案書を、市長と知事に託し、しっかりとその実行を約束してもらわなければならない。

市長と知事の約束

5分ほど遅れて、橋下市長と松井知事が部屋に入ってきた。居並ぶマスコミのシャッターがいっせいに切られる。まず冒頭、私が提案書の内容について、市長と知事にかんたんに説明を行った。両者には事前に詳しいレクチャーを行っているので、これはむしろマスコミ向けの説明である。次に、大部の付属資料を添えた提案書が、臣永区長から橋下市長に手渡された。

委員たちのほうに向き直った橋下市長は、まず、まちづくり検討会議の参加者、関係者に対する感謝の言葉を述べたあと、「今後、提案いただいた内容にしたがって、行政が施策を確実に進めていくことができるように、ボクと知事が、しっかりとトップとして決断していきます！」と力強く明言した。

そして、「このまちづくり検討会議は、はじめて地域のオールプレーヤーが集まった非常に貴重な場です。今後もこの会議を継続して実施し、地域の方々と相談しながら、施策を進めていくことを約束したいと思います！」と述べ、横にいた松井知事も力強く頷いた。

この瞬間、張り詰めた顔をしていた委員たちの顔がいっせいにホッとほころんだ。もうこれで大丈夫だと確信したのであろう。

示された行政の方針

その後、橋下市長から「あいりん地域のまちづくりにかかる市の今後の方向性」と題した紙が読み上げられた。松井知事が加えた内容も重ね合わせると、おおむね次のとおりである。

(1)住宅について

・第1住宅は、萩之茶屋小学校の敷地内へと移転建て替えを行う。

・第2住宅は、住民の理解を前提として、まちづくりの観点から萩之茶屋小学校の敷地内へと移転建て替えを行う方針である。

・今後、建て替えの具体的な計画を立てるため、行政と地域の人々から構成される検討会議を立ち上げて、詳細な議論を行っていく。

(2)萩之茶屋小学校跡地の活用について

・住宅として利用する場所以外の跡地活用については、地域の希望を尊重し、地域の人々と検討を行う。

(3)病院(社会医療センター)について

・まちづくり検討会議で、この地域には無料低額診療などが引き続き必要とされたことから、病院としての建て替えを行うこととする。

・今後、行政と地域の人々から構成される検討会議を立ち上げ、必要な機能(診療科目など)、規模(病床数など)などの議論を行う。

・そのうえで、まちづくり検討会議で示された移転候補地から適地を選定し、移転建て替えを実施する。

(4)労働施設について

・労働施設は、現在、あいりん総合センターおよび第2住宅が所在する場所のなかで、移転建て替えもしくは耐震化を行うこととし、それ以外の場所に移すことはしない。

・今後、行政と地域の人々から構成される検討会議を立ち上げて議論を行い、早急に結論を得る。検討会議には大阪府と国（大阪労働局）が参画する。

(5)駅前の活性化について

・新今宮駅前の活性化事業は、今後、行政と地域の人々から構成される検討会議を立ち上げ、その手法などについて検討を行う。

・駅前の活性化によって、野宿者などの社会的弱者が地域から「排除」されることがないように、細心の注意を払って検討を行う。

(6)調整会議について

・各検討会議間における調整作業を行うべく、国・府が参画したうえで、副知事・副市長レベルをリーダーとする新たな調整会議を立ち上げる。

(7)その他

・各検討会議においては、「あいりん地域のまちづくり検討会議」で行われた議論、提案を最大限尊重するものとする。

・それぞれの検討会議は、議論の過程において、十分に地域住民や関係者との協議を行っていくこととする。

・そのうえで、今後も、定期的に「あいりん地域のまちづくり検討会議」を開催し、それぞれの検討会議で検討された内容を地域に報告する場として活用していく。

新たに加わった実施体制

これらの方針は、すべてまちづくり検討会議の議論に基づくもので、簡潔ながらも過不足のない表現である。委員たちにとってもとくに不満はなく、そのあと、市長と知事に対して、委員たちから追加意見や要望がいくつか行われたが、終始、和やかな雰囲気であった。そのあと、私と市長、知事は、この件の記者会見のために席を立ったが、委員たちは笑顔で帰途についたとの報告があった。

今回、行政の方針として新しく打ち出されたポイントは、住宅、病院、労働施設、駅前活用のテーマごとに、行政とまちの人々（地域委員）から構成される「検討会議」を4つつくり、具体案を検討していくということである。萩之茶屋小学校の跡地活用についても、別途、地域との検討会議が開かれることが決まっている。

そして、それらの各検討会議を調整する場として、副市長、副知事クラスの行政責任者がリーダーとなる行政間の調整会議を開く。また、あいりん地域のまちづくり検討会議の後継のまちづくり検討会議を定期開催して、適宜進捗状況を報告し、地域から意見をもらったり相談しながら、行政施策を遂行していくというものである。

最終的に、行政間の調整会議とまちづくり検討会議の後継の会議は、別々に開くのではなく、一緒に開催することになった。また、会議名は、「あいりん地域のまちづくり会議」という名称になった。

下からの積み上げ作業

じつは、12月1日にまちづくり検討会議の最終回が終わったあと、翌年1月26日まで2カ月近く経過してしまった理由は、この各検討会議や後継のまちづくり会議のあり方について、府・市・国間で調整し、合意を得るためにそれだけ時間がかかってしまったということである。

今後の実施体制のあり方については、私が発案して各行政部局に提示した。これを、市長と知事からトップダウンで各部局に指示し、有無をいわさず決めてしまうやり方もあったが、私は市と府の役人たちに、下からのボトムアップで詰めてもらう方法を選んだ。

それは、大阪都構想の住民投票を２０１５年5月に控えて、橋下市長・松井知事体制が今後どうなるか、まったく予断を許さぬ状況であったからである。橋下市長、松井知事が上から無理やり決めた実施体制であれば、今後、大阪都構想が否決され、彼らが市長、知事を辞任したところで命脈が絶たれてしまう。

あいりん総合センターの建て替えは、今後、少なくとも数年を要する大プロジェクトであるから、誰が首長になったとしても、役人たちが行政施策として淡々と遂行できるような実施体制をつくらなければならない。そのためには、時間はかかっても、行政内部で下から積み上げてもらう必要があったのである。

時間のかかる調整過程

年末から年始にかけて何度も行政の三者会議を開き、今後の実施体制について調整作業を行った。以前と同様、私が座長をつとめ、寺川政司先生（近畿大学）、水内俊雄先生（大阪市立大学）にも協力してもらった。

じつは、国（大阪労働局）の担当者は、まちづくり検討会議の傍聴席にずっと座っていたのでやや理解があったが、府のほうは労組を含む労働団体と顔を合わせることをおそれて、一度も会議に足を運んでいない。あのすさまじいアゴラのドラマを経験していないために、府の感覚はまちづくり検討会議が始まる以前と同じところにとどまっていた。

すなわち、各労働団体が、まちづくりの観点をもち、あれほど柔軟な姿勢になったことをまったく理解していなかった。そして、相変わらず往生際が悪く、なるべく責任や仕事を市に押しつけようと逃げ回るのである。

三者会議では、日ごろ、めったに感情を表に出さない水内先生が、「われわれがアゴラで行った血と汗と涙の結晶を無駄にしないでくれ!」と、府と市に迫る場面もあった。こうした水面下の努力もあり、やっと今後の実施体制が合意され、この日、市長と知事のそろい踏みの記者会見を開くことができたのである。

あいりん型・直接民主主義

いま振り返っても、本当に長く苦しいアゴラの日々であった。「地獄より光明に至る道は長く険しい(Long is the way and hard, that out of Hell leads up to light.)」というが、まさにそんな気分である。はじめのころはまったく出口のみえない暗中模索であり、そのあとも、これでもかとばかりにさまざまなトラブルに見舞われた。私などは、この日、こうして会議の成果が実を結んだことが、いまだに信じられない思いであった。

それにしても、地域からのボトムアップで「まちづくり計画」をまとめ上げて行政に提出し、大阪市長と大阪府知事が、「地域から提案された方針にしたがって政策を実行します」「このあとも、地域との会議を続け、地域の人々と相談しながら政策を進めます」と宣言したのは、大阪市政、あるいは大阪府政が始まって以来のできごとだろう。

まさに、あいりん地域の人々がみずからの手で勝ち取った快挙である。「あいりん発! 直接民主主義のまちづくり」と呼ぶべき、まちづくりの新たな「方法論」が、このあいりん地域から示されたのである。

地方が抱える共通の病理

極度の縦割りによって機能不全に陥っている行政。長年の失政や地元調整の拙《まず》さによって、地域の信頼を完全に失っている行政。地域の人々は行政の縦割りを反映した分断統治で、おたがいにバラバラとなっている。それぞれ自分たちの利害だけを考えて、行政に1対1で要求を行う旧態依然とした方法に固執するが、財政面からみても、人材面からみても、もはや行政にその要求に応える能力はない。

少子高齢化や人口減少で縮み続けていく地域社会では、地域にいるステークホルダーたちがおたがいの状況を理解し、おたがいに譲り合い、自分たちの力で合意形成や利害調整をしなければ前に進めない。しかし、問題の所在はわかっていても、誰もその最初の1歩が踏み出せず、地域衰退が避けられない――この状況がまさに、まちづくり検討会議を行う前のあいりん地域であった。

しかし、よく考えれば、こうした状況は決してあいりん地域だけのものではない。これほど極端な形ではないにせよ、多かれ少なかれ、日本国内の多くの地方が似たような状況に陥っている。あいりん地域が行った「直接民主主義のまちづくり」という道は、こうした袋小路を突破する1つの解答である。じつにすさまじいエネルギーと長い時間を要するが、あいりん地域は確実に夜明けを迎えることができた。他の地方でもきっと可能なはずである。

ボトムアップの強さ

そして、ひとたび、地域の人々が当事者となって、直接民主主義の「議論の場」や「実施体制」をつくり出してしまえば、あとは首長が変わろうと、行政の担当者が変わろうと、今後、長く改革姿勢を維持することができる。政治家や行政だけに頼る「おまかせ民主主義」ではなく、地域の人々が当事者となって、直接、地域の将来を変える意思と力を手に入れたのである。このやり方も、日本国内の多くの地方で応用可能であろう。

また、あいりん地域がこれまで直面してきた地域経済の衰退、人口減少と少子高齢化、貧困化、福祉依存、治安の悪化、環境の悪化、活用されない地域資源といった諸問題も、やはり、日本国内の多くの地方が抱えている共通課題である。この小さな地域の改革を普遍化することはややむずかしいかもしれないが、西成特区構想として実施してきた諸施策は、それぞれの問題に対する1つの解答となっている。

あいりん地域は社会問題のデパート、地域衰退のトップランナーであるがゆえに、これらの問題に、もはや先送りが許されず、「背水の陣」で立ち向かわざるをえなかった。たとえ橋下市長が西成特区構想といい出さなくても、改革に立ちあがらざるをえない崖っぷちの状況だったといえる。このあいりん地域の壮絶な経験が、困難に直面している日本国内の多くの地方にも、何がしかの役に立つことを願ってやまない。

スーパーマンは現れない

最後に蛇足ながら、「まちづくり改革のリーダー役とはどうあるべきか」という点について、少し思うところを述べておきたい。あいりん地域のように小さなコミュニティーの改革でも、そして、私程度のさえないリーダー役でも、やはり、リーダーシップの要諦やノウハウについて、いろいろ考えさせられるところが多かった。

まず、日本国内の各地方やもっと小さな地域の改革にとって、最初に認識しなければならない冷徹な現実は、「スーパーマンのようなリーダーは現れない」ということである。われわれはとかく、小泉純一郎氏や橋下徹氏のような万能型の強いリーダーが現れることを期待し、いずれ、そのスーパーマンがすべての問題を解決してくれると夢想しがちである。しかし、彼らのような異能のリーダーは、国政においてすら本当に稀有なる存在であり、そんじょそこらに転がっている才能ではない。

ましてや無数にある地方、地域ごとに、そんなスーパーマンの登場を待望しても、多くの場合、時間の無駄である。それよりも、その辺に転がっている程度の「等身大のリーダー」「量産型リーダー」をみなで担いで、うまく働かせるほうが、よほど見込みがある。

その際に、私のあいりん地域での経験、ノウハウは、お役に立つ部分があるように思う。私自身は、自分自身でなんでもできる万能型リーダーとは、およそかけ離れた存在である。多少の才能?があるとすれば、舞台女優だった母親譲りの口の達者さだけである。

改革の舞台監督

実際、西成特区構想で実現したアイディアの多くは、釜ヶ崎のまち再生フォーラムや（仮称）萩之茶屋まちづくり拡大会議で温められてきたものが元種となっている。

また、ひと花事業やあいりん地域環境整備事業（まちづくり合同会社の事業）、プレーパークなどの目玉施策も、私は現場にほとんどタッチしておらず、地域の人々と行政に事業運営を任せ切りである。

では、私が行ったことはなんなのかといえば、①まちの人々や行政部局間をミドルマンとしてつなぎ、②さまざまなアイディアを事業案として理論化・具体化して、③組織や人々を動かして事業化・予算化したということである。要するに、コーディネートやプロデュースを行ったということだ。

アイディアを出せる人、おカネを出せる人、事業を仕切れる人、実務ができる人、手伝える人の間をうまく取りもって調整し、段取りよく、それぞれが果たすべき役割を果たしてもらった。これは、リーダー役というよりは、まるで劇団の「舞台監督」(注1)のようである。

舞台監督として、さまざまな周旋や調整、その他諸々の雑務を引き受け、このまちの「役者たち」が本来もっていた力、行政の「裏方さん」がもっていた能力を引き出したのである。そして、改革本体よりも、改革を生み出し、実行するための「舞台づくり」に、より大きな力を注いだ。

ハブになることの重要性

西成特区構想に携わっている間、私はしばしば「よく、このむずかしいあいりん地域の人々をまとめられますね」とか「よく、あの大阪市や大阪府の巨大な縦割り行政を動かせますね」などという質問を受けた。たしかに1つずつをみれば、どんな手品を使っているのかと思われるのかもしれない。しかし、じつはこれは「問い自体が間違っている」。

実際には、まちの人々の協力が得られるから、行政が私を頼っていうことを聞いてくれる。逆に、行政を動かせるから、まちの人々が私を頼って協力してくれるのである。片方に影響力があるからこそ、もう片方に影響力をもてるというのが、ポリティックスの基本である。

あとはその応用で、大阪市に影響力をおよぼせるから大阪府も私を必要とし、大阪府に影響できるから、大阪市の各部局も私のいうことをきいてくれる。地域のなかでも、ある団体に影響力があるから、他の団体が私を必要として協力する。労働団体に話ができるから、町内会も話を聞いてくれるといった具合である。私がやったことは、そのような関係を縦横無尽に広げて、さまざまな人々や団体をつなぐ「ハブ」として力を発揮したということである。

そして、ひとたびネットワークの中心に位置すれば、ますます多くの人々から必要とされ、情報や実質的権限が集まってくる。行政内の権限がまったくないポジションであっても、このハブとしての実質的権限のおかげで、あとになればなるほど改革を楽に進めることができた。

わらしべ長者への道

むしろつらかったのは、こうしたネットワークのハブになるまでの駆け出しのころである。地域の人々や行政の各部局に対し、地道に人間関係、貸し借り関係をつくり徐々に信用を得て必要とされる存在となるまでが、一苦労であった。

私がはじめにもっていた財産は、あいりん地域における何人かのキーパーソンと有識者たちとの知己を得ていたことと、行政内で橋下市長と直接話ができるという立場の2つだけである。これらを使って、まるで「わらしべ長者」のように、一歩ずつ政治的資本、貸し借り関係の無形資産を増やしていった。その間がいちばんたいへんであった。

しかし、ひとたび、人々の信用を得始めると「誰それがあなたを信用しているから、私もあなたを信用する」という具合に、信用が信用を生むメカニズムが働く。どんどんネットワーク効果が広がり、私にできることの範囲も広がっていく。まちの人々をまとめるには、この「信用の波」にうまく乗れるかどうかが、1つの大きな分かれ目となるように思う。

人々の信用を得るために

では、まちの人々の信用を得るために、私が行っていたことはなんであろうか。いまから振り返って考えてみると、私が常に心がけていたのは次のようなことである。

①ウソをつかない、ごまかさない（都合が悪いことも、すべてオープンに正直に話す）、②約束を破らない（一度やると約束したことは「評判」を保つために死守する）、③頼まれごとは極力断らない（人々に対する「貸し」を貯め、それを元手に裁定取引（arbitrage）するためには、はじめはどうしても無理をして貯蓄をしなければならない）、④異なる利害関係にある人々や行政の間に立つ場合には、完全中立を保ち、そのバランスに細心の注意を払う、⑤なるべく多くの人々に直接会って、face to face でコミュニケーションする機会を増やす（落選した市会議員のごとく、厚かましくどこにでも顔を出す）、⑥コアとなる人々（ブレーンとなってくれた有識者たち、西成区役所の事務局、人々のハブとなっている地域のリーダーたち）とは、とにかく情報交換を密にして、おたがいに考えがツーカーになるようにする、⑦人々への説明や演説は極力わかりやすく、子どもでもわかる表現で話す、⑧極力長く、同じポジションに居続ける（すぐに交代する腰掛けリーダーを信用する人はいない）、⑨改革にコミットする（退路を断つ。改革を止めると自分自身が大損をするという状況証拠をつくる）、⑩まちの歴史、人々のバックグラウンドを前もってよく調べて勉強しておく（人々や地域へのリスペクトを忘れない）、⑪改革から自己利益を得ようとしない（要するに、タダ働きをする。研究にも利用もしない。自分の利益のためにやっているとみなされると、途端に人心が離れるからである）、⑫人をよく褒め、功績や栄誉を他人に譲る。

これらは、やる気さえあれば、誰にでも実行できるはずである。

バランス感覚の重要性

あいりん地域の場合にはステークホルダーが多いこともあり、とくに④のバランス感覚について、非常に微妙で繊細なものが求められた。この地域の場合、こうしたバランス感覚こそが、ミドルマンとして物ごとをまとめるためのいちばんの肝であったように思われる。

とにかく、それぞれの人々の背負っている組織の利害、立場、考え方、他団体との関係をすべて頭に入れて、節目節目に、誰が何を思い、考えているか、常に想像力を働かせ続けることである。相手の顔をみた途端、これから何を言おうとしているのかをパッと察せるくらいのところまでいけば、バランスを保つことはそれほどむずかしいことではない。ちなみに、バランスをとるということは、これまでの行政のように何もせず放置するということではなく、バランスをとるべく常に介入し続けるということである。

そのためにも、あらゆる機会をとらえて、さまざまな人々と頻繁に直接会って、コミュニケーションをとり続けていることが大切である。また、この完全中立でバランスをとるという役割は、どの団体、組織とも利害関係がない者にしかつとまらない。たとえ、公募区長であっても、立場上、区役所の側に立ったり、住民票をもつ住民の側に立ったりせざるをえないときがある。その意味で、これは無色透明の有識者にしかできない役割であったと思われる。

役所組織の動かし方

また、役所組織を動かすコツというものも、地域の人々の信用を得て、協力してもらうやり方ととくに大きな違いはない。基本は「彼らにできないことをして、必要とされる」ということに尽きるように思う。

とくに、役人たちの場合には、縦割り社会、終身雇用社会に手足を縛られて窮屈に生きている。私のように自由な立場の者が、彼らのできないことをかわりにやれる余地は大きいのである。修羅場に立ち向かう気力さえあれば、特別な能力などなくても実行可能である。

まず、役人たちにできないことの1つは、リスクをとったり、責任をとったりすることである。官僚の無謬《むびゅう》性という幻想、失敗の許されない終身雇用、年功序列社会に生きる役人たちの宿命である。とくに組織の上にいけばいくほど（幹部ほど）、失う物が多すぎて、逆にリスクがとれない。

また、所属する組織の論理に固く縛られているので、組織と組織の間に立って自由な立場で動き回ることもむずかしい。そこで、組織間をつなぐミドルマンとなり、リスクと責任を肩代わりすれば、それだけで意外なほど役人たちはスムーズに動くことができるのである。

また、失敗が許されない役人たちのかわりに、地域の人々の非難を一身に浴びたり、役人たちのかわりに謝罪をしたり、まちの人々に対してわかりやすい説明をして、説得してみせることも重要である。役人たちはリスクをヘッジするために複雑怪奇な物言いになりやすいが、私のように自由な立場なら、平易な言葉で本音を話すことができる。何も特別なことをしなくても、格段にわかりやすく、まちの人々に受け入れられやすい。

そして、下からの積み上げでは調整不可能なことを、ときどき、トップに直訴して（あまり頻繁にやると役人たちに「対策」されてしまうので、ときどきがよい）、上からトップダウンで決断してもらうことも効果的である。

リーダーの資質

個人の資質としても、この舞台監督型リーダーに、とくに珍しい才能は必要ないと思う。

第1に、最低限のコミュニケーション能力は必要である。口が達者ならなおのことよい。

第2に、常に最新の現場情報に接し、できれば現場のなかに身を置き、危機やチャンスの到来を肌感覚として予感している必要がある。そのためには、現場をマメに訪ね、現場情報をもっている人々と密接にコミュニケーションをとることである。私の経験上、現場から遠い情報で判断して動くと、まったくロクなことにならなかった。

また、役人は基本的に都合のよい情報しか上げてこない。大事な判断をする場合には、複数の異なるルートから情報を確認するほうがよい。情報収集だけは、決して怠慢であってはいけない。とにかく、サボらず動き回り、常にあれこれ想像力を働かせるマメさが必要である。

第3に、最後は自分1人で決断できることも大切である。これだけは、いくら同士の仲間たちでも助けられない。重い決断には重い責任がともなうから、裏目に出たときには地獄である。「成功には千人の父親がいるが、失敗は孤児である（Victory has a thousand fathers but defeat is an orphan.）」とはよくいったもので、私も何度か絶望的な孤独感、底知れぬ不安感を味わった。それに耐えられるくらいの最低限のストレス耐性はあったほうがよいと思う。

第４に、改革を行う過程では、必ず修羅場が何度か訪れる。平穏無事な改革ということは、定義上ありえない。そのときこそは、腹を据えて、全神経を集中して、自分を奮い立たせることが必要である。胆力ともいえるかもしれないが、いつもいつも備えている必要はなく、修羅場のときだけ鬼になればよいように思う。また、どうしても改革を実現したいという熱意さえあれば、自然に腹も据わろうというものである。

ピンチはチャンス

最後に、改革は一本道ではなく、必ず突発的なトラブルに襲われる。実際、前例のない改革は計画どおり進むことなどあまりなく、トラブル続き、試行錯誤の連続だといってもよい。しかし、この予想外のトラブルがあったときこそ、改革の成否にとってもっとも重要な瞬間である。決してあきらめることなく、そのトラブルをしっかり乗り越えさえすれば、必ず「災い転じて福となす」「雨降って地固まる」ことになる。

「ピンチのときこそチャンスである」ということこそ、私の経験上、１００％の真実である。とにかくかんたんにあきらめないことである。あきらめずにマメに動き回り、あらゆる手を打ち続けていれば、なんとか道は拓けるものだ。そして、ピンチを乗り越えさえすれば、逆に有利な立場に立てることが多い。これも、特殊な能力というよりは、改革を実現したいという強い熱意があったので、なんとか心が折れずにやってこられただけのことである。(注2)

今後、私がやったように、どこにでもいるような等身大の「舞台監督型リーダー」が数多く登場し、日本の各地方、各地域、各分野で、コツコツと改革が進んでいくことを大いに期待する。もはや抜本改革なしに、日本の地方も、日本全体も、将来はないのだから。

［コラム20］

しがらみを断つ大阪都構想

2015年5月、大阪府と大阪市を統合する「大阪都構想」の是非を問う住民投票が実施され、僅差で否決された。主な争点は、①府市間の二重行政の有無、②市が廃止されることの是非、③24の行政区が5つの特別区になることの妥当性であったが、都構想の最大の意義は「府が市を企業買収（M&A）し、過去のしがらみや既得権を反故《ほご》にする」ことだったと考えられる。

大阪市は、いわば倒産寸前の老舗商店だ。若い3代目主人（市長）が立て直しを図っているが、古参の番頭たち（市の幹部）が古いやり方に固執して抵抗する。手代たち（職員労組）も高給と福利厚生を守ろうと必死だ。さらに、店の常連さんたち（世襲議員たち、町内会、業界団体）にも、利益供与の仕組みが昔から強固にでき上がっている。

これらの「歴史的負債」を背負ったままでは、店の再建は不可能だ。そこで、一度店を畳み、親族の会社に吸収合併させて、まっさらな新会社をスタートさせようとしたのである。

（注1）舞台監督は、演劇の制作責任者で、配役やスタッフの調整、指揮、進行管理、予算管理などすべての段取りを担当する。じつは私の父親は、劇団文学座の舞台監督・演出家であった。私は小さなころから、父がプロデュースした舞台のさまざまな苦労話を、面白おかしく聞かされながら育ってきた。父も母に負けず劣らず、巧みな話芸の持ち主であった。

（注2）もう1つは、やはり仲間の存在である。ピンチのときに支えてくれ元気づけてくれる仲間の存在は、本当に不可欠だ。ありむらさん、寺川先生をはじめとする有識者たち、改革に協力してくれるまちの人々が周りにいたことこそが、私がリーダー役を長く続けられた最大の要因である。また、最大の理解者である妻、家族の存在も、本当に重要だ。ほとんど家にいない私を、わが家族は本当によくがまんし支えてくれた。

おわりに

西成特区構想によって、大阪のあいりん地域（釜ヶ崎）はたしかに変わった。外見だけではなく、質的にも大きく変貌した。

環境問題、治安問題については、まさに劇的な変革を遂げることができた。貧困対策、結核対策、地域活性化策、子育て支援策、教育振興策なども着々と進んでいる。

極度の行政不信に陥っていた地域の人々も、徐々に行政の努力を認め出し、現在、さまざまな官民協働プロジェクトが進んでいる。そして何よりも、地域の人々が当事者となり、まちの将来のあり方について大議論を繰り返し、みなで合意案をまとめるに至った。

その地域からのまちづくりの提案書を、橋下徹大阪市長と松井一郎大阪府知事が直接受け取り、これに従って施策を実行すると宣言した。そして、現在も、まちの人々と行政が一緒に話し合いを続けながら、協力し合って施策が進んでいる。ボトムアップで始めたまちづくり、全員参加のまちづくりの輝かしい勝利であった。

この西成特区構想の仕事は、私個人にとっても大きな転換点となった。改革案づくりのみならず、その実行に携わることで、経済学の研究者としてのせまい視野から、もう少し大きな景色がみえるようになったように思う。改革内容それ自体よりも「改革をどう実現させるか」が、最大の関心対象となった。

届かぬ研究成果

最近はすっかり、あいりん地域のなかを汗をふきふきさまよう「変なおじさん」と化しているが、私はもともと社会保障、社会福祉（年金、医療、介護、生活保護、ホームレス対策、保育など）を専門とする経済学者である。

社会保障、社会福祉を専門にしていると、急速な少子高齢化と人口減少によって、日本の財政や経済に、刻一刻と危機が迫っていることがまざまざとわかる。のほほんと平和な日常が続く村のなかで、1人だけ屋上に登って、遠くからやってくる大津波をみている気分である。

もちろん、いますぐ財政破綻するというレベルではないが、日本の社会保障、社会福祉が現状のまま放置されれば、近い将来、確実に大きな危機を迎える。現在、「消滅可能性都市」が話題となっているように、すでに地方から日本の経済や財政の壊死が始まっている。

それでも、なんとか子どもたちの世代や、これから生まれてくる日本人のために、財政破綻や経済崩壊を避けられないものかと思い、これまで社会保障改革に関する学術論文をたくさん書いたり、それを啓蒙書にしたり、テレビや新聞、雑誌、政府の委員会などで精力的に政策提言を行ってきた。しかし、いくら問題解決の処方箋を示してそれをわかりやすく解説しても、肝心の政治家や霞が関の官僚たちには一向に声が届かない。

いや、ごくまれに、彼らの前で話をする機会もあるのだが、私のように「空気を読まず」、現行の政策を批判し、いますぐ抜本改革が必要だなどという者は、ほとんど「屋上の狂人」扱いである。

相変わらず、財政破綻に向かってまっしぐらの施策ばかりが日本中にあふれ、ブレーキどころかアクセルをますます力強く踏んでいる状態だ。たまに正しい改革の方向性が打ち出されることがあっても、途中の政治過程で歪みに歪んで、結局、元の黙阿弥になるか、むしろ改悪されてしまう。政策現場でいったい何が起きているのか、政治家や官僚たちはいったい何をしているのかということが、私の常なる疑問であり、不信感であった。

動かぬ政治、行政への怒り

そして、実際に政策を実行する現場にかかわれないものか、外野からみていてもよくわからない問題の構図を、内部から見極めたいと常々思っていた。しかしながら、民主党政権が始まり、彼らの福祉バラマキ政策に批判的な私は、政府関係のすべての委員からはずされ、ますます政策現場から遠ざけられてしまっていた。そんなとき、ひょんなことから声がかかったのが、橋下市長率いる大阪市の西成特区構想だったというわけである。

もともと、あいりん地域のために何かしたいという思いはもっていたが、それだけでは説明がつかないほど、私はこの仕事に粉骨砕身、打ち込むことになった。本書を執筆するまで、自分でもその理由がよくわからなかったが、どうやら動かない政治、変わろうとしない行政に対する「怒り」が原動力であったことに、ようやく思い当たった。西成特区構想の改革を実際に実行してみせることは、私なりの彼らに対する「アンチテーゼ」だったのかもしれない。

もちろん、本書で描いたあいりん地域の改革は、国や都道府県レベルの改革とは比ぶべくもない小さな話である。実際、直接すぐに役に立つことは少ないかもしれない。しかし、小さいながらも、地域の人々を動かし、役所組織を動かし、さまざまなステークホルダー（利害関係者）の間を利害調整し、大勢の人々の合意形成を行って改革を実際に実行するコツは、なんとか描くことができたように思う。そして、改革を立案する場面だけではなく、実際に実行する場面でも、意外に経済学が有効であることに気づかされた。「改革実行のための経済学」「行動するための経済学」として、いずれその実践的体系がまとめられそうな気がしている。

役に立つ経済学

経済学は本当に役に立つ、実践的な学問である。社会科学における合理主義の結晶、課題分析のエンジン（Engine of Analysis）であり、「経済学の帝国主義（Economic Imperialism）」などと揶揄されることもあるが、まだまだ応用すべき分野は尽きないように思われる。

どのような背景や構図で、かくも間違った政策が実施されているのか。なぜ、改革案はこれほど歪み、骨抜きとなり、まずい運用をされるのか。そして、正しい改革を実行するために、現実の制約のなかでどのような戦略をたて、具体的に誰が、何を、どうやって行えばよいのか。本書は、この大きな宿題に対する、筆者なりの、まずはとっかかりのレポートである。まことに不十分なレポートではあるが、日本のどこかの地方、どこかの分野の改革に、少しでもお役に立つ内容があれば、筆者としてこのうえない喜びである。

大阪都構想の否決

最後に、あいりん地域の近況を報告しておこう。市長、知事への提案書提出以来、早いものですでに1年半の月日が経過した。あれから状況はどうなったのであろうか。

じつにいろいろなことがあったが、結論をうーんと要約して述べるならば、「すでに破竹の勢いはなくなったが、なんとかみなで話し合い、協力し合って、さまざまな課題を乗り越えている。ゆっくりとではあるが、前を向いて着実に進んでいる」といったところだ。

この間、政治情勢は目まぐるしく変化した。2015年5月、府市を統合して新しく大阪都をつくるという与党公約「大阪都構想」に関する大きな住民投票が行われた。まるで地を這うような徹底した市民への説明、与野党間の激しい論戦が繰り広げられたが、惜しくも僅差で都構想は否決された。この敗北を受けて、橋下市長は退任を決意する。そして私も、橋下市長の退任とともに、大阪市特別顧問を辞することになった。

しかし、ドラマはそこで終わりではなかったのである。その年の11月には、大阪市長、大阪府知事のダブル選挙が行われた。選挙前の下馬評では、都構想否決で活躍した自民党の市長候補の優勢が伝えられていた。しかし、大阪維新の会のまさに背水の陣を敷いた猛攻勢の結果、橋下市長の後継指名を受けた同党の吉村洋文市長が誕生した。再選した松井一郎知事とともに、ふたたび府市共同で西成特区構想に当たれることになったのである。まさに、驚きのリベンジ劇であった。

政局のジェットコースター

ただ、この間の西成特区構想は、このジェットコースターのような政局の動きに翻弄され続けた。なぜならば、役人たちは首長が代わり「梯子をはずされる」ことを極度に嫌うからである。もちろん、すでに着手している諸事業は事務的に淡々と進むのであるが（これは官僚機構のよい部分である）、少しでもリスクのある新しい施策は微動だにしなくなってしまう（これは悪い部分）。

このため、まちづくり検討会議の後任となる「あいりん地域のまちづくり会議」や、その分科会に当たる4つの検討会議（市営住宅・医療施設・労働施設・駅前活性化）は、なかなかはかばかしい進展がみられず、苛立つ日々が続いた。

とくに、府と国が担当する労働施設検討会議は、労働団体との団体交渉をおそれる府と国がなかなか地域委員を選出しようとせず、ふたたび行政だけで物ごとを進めようとした。このため、一致団結した各労働団体と行政の押し問答が続き、間に入ったわれわれが、水面下での苦しい調整を行ってきた。

下手をすると、虎の子のまちづくり会議自体が空中分解しかねない。また、府、市、国間の相互不信も相変わらずで、私が何度も行政の三者会議を開催して、行政間の「まちづくり検討会議」（つまり、関係者間の合意形成、利害調整）を行わなければならなかった。

その後のまちづくり会議

ふたたび状況が動き出したのは、ダブル選挙前の10月のことであった。政局が動くこのタイミングを捉え、私は橋下市長と松井知事に状況を説明し、2人でまちづくり会議に出席して「往生際の悪い役人たちに、活《かつ》を入れてくれ！」と直訴したのである。もともと彼らの「あいりん地域をなんとかしたい」という思いは強かったが、選挙前ということもあり、2人の怒りとやる気に火が点いた。急きょ、第三回、第四回のあいりん地域のまちづくり会議が開催された。

そして、とくに、すでにこの時点で再選が確実視されていた松井知事の叱責と大号令に、大阪府サイドは大あわてとなった。その結果、労働施設検討会議に各労働団体や労働関係者が地域委員として選ばれることになり、現在、これまでの遅れをとり戻す勢いで進んでいる。すでに現在（2016年8月）までに9回も会議を開催した。

また、その後、市営住宅検討会議も順調に議論が進み、すでに新住宅の配置計画を確定させたところである。本書執筆時点では、2017年春の着工に向けて、最終的な実施設計を行っている。医療施設検討会議も、現在までに8回もの議論を重ねた。そのうえで、2016年7月、第5回あいりん地域のまちづくり検討会議が開かれ、日雇労働市場（寄せ場）と労働関係施設の仮移転場所、医療施設の本移転場所が、地域の人々の合意のうえで確定した。もちろん、橋下市長の後を引き継いだ吉村新市長や松井知事もこの会議に出席し、しっかりとリーダーシップを発揮している。

レジリエントなネットワーク

私が2015年11月に辞任したあとは、松村嘉久先生（阪南大学）や寺川政司先生（近畿大学）がまちづくり会議の座長を引き継ぎ、水内俊雄先生（大阪市立大学）、ありむら潜さん（釜ヶ崎のまち再生フォーラム事務局長）、福原宏幸先生（大阪市立大学）、寺川先生、松村先生などの有識者が、各検討会議の進行役、水面下の調整役をつとめてくれている。市役所本庁の各局のなかには、いまだに地域の人々に相談なくことを進めようとするなど、ときどき、下手を打つ部局もあるが、そのたびに西成区役所の事務局とまちの人々が協力し合ってトラブルを乗り越えている。

結局、全員参加のボトムアップで進めてきたまちづくりのよさは、トップが入れ替わっても、多頭体制で自律的に機能することである。層の厚いネットワークが築かれているので、おたがいに役割を補完し合う「しなやかで打たれ強い（Resilient）」構造となっている。この先も、まちの人々同士、あるいは行政とまちの人々がよく話し合い、手と手を取り合って、1つひとつの課題を乗り越えていくことだろう。

この先もたくさんの紆余曲折、トラブルがあるだろうが、このまちの人々が1歩1歩確実に将来に向かって進んでいくことを、私は信じて疑わない。

最後になるが、本書に登場した人物たちをはじめ、西成特区構想にかかわった数多くの人々に、改めて心からの感謝を申し上げたい。本来であれば、お1人おひとりのお名前を挙げるべきであるが、あまりに膨大な数に上るためにそれは不可能である。このような漠然としたお礼となることを、どうかご容赦いただきたい。

また、ありむら潜さん、水内俊雄先生、寺川政司先生、織田隆之さん（釜ヶ崎のまち再生フォーラム代表理事）、原昌平さん（『読売新聞』大阪本社編集委員）の5人には、事前に本書のゲラに目を通し、適切な修正点をご指摘いただいた。とりわけ、ありむらさんは全章を丹念に読み、いくつかの重大な間違いを修正する助けとなってくれた。もちろん、それでも残る間違いは、すべて私個人の責任である。

さらに、西成特区構想の内容に興味をもち、本書の執筆をすすめてくれた東洋経済新報社出版局編集第3部の中山英貴さんにも感謝している。中山さんは私の処女作（『だまされないための年金・医療・介護入門――社会保障改革の正しい見方・考え方』東洋経済新報社、２００９年）以来の編集者で、今回も有益なアドバイスをくれた。また、本書をまとめるにあたっては、日本学術振興会科研費（課題番号：15H01950）の助成を受けた。

そして、私を個人的に支え続けてくれた妻と3人の子どもたちにも感謝の言葉を述べておきたい。
妻 Zhou Yanfei に本書を捧げる。

2016年9月

鈴木　亘

【著者紹介】

鈴木　亘（すずき　わたる）
1970年生まれ。94年上智大学経済学部卒業、日本銀行入行。98年日本銀行退職、大阪大学大学院経済学研究科入学。2000年大阪大学大学院博士後期課程単位取得退学（2001年博士号取得）。日本経済研究センター研究員、大阪大学助教授、東京学芸大学准教授等を経て、現在、学習院大学経済学部教授。
主な著書に、『生活保護の経済分析』（共著、東京大学出版会、2008年。日経・経済図書文化賞）、『だまされないための年金・医療・介護入門』（東洋経済新報社、2009年。日経BP・BizTech図書賞、政策分析ネットワーク賞・奨励賞）、『社会保障の「不都合な真実」』（日本経済新聞出版社、2010年）、『脱・貧困のまちづくり――「西成特区構想」の挑戦』（編著、明石書店、2013年）、『社会保障亡国論』（講談社現代新書、2014年）等。

経済学者　日本の最貧困地域に挑む
あいりん改革　3年8カ月の全記録

2016年10月20日　第1刷発行
2017年1月26日　第2刷発行

著　者――鈴木　亘
発行者――山縣裕一郎
発行所――東洋経済新報社
〒103-8345　東京都中央区日本橋本石町1-2-1
電話＝東洋経済コールセンター　03(5605)7021
http://toyokeizai.net/

装　丁………………吉住郷司
本文デザイン・DTP……小林義郎
印　刷………………東港出版印刷
製　本………………積信堂
編集協力……………デナリパブリッシング
編集担当……………中山英貴

ISBN 978-4-492-44434-4